AF329599

Premier tirage, mars 1926.

Tous droits de traduction, de reproduction et d'adaptation
réservés pour tous pays.
Copyright 1926, by Payot, Paris.

LOUIS ANDRIEUX

A TRAVERS
LA RÉPUBLIQUE

... Mais où sont les barbes d'antan.

PAYOT, PARIS
106, Boulevard St-Germain

1926
Tous droits réservés

XIX. D. 20

I

MES PLUS LOINTAINES ANNÉES

(a teneris unguiculis.)

« Il y a des tas de départements qui sont représentés par des ministres ou par d'anciens ministres. Il n'y en a qu'un qui soit représenté par le doyen de la Chambre des députés : c'est le département des Basses-Alpes », ainsi parlais-je familièrement, pour me faire valoir, à mes électeurs Bas-Alpins. Et j'ajoutais : « Il n'y a pas d'ancien doyen. » Je n'avais pas prévu le vote du 11 mai 1924 : je suis l'ancien doyen de la Chambre des Députés.

A quelques lieues de Lyon, — en ce temps on ne s'était pas encore désaccoutumé de compter par lieues les distances, — sur la rive gauche de la Saône, sous le plateau des Dombes, une petite ville, d'origine romaine, *Trivultium*, gracieusement construite en amphithéâtre, sur une colline couronnée d'un vieux château en ruines ; un Palais de justice, un hôpital, une église, une place où jouent les enfants, où les vieillards se reposent : c'est Trévoux, où je naquis le 23 juillet 1840 à sept heures du soir, s'il faut en croire les témoins de mon état-civil, MM. Lécureux, avoué, et Ducouder, juge de paix.

J'y ai vécu mes premières années et, si lointaines qu'elles soient, tandis que je ne pourrais dire les noms de tant de personnes plus notables que j'ai connues plus récemment, je cite sans hésiter les médecins Thiébaud et Marion, le curé Jolibois, le juge Dupont, l'avoué Gronier, les avocats Chollet et Emilien Billoud, le greffier Schwinag, si dur que son nom soit à prononcer. C'est que les souvenirs les plus anciens, comme un dépôt solide, restent au fond de la mémoire, tandis que les plus récents débordent et s'échappent, ainsi que la liqueur d'un flacon trop rempli.

Ah ! ce Chollet, dont je crois voir encore la mine trognonnante et rubiconde ! Il y avait à Trévoux cinq avocats ; ils étaient tous du conseil de l'ordre. Quand vint le jour d'élire le bâtonnier, tous ils aspiraient à la suprême dignité de la confrérie. N'osant voter pour soi-même, mais craignant d'accroître les chances d'un concurrent sérieux, chacun déposa, dans la toque qui servait d'urne, un bulletin au nom de l'invraisemblable Chollet, démoli par l'alcool. Seul Chollet n'eut pas la même pudeur ; il n'hésita pas à écrire de sa main vacillante son nom sur son propre bulletin ; il fut élu à l'unanimité. On en fit à Trévoux des gorges chaudes.

Mon père exerçait la profession d'avoué dans la vaste maison Messimy, qui s'étale encore au centre de la ville, avec une vue charmante sur les méandres de la Saône, à travers les prés fleuris et le pâle feuillage des saules, jusqu'aux collines du Mont-d'Or qui ferment l'horizon.

De là, je courrais à la promenade des tilleuls pour voir passer les premiers bateaux à vapeur, l'*Hirondelle* et le *Papin*, dont les roues, sous leurs flancs rebondis, agitaient à leur passage la paisible rivière en vagues tumultueuses. Et j'entends encore, à l'approche d'accoster au ponton, la voix du « patron » criant aux voyageurs avec l'accent traînard de notre doux *patelin* : « Ceusses qui débarq' à Trévoux sur l'arrié du batiau. »

J'accompagnais parfois mon père au Palais que Mgr le duc du Maine, prince souverain des Dombes, en l'an 1695, avait fait construire pour le siège de la justice. Mon père ne se bornait pas à postuler et à conclure ; il plaidait avec un talent qui le plaçait au-dessus de ses confrères, et mon affection filiale était accrue par l'admiration que m'inspirait sa parole.

A LYON EN 1848.

Mais je ne puis oublier que, par le titre de cet écrit, j'ai invité le lecteur à me suivre, sans ordre, en battant les champs et les jardins, sans égards pour les plate-bandes, « à travers la République ».

J'ai connu d'abord tout enfant celle de 1848. Ma famille avait quitté Trévoux l'année précédente pour habiter la grande ville voisine. Le 24 février 1848, à Lyon, vers neuf heures du soir, j'étais censé dormir sous mes rideaux, dans ma petite chambre, ouverte sur le salon où ma mère lisait à haute voix pour une amie attentive le récent ouvrage de Lamartine, l'*Histoire des Girondins*.

J'écoutais, sans en perdre un mot, ce récit où la sensibilité du poète rend plus poignant le drame de la Terreur ; je croyais assister au procès des Girondins devant le tribunal révolutionnaire ; mon cœur battait plus vite à la condamnation de Vergniaud, de Brissot, de Gensonné et de leurs compagnons d'infortune ; mon émotion croissait jusqu'aux larmes, quand mon imagination les accompagnait à l'échafaud.

A ce moment, la lecture de ma mère fut interrompue par l'entrée de mon père et par ces mots, brusquement jetés : « La république vient d'être proclamée ». J'eus un sursaut de terreur ; je tremblais de tous mes membres ; je voyais déjà la prison, la charrette, le bourreau, le couteau de la guillotine et ceux que j'aimais victimes de la Révolution.

Cette première impression ne dura pas. Le lendemain, c'était la joie dans les rues, les cocardes aux chapeaux, les couleurs nationales aux fenêtres ; la liberté, l'égalité, la fraternité aux monuments publics et dans les cœurs.

J'apprenais que :

> Mourir pour la Patrie
> C'est le sort le plus beau, le plus digne d'envie ;

et, comme les autres, je chantais *la Marseillaise,* qui n'était pas encore un hymne de réaction.

Ma mère m'emmena à la campagne dans la petite commune de Saint-Martin de Fontaines, où mon grand-père maternel ceignait l'écharpe de maire.

Durant les premiers mois de la nouvelle république, on planta dans chaque commune « un arbre de la Liberté » et chaque curé l'arrosa de sa bénédiction. Le temps n'a pas épargné ces naïfs monuments de la foi de nos pères. Mon voisin, M. Homais, attribue leur décès à la bénédiction du prêtre. Il est du Midi, M. Homais ; il exagère.

A Saint-Martin, comme partout, près de l'église, on planta et le curé bénit « l'arbre de la Liberté », un peuplier, au pied duquel mon grand-père prononça un discours patriotique.

Rentré à la maison, gagné par l'enthousiasme de la foule, je pris ma plume et mon papier d'écolier, et je collai, sous les ailes desséchées de la chouette qui décorait le vieux portail, une affiche de ma façon :

> Vive la République !
> A bas les Henriquinquistes !

Les passants, revenant du marché, s'arrêtaient et commentaient mon manifeste qui empruntait à la porte de M. le Maire un caractère quasi-officiel. J'écoutais. L'un d'eux qui s'apprêtait à exercer pour la première fois son droit d'électeur dans le pays légal élargi jusqu'au Suffrage Universel, expliquait à nos villageois que *La Martine* c'était la femme de *Ledru-Rollin.*

Dès la fin de février, le chien de la maison s'appelait *Guizot.* Les serviteurs de mon grand'père l'avaient ainsi baptisé, pour le plaisir d'insulter, sur le dos de la pauvre bête, qui n'en pouvait mais, le ministre impopulaire du roi déchu.

On voit que nous étions de bons républicains !

DU LYCÉE DE LYON A LA LICENCE ÈS-LETTRES

Je n'ai rien à dire de mes études au lycée, où, de la place de la Baleine, qu'il pleuve, qu'il vente ou qu'il neige, mon cartable au dos, je me rendais deux fois par jour, usant mes semelles sur les pavés pointus du vieux Lyon, parmi les rues étroites et tortueuses où s'engouffraient, comparables à ceux de la Tamise, les brouillards du Rhône et de la Saône, avant les grandes percées qui ont assaini la ville.

Après mon baccalauréat, je préparai ma licence ès-lettres, sous la direction du savant M. Hignard, mon professeur de rhétorique.

Les épreuves écrites me furent favorables ; seuls les vers latins me valurent quelques critiques. Le sujet d'actualité choisi par la courtisanerie académique au lendemain de la campagne d'Italie, était l'*Annexion de la Savoie*. Je me sentais peu d'inclination à chanter Napoléon III ; plus volontiers, j'aurais traduit en latin quelques vers des *Châtiments*.

J'avais beau marteler le mot *Sabaudia*, mes dactyles et mes spondées échappaient à mes hexamètres.

A l'examen oral, je fus plus heureux. Victor de Laprade, l'austère poète des *Idylles Héroïques*, m'interrogea sur les poètes du xvie siècle ; Dareste sur la révocation de l'Édit de Nantes, ses causes et ses conséquences ; le vieil helléniste Demons me causa quelque surprise quand il me complimenta sur ma « grécité » ; Francisque Bouillier, l'historien de la Philosophie Cartésienne, qui venait de faire son cours sur « L'Unité de l'âme et le principe vital », voulut savoir ce que j'en pensais.

J'eus la témérité de lui répondre :

— Rien ne me paraît plus obscur ; je ne m'explique pas comment, source de toute intelligence, l'âme a tant de peine à se comprendre elle-même. Il me plaît d'imaginer l'âme comme le papillon de la chenille humaine, sorti de sa chrysalide, pour monter vers le ciel paré de belles couleurs ; le lépidoptère de la métaphysique !

— Ce n'est plus de la philosophie, dit Bouillier.

Et je lui rendis son sourire.

A peine muni de mon diplôme de licencié ès-lettres, j'ambitionnais la conquête d'un autre parchemin.

Déjà j'avais choisi, comme sujet de ma première thèse pour le doctorat : *Sextus empiricus et les hypotyposes pyrrhoniennes.*

J'avais fait quelques recherches à la bibliothèque de la ville, qui s'ouvrait alors sous la voûte du vieux Lycée ; ma confiance en la raison humaine en était ébranlée ; je n'étais pas éloigné de croire que l'évidence n'est qu'un rêve, la certitude une illusion, et que la sagesse consiste à douter de toutes choses, même de son propre doute. Je me débattais dans le naufrage de ma raison, cherchant à me raccrocher aux branches du positivisme, quand la vie du quartier Latin aiguilla mes pensées sur un autre rail.

AU QUARTIER LATIN

Le temps était revenu des jeunes enthousiasmes pour la Révolution française, et la grandeur morale des anciens jours. La jeunesse des écoles se réveillait d'un long sommeil et se dressait contre l'Empire. Je pris part à la bataille par ma collaboration aux petits journaux hebdomadaires qui s'appelaient : *La Jeunesse, la Jeune France, Le Réveil, le Travail,* que la justice impériale pourchassait, condamnait, supprimait et qui reparaissaient sous d'autres titres, inlassablement.

C'est dans une de nos salles de rédaction que je fis la connaissance de Georges Clemenceau, le bon tigre, qui, dans la dignité de sa retraite, continue à « bien mériter de la Patrie ». — « Il fut le combattant de la plus belle cause ; son idéal le portait », a-t-il écrit, semblant parler de lui-même, quand il parlait de Démosthène.

Il étudiait la médecine tandis que je faisais mon droit. Professant un même culte pour la philosophie et les lettres, épris d'un même idéal de liberté dans une démocratie républicaine, nous vécûmes côte à côte, liés d'une solide amitié, que les dissentiments inévitables d'une longue carrière n'ont jamais ébranlée.

C'est aussi dans ce milieu que j'ai connu Méline, le sympathique doyen des survivants [1] ; Vermorel, ancien élève des jésuites de Mongré, qui fut membre de la Commune, et qui, profondément déçu, alla provoquer la mort sur la barricade du Château d'Eau ; Germain Casse que j'ai retrouvé à Versailles, député de la Guadeloupe, après l'avoit quitté détenu politique à Sainte-Pélagie.

Germain Casse avait été l'élève préféré du Père Lacordaire à Sorèze. Il a longtemps correspondu avec l'illustre dominicain dont il me communiquait les lettres.

Comme je lui demandais sur quel chemin de Damas il avait déchiré sa soutane : « C'est, m'a-t-il répondu, quand j'ai réfléchi qu'on m'appellerait l'abbé-Casse. » A quoi tiennent les vocations ?

Parmi mes collaborateurs du journal *Le Travail* se distinguait un peintre socialiste, Pierre Denis, qui depuis... mais alors, nous admirions ses vertus républicaines..

Conduit par notre camarade Adrien Desprez, un disparu,

1. Quand j'écrivais ces lignes, Méline nous donnait encore l'exemple d'une longue vie, justement honorée.

je fus le voir un matin dans son grenier ; je le trouvai étendu, sans couvertures, sur un grabat, tout habillé, les pieds dans ses bottes, la tête dans son béret ; sa pipe, échappée de ses lèvres au moment du sommeil, voisinait par terre avec un volume de Proudhon. Il gagnait son pain et son tabac à peindre des enseignes pour les foires. J'ai vu de lui un phoque sortant d'un baquet, avec une banderole sur laquelle on lisait : « Je dis *Papa, Maman.* » C'était courageusement signé : Pierre Denis. Je ne puis oublier Georges Cavalier, dit Pipe-en-bois, un grand garçon déguingandé, dont la figure émaciée et les traits anguleux semblaient avoir été taillés dans un morceau de buis, d'où son pittoresque surnom.

Mes amis et moi nous nous réunissions chaque dimanche, rue Saint-Jacques, dans l'atelier du peintre Delâtre, où nous rencontrions quelques-uns de nos aînés, nos chefs dans le parti républicain.

Frédéric Morin, dont le nom et les travaux sont trop oubliés ;

Vacherot, l'auteur de la *Démocratie*, dont les visites furent interrompues par sa condamnation à un an de prison, réduite à trois mois par la cour d'appel ;

Auguste Vacquerie qui de temps en temps quittait Victor Hugo et nous apportait à Paris le souffle du grand exilé de Jersey ;

Emmanuel Arago, l'ancien Commissaire de la République à Lyon en 1848, fils du grand François Arago et père de celui qui vice-présida nos séances durant la législature antérieure au cartel.

Son oncle, Étienne Arago, vaudevilliste aimable, futur maire de Paris, né en 1802, dont l'âge m'est rappelé par ces deux vers, qu'il inscrivit dans l'album d'une belle dame :

Le siècle avait deux ans a dit Victor Hugo
Et j'en puis dire autant, moi,
ÉTIENNE ARAGO [1]

J'ai rencontré aussi, chez le peintre Delâtre, Eugène Pelletan. Il était encore tel que Lamartine l'avait décrit lors de leur rencontre à l'île d'Ischia : distingué, séduisant, soigneux de sa personne ; on eût cru qu'il n'avait que le nom de commun avec son fils Camille. Eugène Pelletan venait d'être condamné à deux mille francs d'amende pour un article intitulé *La liberté comme en Autriche*. Plutôt que de se faire le complice de ses juges, en se prêtant à l'exécution de leur jugement, Pelletan avait laissé saisir sa bibliothèque par l'huissier du fisc. Nous ouvrîmes parmi nous une souscription, bientôt couverte, et nantis des deux mille francs, nous nous présentâmes aux enchères.

Un premier lot de dix volumes fut offert sur une mise à prix de 10 francs.

— Cent francs ! dit l'un de nous.

— Deux cents francs ! dit un autre.

Et sur ce premier lot, à la stupéfaction du commissaire priseur, l'adjudication fut poussée jusqu'aux deux mille francs pour lesquels avait eu lieu la saisie.

Le lendemain, une délégation dont j'avais l'honneur de faire partie se rendit chez Eugène Pelletan pour lui porter les volumes rachetés.

Tout ému, Pelletan, après les remerciements, offrit à chacun de ses jeunes visiteurs un de ses ouvrages. Je retrouve dans ma bibliothèque *Les Rois philosophes*, dédicacés par cet autographe :

A Monsieur Andrieux, témoignage de sympathie. — E. Pelletan.

---

1.   Ce siècle avait deux ans ! Rome remplaçait Sparte ;
       Déjà Napoléon perçait sous Bonaparte.

(Les Feuilles d'Automne.)

A la page 391, je lis cette pensée que le Grand Frédéric paraît bien avoir léguée à ses successeurs : « Dévaster dans la guerre, emporter tout ce qu'on peut, briser tout ce qu'on ne peut emporter. »

DE L'ODÉON AU POSTE DE LA GAÎTÉ.

En ce temps-là, Edmond About fit jouer, au théâtre de l'Odéon, *Gaetana*, celle de ses comédies qui eut le plus de retentissement et le moins de succès, grâce aux inimitiés qu'il semblait se plaire à collectionner. Edmond About avait infiniment d'esprit ; l'abus qu'il en faisait jusqu'à l'impertinence lui avait valu moins d'ennemis que l'amitié du prince Napoléon, chez qui, avec Sainte-Beuve et quelques autres libre-penseurs notables, il communiait le vendredi-saint sous les espèces et apparences d'un saucisson ; c'est du moins ce qu'on disait alors, sans garantie de ma part, car je m'honore de n'avoir pas tenu la chandelle.

Les jeunes catholiques pour protester contre l'impiété de l'auteur, les étudiants républicains pour flageller le cousin de l'empereur en la personne de son commensal, se rendirent à la *première*, et sifflèrent outrageusement *Gaetana*, sans l'entendre, avant même le lever du rideau.

Du haut du *Constitutionnel* de M. Véron, About avait déversé son amertume sur la jeunesse des Écoles, où il affectait de ne voir qu'une « cabale légitimiste et cléricale ».

Ce fut l'occasion de mes modestes débuts littéraires.

Je publiai chez Marpon, sous les galeries de l'Odéon, une brochure intitulée : *A Monsieur Edmond About, Lettre d'un Etudiant*, où je disais pourquoi *Gaetana* avait été sifflée.

Le bon Sarcey, l'ami dévoué d'Edmond About, me répondit avec son indulgence avonculaire.

Retirée de la scène de l'Odéon, après quatre représentations tumultueuses, *Gaetana* fut reprise, avec le même insuccès, par divers théâtres de province et à Paris par le petit théâtre de la rue de la Gaîté.

J'ai connu la main de la police pour la première fois dans cette même rue, à cette même occasion.

Arrêté, au sortir de ce théâtre, dans un groupe d'étudiants, pour tapage nocturne, je fus conduit au poste de la Gaîté, et relâché aussitôt, sans aucun passage à tabac et sans autre suite.

Le souvenir que j'en gardais m'inspira le titre d'un roman naïf, dont je n'eus point à me féliciter. Quand je le relus plus tard, je compris que j'avais bien fait de ne pas récidiver dans ce genre de littérature. Mon excuse, c'était ma vingtième année.

AU BARREAU DE LYON. L'ÉCOLE LIBRE DE DROIT

Le 11 décembre 1863, sur la présentation du bâtonnier Brac de la Perrière, j'étais admis à prêter serment devant la *Cour Impériale* de Lyon et j'étais inscrit au stage des avocats.

Secrétaire de la Conférence, je prononçai le discours de rentrée sur l'*Institution du Jury*, avec une admiration dont je suis un peu revenu,

L'expérience, les conseils, la clientèle de mon père, avoué près le tribunal civil de Lyon, facilitèrent mes débuts.

Aux procès civils vinrent s'ajouter les causes politiques. Je plaidais pour la presse républicaine, pour les associations ouvrières, et ces plaidoiries me valaient, à défaut d'honoraires, une précoce notoriété.

Depuis longtemps la ville de Lyon demandait une faculté de droit. Les ministres de l'Instruction Publique avaient toujours répondu que les jeunes lyonnais se destinaient plutôt au commerce et à l'industrie de la soie ; que le nombre prévu des étudiants en droit ne justifierait pas cette création ; qu'enfin les facultés voisines, Grenoble et Dijon, suffisaient aux besoins des familles qui destinaient leurs fils à la magistrature ou au barreau.

Je pensais, avec Diogène, que le meilleur moyen de prouver le mouvement, c'est de marcher. J'entrepris de créer une école libre de droit.

J'obtins le concours des meilleurs parmi mes jeunes confrères. Je trouvai facilement des professeurs pour le droit civil, le droit commercial, la procédure, le droit criminel, mais aucun de nous ne se croyait assez préparé pour l'enseignement du droit romain. C'est pourquoi j'en assumai la charge, et pendant deux années j'ai commenté les *Institutes* et les *Pandectes*.

J'obtins des doyens de Grenoble et de Dijon la permission pour nos étudiants de prendre leurs inscriptions sans déplacement, par l'intermédiaire de notre secrétariat, et la dispense d'assister aux cours de ces facultés, sous la condition d'un certificat d'assiduité à notre école. Le tribunal voulut bien s'intéresser à notre enseignement et mit à notre disposition des salles d'audience, inoccupées à l'heure de nos cours.

Le nombre restreint de nos élèves permit de combiner les méthodes de l'enseignement supérieur avec celles de l'enseignement secondaire. La première partie de nos cours était consacrée à l'audition du professeur ; la seconde à l'interrogation des élèves.

Ces procédés nous valurent d'heureux résultats ; le nombre croissant de nos élèves, leurs succès aux examens de Grenoble et de Dijon justifièrent notre initiative et décidèrent enfin l'État à doter la Ville de Lyon d'une Faculté de Droit.

L'ACACIA M'EST CONNU.

Quand pour la première fois j'entendis, parmi les francs-maçons, prononcer cette formule, je prenais en compassion l'arbre qui fleurit au dernier mois du printemps et répand dans les airs son parfum embaumé ; je le plaignais sincèrement d'être ainsi *méconnu* et je ne comprenais pas les causes de sa disgrâce. J'ai su depuis qu'il fallait écrire *m'est connu*, et que ces trois mots avaient cette signification mystique : je connais les secrets de la franc-maçonnerie ; je suis franc-maçon !

Je veux dire ici comment l'acacia me fut connu.

J'avais un confrère distingué par son talent autant que par la fermeté de ses convictions républicaines. C'était Le Royer qui fut depuis Procureur Général, membre de l'Assemblée Nationale, Sénateur, Garde des Sceaux, Président du Sénat. Il était le *Vénérable*, c'est-à-dire le Président de la régulière Loge le *Parfait silence*, ainsi nommée sans doute parce que la plupart de ses membres étaient avocats.

Le Royer me proposa de m'annexer à sa loge. Par déférence pour mon ancien, la curiosité du mystère s'en mêlant, j'acceptai. C'était en l'an 5863.

Oui, profane, j'ai bien dit 5863. C'est que l'ère maçonnique commence à la création de l'univers par le Grand Architecte, vulgairement appelé Dieu, et les maçons ont appris par des frères qui vivaient en ce temps lointain, d'accord d'ailleurs ou à peu près avec la Bible, que le monde a été mis au monde quatre mille ans avant Jésus-Christ... quelques minutes au regard de l'infini !

Mon ordination s'accomplit suivant le rite accoutumé. Avant que mes yeux s'ouvrissent à la lumière de l'Orient, je dus passer par de terribles épreuves.

Des frères inconnus s'emparèrent de ma personne, me mirent un bandeau sur les yeux ; puis dans les ténèbres des couloirs et des escaliers, par de brusques secousses, ralentissant ou précipitant ma marche, me conduisirent en un lieu souterrain. Peut-être des oubliettes ?

Là, ils me délivrèrent du bandeau. A la lueur vacillante d'un pâle flambeau, j'aperçus des murs tapissés de têtes de morts et de tibias humains placés en croix de Saint-André, comme pour figurer le signe algébrique de la multiplication. Sur ma tête, une voûte blanchie à la chaux ; pas de fenêtres, pas d'ouverture autre que la petite porte par laquelle j'étais entré en me baissant.

Pour mobilier, un escabeau et une table en bois blanc. Sur cette table, un morceau de pain noir et une cruche de grès pleine d'eau ; à côté un encrier, une plume et du papier : tout ce qu'il faut pour faire un testament.

Les frères inconnus me dépouillèrent de ma montre, de mon porte-monnaie, de tous les objets d'or ou d'argent que je pouvais avoir. Après quoi, ils m'invitèrent à écrire mes dernières volontés.

Je pris la liberté de leur faire remarquer que, puisqu'ils m'avaient tout pris, je n'avais plus rien à léguer.

Aucun sourire n'altéra la gravité composée de leurs visages ; ils se retirèrent, me laissant en proie à mes méditations, parmi ces débris humains. Le papier que j'avais sous les yeux contenait un questionnaire philosophique, auquel je répondis de mon mieux, évitant tout ce qui eut offensé le Grand Architecte ou ses pontifes. Plus bas, à l'article testament, j'écrivis : « Je lègue mes dettes à ma famille et le reste aux pauvres. »

J'avais vingt-trois ans ; était-ce une suffisante excuse?

La porte basse lourdement roula sur ses gonds ; les frères inconnus replacèrent le bandeau sur mes yeux ; puis à travers les mêmes escaliers et les mêmes couloirs, imprimant

à ma marche les mêmes allures saccadées, ils me conduisirent dans la grande salle du Temple.

Rompant un religieux silence par trois coups de maillet,
le Vénérable prononça des paroles solennelles, et, toujours
dirigé par mes impassibles conducteurs, je fis « les voyages
symboliques ».

Passant au milieu d'une double haie d'hommes armés,
j'entendais le cliquetis des épées entrechoquées, je cour-
bais la tête « sous la voûte d'acier ».

Sous mes pas s'allumaient des flammes bizarres, rouges,
vertes, jaunes, quelque chose comme les flammes de l'enfer,
autant que j'en pouvais juger, ne les ayant pas encore fré-
quentées.

Après chaque « voyage », le Vénérable m'interrogeait
sur les impressions que j'avais ressenties. Il voulait bien
me dire que les épreuves auxquelles j'étais soumis n'avaient
pas pour but de m'effrayer ; qu'elles étaient destinées à
appeler mon attention sur leur signification symbolique.

Un calice me fut présenté ; on m'expliqua qu'il contenait le « breuvage d'amertume » ; je bus sans crainte du
poison ; ma confiance ne fut pas trompée ; le « breuvage
d'amertume » n'était autre que ce liquide apéritif qui, sous
le nom de vermouth, à Paris comme à Turin, remplace
l'absinthe.

En même temps que moi, et soumis aux mêmes épreuves,
était candidat à l'acacia mon confrère Édouard Millaud,
qui depuis fut mon collègue à la Chambre des députés,
obtint un siège au Sénat et se vit attribuer, dans je ne sais
quelle combinaison ministérielle, le portefeuille auquel il
était le moins préparé, celui des travaux publics.

Le Vénérable lut nos réponses au questionnaire ; ce fut
l'occasion d'un long débat philosophique entre Édouard
Millaud et votre serviteur, à la recherche de l'introuvable.

En écoutant Millaud, les Maçons accoutumés à entendre

sur les mêmes sujets des dissertations de voyageurs de commerce, crurent que le divin Platon était descendu parmi nous.

Quand vint le tour du testament, mon éminent ami Le Royer qui protégeait mes jeunes années et souriait à mes espiègleries, s'abstint de lire *in extenso* la disposition irrévérencieuse que j'avais signée.

— Profane, dit-il, votre testament contient un souvenir pour votre famille et une disposition en faveur des pauvres. Cet acte répond aux sentiments de piété filiale et de généreuse philanthropie dont sont animés tous les maçons.

Après quoi nous fûmes admis au solennel serment.

Tenant à la main un compas ouvert en équerre, l'une des pointes dirigée vers le cœur, nous répondîmes affirmativement à la question du Vénérable.

« Promettez-vous de ne rien divulguer des mystères de la franc-maçonnerie, sous peine d'avoir la tête coupée, la langue arrachée, le corps jeté dans l'océan, pour être éternellement roulé par le flux et le reflux de la mer ? »

Si le Vénérable m'avait dit simplement : « Promettez-vous de ne rien révéler de ce que vous verrez ou de ce que vous entendrez ici », je me serais fait amputer les deux mains plutôt que d'écrire cette page de mes *Souvenirs*. Mais, quand il eut ajouté « sous peine d'avoir la tête coupée, la langue arrachée, le corps jeté dans l'océan, pour être éternellement roulé par le flux et le reflux », je me rappelai que j'étais dans un « atelier », et que les maçons, comme les peintres, aimaient à rire.

J'étais entré au *Parfait silence* pour voir ; j'y restai pour parler. Il n'y avait alors en France aucune liberté de parole. A Paris du moins les jeunes gens qui se destinaient au barreau ou à la politique avaient la ressource de la conférence Molé, où Gambetta faisait son apprentissage de tribun. Mais en province, les loges maçonniques offraient seules aux débutants une tribune libre. Le *Parfait silence* était pour moi une *parlote*, où mes essais oratoires étaient écoutés par un auditoire indulgent, toujours prêt à couvrir mes dernières paroles par une « triple batterie ».

POUR VOIR SI J'AURAIS LA TÊTE COUPÉE...

A part quelques variantes, ce récit n'est pas inédit. Publié pour la première fois sous ce titre, *pour voir si j'aurais la tête coupée,* il souleva la feinte indignation et la colère plus sincère des *Fils de la veuve,* en style plus simple : des francs-maçons.

On m'accusa d'avoir violé mon serment, et la Régulière Loge fulmina contre moi l'excommunication majeure. En vérité je n'avais révélé aucun secret ; car il y a beau temps que la franc-maçonnerie n'a plus de mystères.

Depuis le commencement du siècle dernier, de nombreux *Tuileurs* ou Manuels du franc-maçon, ont été publiés. J'ai sous les yeux le *Tuileur général de la Franc-maçonnerie* par le Frère Ragon, ancien vénérable, fondateur des trois ateliers de Trinosophes à Paris, auteur de l'*Orthodoxie maçonnique,* de la *Maçonnerie occulte* et d'autres ouvrages d'initiation que chacun peut se procurer en librairie.

Vous y trouverez *le signe de détresse,* par lequel, assure-t-on, au lieu de se couvrir, un de nos anciens présidents, à la Chambre des députés, apaisa jadis un orage parlementaire.

Signe de détresse : Dans le cas où un Maître serait en danger, il appelle ses FF... à son secours par le signe suivant : renverser sur la tête ou à la hauteur du front, les deux mains dont les doigts sont entrelacés et dire : *A moi, les Enfants de la Veuve.*

Vous y apprendrez la manière de « tirer les santés „,

c'est-à-dire de porter un toast en un banquet, et comment la table se nomme la *plateforme*, la nappe *la toile*, la serviette *le drapeau*, l'assiette *la tuile*, la fourchette *la pioche*, le couteau *le glaive*, le verre *le canon*, etc.

Instruit de cette logomachie, vous pourrez suivre le Vénérable quand il commande l'exercice comme il suit :

La main droite au glaive !

Haut le glaive !

Passons le glaive à la main gauche !

Haut les armes !

En joue !... feu ! (on boit en trois temps : celui-ci est le premier.)

Bon feu ! (c'est le second temps).

Le plus fin de tous les feux ! (troisième temps).

L'arme au repos !

Un, deux, trois (trois fois).

A ces mots, *Numero deux impare gaudet*, tous les frères décrivent, par trois fois avec le verre, un triangle, dont la base est la poitrine et le sommet en avant. Ils descendent graduellement le verre et le posent avec ensemble sur la table, de manière à ne produire qu'un seul coup.

Le Vénérable suspend *les travaux de table*.

On chante une chanson à boire qu'on appelle le *cantique de clôture*, et le Vénérable donne à ses voisins le baiser fraternel.

Ces secrets pleins d'horreur et d'autres encore ont été dévoilés depuis longtemps par les auteurs de tous les *Tuileurs* et même par le *Dictionnaire Larousse*, sans que les Chevaliers Kadoschs s'en soient émus.

Ce sont cependant ces personnages sacrés qui ont la haute mission de faire respecter les serments et de trancher les têtes des parjures.

Mon crime n'était pas d'avoir révélé des mystères ; mais d'en avoir parlé avec irrévérence. Les augures ne se regardent pas sans rire ; mais ils ne supportent pas qu'au forum un maraud se permette de rire à leurs dépens.

J'ai quitté la franc-maçonnerie en bonne compagnie, puisqu'en même temps que moi le Grand Architecte, suspect de théisme, fut rayé du tableau.

JOYEUSES BRIMADES

J'avais voulu associer les profanes au rire gaulois des maçons et les introduire dans les coulisses du Temple pour leur permettre d'assister à cette bonne farce d'atelier qu'on appelle une réception.

Puisque la Régulière Loge a pris mon récit au tragique et m'a fait signifier une « planche » d'excommunication, je n'ai plus de ménagements à garder et j'ose conter encore une de ces joyeuses brimades auxquelles se divertissent les maçons.

Qu'es-tu devenu, Cassard, de Besançon, dont le cas me fut raconté par ton compatriote et frère en maçonnerie, le ministre Viette ?

A Besançon, Cassard exerçait la profession de limonadier ; dans les réceptions, il jouait le rôle de décapité.

Dans un antre éclairé par une lumière vacillante, pâle et blafarde, Cassard, toujours rasé de frais, passait, à travers le trou rond d'une planche percée, son visage enfariné, où des plaques livides se détachaient sur un fond blanc. Grâce à l'artifice d'un voile savamment disposé, la tête penchée de Cassard semblait séparée du tronc.

On amenait devant lui le profane qui sollicitait l'entrée du Temple. Les frères accompagnateurs disaient d'une voix lente et grave : « Voici la tête d'un frère qui a trahi nos secrets ; profane, voyez comment nous traitons les parjures. »

Il fallait avoir l'âme bien trempée pour résister à de pareilles épreuves, et les maçons de Besançon pouvaient se flatter d'être tous de vrais maçons. Un jour cependant fut amené dans l'antre redoutable un profane auquel le joyeux limonadier avait souvent versé l'absinthe et la gomme. Quand les frères accompagnateurs eurent levé le voile de crêpe qui couvrait la tête sinistre du faux décapité, le profane recula d'horreur ; puis, se ravisant et dominant le premier frisson, il s'écria : « Eh ! mais, c'est le père Cassard. »

La tête du décapité se redressa lentement et d'une voix impérieuse et lugubre, elle dit : « Taisez-vous, profane ! » Puis elle reprit sa position presque horizontale sur la planche de sapin.

Maçons égoïstes, pourquoi voulez-vous garder pour vous seuls le plaisir de ces jeux innocents ? Pourquoi vos cris ont-ils appelé l'attention sur mes pages légères que le vent eût emportées ?

Vous pouviez vous taire, vous qui savez que le silence est d'or, et votre « parfait silence » eût passé pour un majestueux dédain. Votre imprudente procédure n'a pas seulement écarté le feuillage sous lequel se cachait la nudité de votre association ; elle en a découvert l'impuissance.

« Gémissons, mes frères, gémissons ! »

LE 4 SEPTEMBRE. — MA PRISON. — MES LIBÉRATEURS

Le 4 septembre 1870, j'étais en prison.

Je m'empresse de rassurer mes lecteurs : ce n'était pas pour un délit de droit commun. J'expiais à Lyon, à la prison Saint-Paul, la violente campagne de réunions publiques que j'avais menée dans tout le département du Rhône contre le plébiscite impérial.

Condamné à trois mois de prison pour outrage envers l'empereur, j'avais déjà subi les deux tiers de ma peine. Je jugeais, par ma propre expérience, que les détenus politiques pouvaient cueillir à bon marché les palmes du martyre sous l'administration impériale.

Je circulais librement dans mon nouveau logis : la coupole de la chapelle, ornée d'un péristyle, était mon promenoir habituel. De là, bien abrité contre la pluie, le soleil et le vent, j'avais une large vue sur la ville et ma lorgnette indiscrète s'amusait parfois à des scènes d'intérieur.

Je recevais sans entraves ni contrôle mes lettres et mes journaux ; je choisissais mes visiteurs, et, comme je n'avais pas la ressource de faire dire aux importuns que j'étais sorti, la préfecture refusait gracieusement le permis de visite à quiconque n'était pas inscrit sur la liste dressée par mes soins.

Une seule exception, comme par mégarde, fut faite en faveur d'un certain Bouvier, qui me témoignait une sollicitude exhubérante et dont j'ai connu plus tard la qualité

« J'ai su depuis qui payait sa toilette »

comme chantait le bon Béranger.

Le dimanche 4 septembre, à mon réveil, j'entendis un tumulte inaccoutumé, des rumeurs confuses qui montaient de la rue jusqu'à ma cellule. Bientôt les portes de la bastille cédèrent sous la pression de la foule qui se répandait dans les couloirs à la recherche des détenus politiques.

Après une vaine résistance, le gardien-chef introduisit dans ma cellule « les délégués du peuple ». Je fus bousculé par des amis enthousiastes que je voyais pour la première fois ; je dus subir l'étreinte de poitrines sympathiques, mais inconnues ; puis, enlevé par des bras vigoureux, je fus hissé sur le siège d'un fiacre à côté du cocher. En vain, je réclamais une place plus modeste à l'intérieur de la

voiture : j'étais un trophée en casquette et en pantoufles ;
je devais servir à la décoration du char triomphal et numé-
roté qu'avaient réquisitionné mes libérateurs.

A L'HÔTEL DE VILLE. — LE COMITÉ DE SALUT PUBLIC

Précédé de drapeaux et de tambours, grossissant de
minute en minute par l'incessante alluvion de l'insurrection victorieuse, le cortège se mit en marche et me condui-
sit à l'hôtel de ville, où je fus nommé par acclamation « membre du Comité de Salut Public. »

J'appris ainsi l'existence de ce gouvernement local que
les citoyens Durand et Barodet, après avoir proclamé la
République, avaient fait acclamer par une foule confiante.

Parmi les soixante-dix-huit membres qui composaient
le Comité de Salut Public, il faut citer quelques républicains relativement modérés, hommes d'ordre et de liberté,
inquiets des responsabilités qu'ils allaient assumer, mais
patriotiquement résolus à rester dans cette assemblée pour
s'opposer aux excès et aux représailles qu'il fallait prévoir :

Le Dr Hénon, le plus silencieux des « cinq » ; Varambon,
futur sous-secrétaire d'État à la Justice ; Ferrouillat, futur
sénateur et garde des Sceaux ; d'autres moins connus, mais
non moins dignes de l'être. A leurs efforts pour contenir la
poussée populaire, j'ajoutais ceux d'une popularité chaque
jour décroissante.

Le Comité qui siégeait en permanence, gouvernait, administrait, légiférait pêle-mêle. Les prisons s'emplissaient de
nouveaux détenus politiques ; des magistrats, le préfet Sencier, ses secrétaires généraux, des prêtres, les membres de
l'ancienne commission municipale, tous les Commissaires
de police avaient remplacé à la prison Saint-Paul les détenus de droit commun, mis en liberté après avoir signé le
bon billet d'un engagement pour la durée de la guerre.

Les heures s'écoulaient incertaines et menaçantes ; nous commencions à nous demander où nous serions le lendemain, si Paris ne suivait pas l'exemple de Lyon.

Enfin, à la dernière heure de la soirée, des dépêches rassurantes nous apprenaient que Paris s'était décidé à proclamer la République ; Lyon était fier d'avoir devancé la capitale.

UN VIGOUREUX RÉPUBLICAIN

Le lendemain 5 septembre, la séance était reprise à 9 heures du matin. Le président Chepié nous donnait lecture d'un télégramme par lequel le nouveau ministre de l'intérieur nous annonçait qu'il nous envoyait comme préfet Challemel-Lacour, « vigoureux républicain ».

Gambetta avait compté sur cette épithète pour gagner à son représentant la confiance d'une population ardemment républicaine.

Ce fut un beau tapage qui accueillit sa dépêche : « Comment ! s'écriait-on, il y aura encore des préfets sous la République ! » Cinquante-cinq ans et plus se sont écoulés depuis ces événements. Il y a encore des préfets, et même des sous-préfets. Serait-ce que nous ne serions pas encore en République ?

On proposa de renvoyer au Gouvernement de la Défense Nationale par le retour du courrier ce colis recommandé. J'intervins et non sans peine je fis adopter une proposition transactionnelle : on décida d'accepter Challemel-Lacour en tant que délégué ou ambassadeur du Gouvernement de Paris auprès du Gouvernement de Lyon.

DEUX JOURS A PARIS. — MA PREMIÈRE VISITE A LA PRÉ-
FECTURE DE POLICE. — COMMENT JE DEVINS PROCUREUR
DE LA RÉPUBLIQUE.

Une politesse en vaut une autre. Une réunion tenue au
Club de la Rotonde me délégua en ambassade auprès du
Gouvernement de la Défense Nationale.

Le 10 septembre au matin j'arrivais à Paris. Je fus
accosté près du théâtre des Variétés par un inconnu cor-
rectement vêtu d'une redingote, qui, levant les huit reflets
de son chapeau haute forme, m'interrogea :

— Monsieur Andrieux ?

— Oui, Monsieur.

— Je suis le citoyen Raoul Rigault, commissaire de
police.

Ce nom ne me disait rien. Le futur « délégué à l'ex-préfecture de police » n'avait pas encore sur les mains le sang
des otages et rien dans son insignifiante physionomie ne
faisait présager ses sinistres destinées.

— Je suis chargé, reprit-il, par M. le Garde des Sceaux
de vous prier de venir le voir vers 2 heures au Ministère de
la Justice, et par M. Antonin Dubost, secrétaire général
de la Préfecture de Police, de vous dire qu'il vous attendra
toute la matinée à son cabinet.

Sans tarder, je me rendis à la vieille Préfecture de police,
qui adossée au Palais de justice, s'ouvrait alors sur la rue de
Harlay, à l'extrêmité de la place Dauphine, et s'étendait
du quai de l'Horloge au quai des Orfèvres.

Quand je l'avais connu, Antonin Dubost était premier
clerc chez Me Terme, avoué près le tribunal civil de
Lyon.

Jeune, ardent, les cheveux en brosse, le teint coloré,

d'une activité toujours en éveil, il menait de front la basoche et la politique.

Je ne sache pas qu'il ait jamais été nommé secrétaire général de la Préfecture de police par aucune autorité supérieure à la sienne ; mais instruit à l'étude des révolutions, il s'était emparé de la fonction et installé dans le cabinet, convaincu que personne n'oserait déloger le premier occupant.

Je trouvai Dubost affairé, entouré de ses secrétaires, leur dictant des ordres, aussi à son aise dans l'exercice de ses nouvelles fonctions qu'autrefois en l'étude de Me Terme.

Nous causâmes de Lyon, des arrestations arbitraires, de la nécessité de rétablir l'autorité du pouvoir central.

Dubost insista sur l'urgence d'un entretien avec les Ministres de la Justice et de l'Intérieur. Il me donna rendez-vous chez le Garde des Sceaux.

A 2 heures, j'étais place Vendôme et j'entrais pour la première fois au Ministère de la Justice. Je fus introduit aussitôt dans le cabinet du ministre. Perdu dans un large fauteuil, penché sur son bureau, appuyant sa tête sur ses bras croisés, un vieillard somnolait ; c'était Adolphe Crémieux, garde des Sceaux de la Défense Nationale.

A côté de lui, Antonin Dubost faisait l'intérim du ministre endormi. Tout en feuilletant d'un doigt léger les pages d'un dossier, il interrogeait un personnage orné de la rosette de la Légion d'honneur, debout, dans l'attitude d'un accusé :

S'interrompant à mon arrivée :

— Cela suffit, Monsieur, dit Antonin. Vous pouvez vous retirer.

Puis, se tournant vers moi, tandis que s'éloignait l'homme à la rosette :

— C'est, me dit-il avec dédain, un premier président.

Crémieux s'était réveillé : sous ses cheveux crépus, il levait sur moi, à côté d'un nez camus, de petits yeux percés à la vrille.

J'exposai au Garde des Sceaux l'objet de ma visite ; je lui fis le récit des événements de Lyon ; j'insistai sur ceux qui devaient particulièrement retenir son attention ; je lui parlai du cours de la justice interrompu, des arrestations arbitraires, des incarcérations de magistrats, de son procureur général enfermé à la maison d'arrêt.

Et le vénérable Crémieux, que le temps de sa jeunesse paraissait intéresser davantage, m'interrompait pour me raconter des histoires d'autrefois.

— Oui ! Oui ! disait-il, c'est comme en 1848, quand Emmanuel Arago était Commissaire du Gouvernement de la République pour le département du Rhône. J'étais alors pour la première fois Garde des Sceaux.

Je compris que je perdais mon temps chez ce vieillard verbeux, et j'allais le quitter pour me rendre chez son collègue de l'Intérieur quand il me retint pour m'offrir le choix entre la fonction de premier avocat général, supprimée depuis lors, et celle de procureur de la République à Lyon.

— Le Royer, me dit-il, accepte d'être votre procureur général. Choisissez entre les deux situations que je vous offre ; celle que vous laisserez sera pour Millaud.

Abandonnant à l'éloquence de mon confrère Édouard Millaud l'emploi plus solennel et hiérarchiquement plus élevé de premier avocat général, j'optai pour la fonction plus militante de Procureur de la République où je croyais pouvoir rendre quelques services à mes concitoyens.

Le même jour, je fus reçu par Gambetta. L'accueil fut différent. Cet orateur savait écouter ; il me questionna longuement sur la composition, les tendances, les actes du Comité de Salut Public, sur les moyens de mettre fin à une anarchie intolérable et de faire prévaloir l'autorité du représentant de la Défense Nationale.

Il me fit le plus vif éloge de Challemel-Lacour qu'il tenait en grande estime, autant pour l'élévation et la haute culture de son intelligence que pour la conception autoritaire qu'il avait de la liberté.

II

LA COMMUNE A LYON EN 1870 ET 1871

LA COMMUNE A LYON EN 1870 ET 1871. — LA PRISON
SAINT-PAUL. — ÉVASIONS OU MISES EN LIBERTÉ.

Le 12 septembre, à la veille de l'investissement, ma
mission accomplie, je m'acheminai vers la gare de Lyon.

De Paris à Lyon, le voyage fut lugubre. A chaque sta-
tion, s'engouffraient dans les wagons des familles qui
fuyaient l'approche des Allemands, emportant leurs hardes
et tout ce qu'ils pouvaient soustraire à la destruction ou
à la rapacité des envahisseurs. Mes regards ne se détachaient plus de l'horizon où il semblait à chaque instant
qu'allaient paraître les aigles noirs et les casques à pointe.

Rentré à Lyon, où j'apprenais que mon premier substitut, M. Morin, venait d'être arrêté tandis qu'il requérait
en police correctionnelle, et conduit en prison sous sa
robe de magistrat, j'étais autorisé par mon ministre à
cumuler ma qualité de membre du Comité de Salut Public
avec ma nouvelle fonction, l'une prêtant à l'autre un utile
appui.

J'allais collaborer avec les magistrats qui, trois mois
plus tôt, m'avaient condamné à l'emprisonnement. Je
n'eus qu'à me louer de leur constante déférence, comme
s'ils tenaient à me faire oublier ce fâcheux incident.

Le plus impérieux de mes devoirs, et j'étais impatient
de l'accomplir, était de faire mettre en liberté les victimes
des arrestations arbitraires ; mais la prison étant surveillée
par les forces révolutionnaires, tout élargissement d'un
détenu politique pouvait entraîner des désordres graves
et compromettre la sécurité des prisonniers.

Cependant, le 16 septembre, je me rendis à la prison Saint-Paul et j'en fis ouvrir les portes à M. le procureur général Massin, à M. l'avocat général Bérenger, à M. le substitut Morin, sans que leur départ éveillât l'attention.

Les difficultés étaient plus graves pour les fonctionnaires de l'ordre administratif, et surtout pour M. Sencier, l'ancien préfet du Rhône.

Le 17 septembre, je reçus au parquet la visite de Mme Sencier qu'accompagnait un ami de sa famille, M. Aubert, agent de change, honorablement connu à Lyon. Les démarches qu'elle avait faites auparavant auprès de Le Royer et de Challemel-Lacour pour obtenir la mise en liberté de son mari avaient été accueillies avec sympathie ; mais le procureur général, comme le préfet, avait conseillé la temporisation et la patience, craignant qu'en ces jours d'anarchie la mise en liberté de l'ancien préfet de l'Empire ne fût aussi périlleuse pour lui-même que pour l'ordre public.

Le général Trochu, qui avait avec la famille Sencier d'anciennes relations, était intervenu sans plus de succès. Challemel-Lacour télégraphiait le 9 septembre, à Gambetta : « Faites donc comprendre au général Trochu que délivrer d'emblée M. Sencier, c'est provoquer une lutte sanglante. Je veux traîner jusqu'aux élections municipales, dont je fixerai le jour demain. »

Mme Sencier insista auprès de moi avec autant de dignité que d'émotion ; elle craignait que l'agitation populaire n'aboutît d'un moment à l'autre à un massacre dans les prisons, et les souvenirs de 1793 remplissaient son cœur d'une mortelle angoisse.

Je fus profondément touché de sa douleur et de ses larmes.

— Madame, lui dis-je, peut-être serai-je demain à la place de M. Sencier ; mais il sera libre dès ce soir ; j'irai moi-même veiller_à son élargissement.

Il s'agissait de présider à une évasion plutôt qu'à une mise en liberté ; car, si je pouvais compter sur le personnel des gardiens et particulièrement sur le gardien-chef, il importait de dépister la surveillance des estafiers de la rue Luizerne et autres malandrins, capables des plus graves violences contre l'ancien préfet, s'il tombait entre leurs mains. La connaissance des lieux, que je devais à ma récente villégiature à Saint-Paul, facilita ma tâche.

Les détenus politiques étaient enfermés à la maison d'arrêt, prison neuve, placée sous le vocable de Saint-Paul ; à côté, s'élevait la maison de correction, ou prison Saint-Joseph, beaucoup plus ancienne. Ces deux prisons n'étaient séparées que par la largeur de la rue Delandine, sous laquelle avait été ménagé un passage souterrain.

Je connaissais cette voie de communication et, comme la maison d'arrêt était la plus sévèrement gardée à cause de l'affectation qu'elle avait reçue, je me servis du tunnel pour faire échapper par la porte moins surveillée de la prison Saint-Joseph les prisonniers dont il fallait dissimuler le départ.

M. Sencier inaugura ce mode d'évasion le 17 septembre. Je sortis avec lui à la faveur de la nuit et je l'accompagnai à la gare de Perrache, où l'attendait un wagon, préparé par les soins du chef de gare.

Les issues de la voie étant surveillées, nous passâmes par une porte d'ordinaire interdite aux voyageurs. Là un garde national était en faction ; son salut nous causa un moment d'alerte ; mais je fus vite rassuré, en reconnaissant sous le képi le regard sympathique et le visage ami de M. Allut, l'un de mes substituts, que les hasards du service avaient placé à l'entrée de ce passage.

Après le départ du train qui emportait l'ancien préfet, je retournai à la prison, où pour la même nuit, je m'étais imposé un autre devoir.

Parmi les fonctionnaires arrêtés le 4 septembre était M. Chevreuse, commissaire de police du quartier de la Croix-Rousse, plus particulièrement désigné aux rancunes des républicains par la part qu'il avait prise aux poursuites politiques dans les derniers mois de l'Empire : on lui reprochait l'exagération de ses rapports, la partialité de ses dépositions devant les tribunaux de répression ; sans mettre en doute sa bonne foi, j'avais constaté moi-même le peu de fidélité de ses souvenirs dans ses comptes rendus de réunions publiques ; son témoignage avait été le principal argument du procureur impérial requérant ma condamnation à l'emprisonnement pour outrage envers l'Empereur.

D'un tempérament nerveux et maladif, le malheureux Chevreuse, depuis qu'il était à Saint-Joseph, avait des hallucinations qui n'eussent pas tardé à l'acheminer vers la folie : il rêvait que des bandes armées pénétraient dans sa cellule ; il voyait autour de lui se lever des poignards sanglants.

Le grief personnel que j'avais contre lui, autant que le souci de son état de santé, me décida à mettre en liberté dès cette même nuit le commissaire de la Croix-Rousse.

Les autres levées d'écrou se succédèrent les jours suivants ; mais il fut nécessaire de les espacer pour les dissimuler à l'attention des hommes armés qui surveillaient la prison.

Plusieurs fois je suis venu, la nuit, à la maison d'arrêt ; j'ai fait monter les prisonniers dans une voiture amenée pour eux et stationnant, lanternes éteintes, dans l'obscurité d'une rue voisine ; je les ai accompagnés à une gare ou à un domicile où ils devaient être en sûreté.

Quels que fussent le droit et le devoir de ma fonction, mon rôle semblait moins celui d'un magistrat mettant fin à l'injustice d'une arrestation illégale que celui d'un conspirateur, complice d'une évasion.

Je dois ajouter que, dans l'accomplissement de ma tâche, l'appui et les encouragements du procureur général et du préfet ne m'ont jamais fait défaut.

LES RESPONSABILITÉS DU PRÉFET DE L'EMPIRE. — UNE LETTRE DE M. SENCIER. — LE PROCUREUR A LA SALLE VALENTINO. — UNE NUIT AU VIOLON.

L'élargissement des magistrats de l'ordre judiciaire n'avait pas causé grand émoi, mais la mise en liberté de M. Sencier et celle du Commissaire de police de la Croix-Rousse devaient, dès le lendemain, nous être reprochées comme des actes de forfaiture.

L'opinion était particulièrement excitée contre l'ancien préfet à cause de la découverte de mandats d'amener rédigés contre un grand nombre de républicains et même contre certains membres de l'opposition libérale la plus modérée, galamment invités chaque année aux bals de la préfecture. On y voulait voir la préparation d'un coup d'État, et ce qui accréditait cette hypothèse dans l'imagination populaire c'était la hâte avec laquelle on avait voulu faire disparaître ces mandats le 4 septembre : ils avaient été trouvés à demi-consumés dans une cheminée au moment de l'envahissement de l'Hôtel de Ville.

L'opinion publique en attribuait la responsabilité à M. Sencier, fort injustement d'ailleurs, s'il faut en croire la lettre suivante qu'il m'a fait l'honneur de m'adresser :

24 septembre 1870.

MONSIEUR,

Comme magistrat et comme homme, vous vous êtes montré vis-à-vis de moi plein de courtoisie, de courage et de loyauté.

Je vous en exprime ma reconnaissance.

Cette attitude, Monsieur, m'impose le devoir de vous donner certaines explications.

Il s'agit des projets de mandats d'amener trouvés à l'hôtel de ville, et des allégations contenues à cet égard dans un article récemment publié par *le Progrès*.

J'affirme sur l'honneur que, lorsque je suis arrivé à Lyon, ces mandats existaient depuis fort longtemps. S'il s'en est trouvé portant le millésime de 1870, cela tient sans doute à ce qu'on a voulu reviser le travail primitivement exécuté. Ce qui prouve que les choses se sont ainsi passées, c'est que les pièces ne portaient ni dates, ni signatures.

J'affirme, sur l'honneur, que j'attachais si peu d'importance aux mandats ou aux notes individuelles qui les accompagnaient que je ne les ai même pas vus et que, si tout cela m'avait jamais été soumis, je n'aurais certainement pas souffert qu'on mît en suspicion les hommes auxquels *le Progrès* fait allusion, et qui se trouvaient dans un camp politique autre que le mien, mais dont le caractère et l'honorabilité m'inspiraient confiance et sympathie.

J'affirme sur l'honneur que, sous mon administration, il n'a été, avec mon autorisation, donné connaissance des mandats ni à l'autorité militaire ni à l'autorité judiciaire. Elles n'ont donc pas eu à refuser un concours que personne ne leur a demandé, et le procureur général a dit vrai lorsqu'il a répondu qu'il ignorait le fait dont on lui parlait.

J'affirme, enfin, sur l'honneur, que jamais je n'ai reçu d'instructions directes ou indirectes pouvant laisser supposer que la pensée d'un coup d'État quelconque ait été conçue à Paris.

Vous pouvez, Monsieur, accueillir toutes ces affirmations. Elles émanent d'un homme qui n'a jamais menti, qui n'a jamais reculé devant la responsabilité de ses actes, qu'elles qu'en dussent être les conséquences, et auquel ses ennemis politiques eux-mêmes n'ont jamais refusé leur estime.

Je laisse à votre appréciation le soin de faire de cette lettre l'usage que vous jugerez convenable.

Agréez, Monsieur, l'expression de mes sentiments de considération et de gratitude.

Signé : L. Sencier.

L'irritation fut grande contre les fonctionnaires accusés par la rumeur populaire d'avoir trahi la République, sans qu'on sût bien la part de chacun dans le crime de complicité d'évasion qu'on leur imputait solidairement.

Challemel-Lacour était plus particulièrement visé ; cet autoritaire déguisé en « vigoureux républicain » n'avait sans doute été envoyé à Lyon que pour entraver la justice du peuple ; la clameur publique s'élevait contre lui plus chargée de menaces qu'elle ne l'était contre le procureur général ou le procureur de la République.

Une réunion de protestation eut lieu le 21 septembre dans la salle Valentino, à la Croix-Rousse. Il était dix heures du soir ; la réunion battait son plein, quand j'appris qu'on y délibérait sur la question de savoir si la Croix-Rousse descendrait sur l'Hôtel de Ville : il me parut plus simple de monter à la Croix-Rousse.

J'avais alors une conception particulière de la mission d'un fonctionnaire dans une démocratie ; j'estimais que mon devoir n'était pas de me draper dans la dignité de ma charge ; que je devais, par un contact fréquent avec mes concitoyens, agir sur l'opinion publique. J'étais d'ailleurs soutenu par les ressorts d'une foi républicaine encore neuve qui n'avait point été cahotée dans l'ornière de l'expérience.

Élu conseiller général de ce même quartier de la Croix-Rousse dans les derniers mois de l'Empire, j'espérais malgré la défaveur dont m'enveloppait ma nouvelle fonction, y avoir conservé quelque popularité, et pouvoir faire écouter des paroles de patriotisme et de bon sens.

Ce fut comme une stupeur lorsqu'entrant dans la salle Valentino je me dirigeai vers la tribune, et qu'interrompant les déclamations furibondes de je ne sais quel orateur, je demandai la parole.

Accueilli d'abord par l'unanime murmure de l'Assemblée quand je revendiquais pour moi seul la responsabilité d'une mesure que je demandais à expliquer, je retrouvais peu à peu la sympathie d'une partie des auditeurs en leur parlant de la République qui ne pouvait être définitivement assise sur la base nécessaire du suffrage universel que par l'adhésion de ses anciens adversaires, majorité de la veille, — et de la Patrie qu'il n'était possible de sauver après nos désastres que par l'union de tous ses enfants. Je leur disais comment à Paris la révolution du 4 septembre s'était accomplie ; ce que je venais d'y voir, et l'impression réconfortante que j'en avais rapportée ; tous les partis oubliant leurs divisions pour se dévouer à la défense nationale :

Pour que la République devienne le Gouvernement définitif du pays, ajoutai-je, il ne suffit pas d'avoir renversé un trône. J'aperçois, pour la fonder, deux méthodes opposées : la première, et suivant moi la bonne, c'est de la faire aimer ; l'autre, plus contestable, c'est de la faire craindre, au risque de la rendre odieuse. Encore faut-il choisir entre ces deux politiques, et ne pas faire à Lyon l'essai de la terreur quand, à Paris, c'est la République de liberté et de fraternité qui gouverne. Ne vous attardez pas aux mirages de l'histoire, et ne croyez pas que la violence fraye la route à la liberté. Nos pères, pour faire la Terreur, avaient des raisons que nous n'avons pas, et cependant c'est la Terreur qui a perdu la première République ; c'est le souvenir sanglant de 1793 qui, depuis près d'un siècle, a fait obstacle à l'établissement du régime pour lequel nous avons si longtemps combattu. Le seul moyen d'assurer la durée de la République dans notre démocratie, c'est de prouver qu'elle répudie toute violence ; qu'elle veut le bonheur de tous, la sécurité et la justice pour tous.

J'obtins d'abord quelques timides applaudissements, vivement réprimés par les cris : « A bas, la claque ! » Puis les manifestations approbatives devinrent plus nombreuses, et quand je terminai ma harangue, au milieu d'applaudissements nombreux, je crus avoir cause gagnée.

Mais, en sortant par la porte qui s'ouvrait sur la place de la Croix-Rousse, je me trouvai en face d'une foule hurlante, qui n'avait pas entendu, et à laquelle je ne pouvais faire écouter mes explications.

Ce n'était plus cette population inquiète, ombrageuse, irascible, mais laborieuse et sincère qui rêve d'un idéal social, tout en tissant la soie au bruit monotone des métiers ; c'étaient les vagabonds, les repris de justice, les gens sans aveu, aux faces congestionnées par l'envie et par la haine, qu'on ne voit rassemblés en si grand nombre qu'aux jours d'émeute, l'écume des grandes villes poussée à la surface par l'orage. Et les poings se tendaient vers moi, éclairés par la lueur des becs de gaz dans la nuit ; et la foule criait : « A bas ! A bas, Andrieux ! Il a mis en liberté Sencier, qui voulait envoyer les républicains à Cayenne. A l'eau ! A l'eau ! »

Dans la rue, comme dans l'enceinte des parlements, les hommes assemblés sont lâches ; l'intensité des sentiments bas et vils est en raison directe du nombre de ceux qui les éprouvent en commun.

A Lyon, toujours près du fleuve ou de la rivière, entre le Rhône et la Saône, le cri « à l'eau ! » c'est le cri de mort, et il eût été sans doute ma condamnation, suivie d'une exécution rapide, si un brave limonadier, plus tard conseiller municipal, le citoyen Ruffin, n'avait eu l'idée de requérir les gardes nationaux du poste voisin et de provoquer mon arrestation.

Au milieu d'un peloton d'hommes armés, je marchais vers le poste de la mairie de la Croix-Rousse, et satisfaite de cet acte de justice, la foule applaudissait, tout en continuant ses injures et son charivari.

Ruffin m'avait arraché à l'exécution sommaire ; mais les gardes nationaux prenaient au sérieux leur rôle de justiciers, et, se tenant pour responsables de leur prisonnier vis-à-vis du peuple, ils m'enfermèrent dans une sorte de cave qui, d'ordinaire, sous le nom populaire de « violon », servait de lieu de détention provisoire pour les vagabonds et les malfaiteurs jusqu'à l'heure de leur transfert au dépôt du palais de justice.

La salle où je me trouvais n'avait pas servi depuis le 4 septembre ; elle conservait les traces et les odeurs des hôtes qui m'y avaient précédé ; un peu d'air et une vague lueur de réverbère y pénétraient par une espèce de chatière, fermée par des barreaux de fer. Cette ouverture ne tarda pas à être découverte par les rôdeurs qui guettaient leur prisonnier. Et par ce trou les huées contre moi recommencèrent, et des pierres me furent jetées, aux coups desquelles j'échappais en me tenant debout, sous la lucarne, le dos contre la muraille.

Puis mes tortionnaires se lassèrent ; le silence se fit ; le réverbère d'en face s'éteignit, l'obscurité fut complète autour de moi.

La nuit, sans sommeil, est favorable aux méditations : je me pris à songer que la République n'est pas seulement une philosophie, une religion, mais que sous cette abstraction il y a un *substratum*, des hommes, un parti, des appétits, des convoitises, des hypocrisies, des lâchetées. Je n'en aimais pas moins la république abstraite ; mais la concrète m'apparaissait moins désirable ; au rude contact des frères, la fraternité commençait à s'émousser en moi.

Il devait être plus d'une heure du matin, quand le pêne de la serrure grinça sous l'effort d'une lourde clef. Tandis qu'une lanterne portée par l'un de mes geôliers jetait sa lueur sur les murs de ma prison, je vis entrer un matelas plié en deux, des côtés duquel pendait, à droite, une bouteille de vin, à gauche un panier de victuailles.

Quand le matelas tomba par terre, j'en vis sortir la tête souriante du bon Ruffin, qui, dès que la foule se fut dispersée, avait songé à m'apporter de quoi manger, boire et dormir. Ce n'était pas de refus ; car, avant de monter à la salle Valentino, je n'avais pas eu le loisir de dîner.

A quatre heures et demie du matin, nouvelle alerte : cette fois c'était la liberté que m'apportait le citoyen Métra, colonel de la garde nationale, envoyé par le Préfet et par le Procureur général ; s'inclinant devant ses galons, mes gardiens lui livrèrent leur prisonnier ; je descendis avec lui la pente déserte de la Grand'Côte, éclairée par les premières lueurs de l'aube, il m'accompagna jusqu'à la place des Terreaux où je le quittai pour rentrer chez moi.

J'appris qu'une bande de malandrins, durant la même nuit, était allée carillonner à la porte de Le Royer avec le projet de l'arrêter. Mais mon procureur général, qui se méfiait, s'abstenait, depuis qu'il était fourré d'hermine, de coucher à son domicile.

LA FIN DU COMITÉ DE SALUT PUBLIC. — SES ADIEUX AUX LYONNAIS. — CHALLEMEL ET DELESCLUZE. — LES ÉLECTIONS MUNICIPALES.

A la date de mon arrestation à la Croix-Rousse, un fait important venait de se produire, qui préparait l'avénement d'un ordre plus régulier : je veux parler de la substitution au Comité révolutionnaire d'une administration librement élue.

Dans la nuit du 6 septembre, appuyant la proposition du citoyen Carlod, j'avais obtenu que le Comité de Salut public résignât ses pouvoirs et fût remplacé par un Conseil municipal à élire le 18 septembre.

Ce vote de désintéressement ne tarda pas à être regretté et considéré comme l'effet d'une surprise. Dès le lendemain la question était remise en délibération, et le Comité annulait la plus honorable des décisions qu'il eût prises.

Les raisons de ce revirement sont résumées en ces termes par le secrétaire du Comité, Louis Garel, dans sa brochure sur *la Révolution Lyonnaise* :

La situation du Comité, dit-il, ne pouvait sans doute pas être éternelle, mais il fallait le prolonger le plus possible, et ce n'était pas à lui à faire préjuger de son peu de durée et à s'entacher d'impuissance et d'inanité. Son devoir était de maintenir le droit révolutionnaire et d'en user ; de ne pas refuser la tâche, si lourde qu'elle fût, et d'assembler toute sa force pour l'accomplir, quoi qu'il advint et justement parce qu'il pouvait advenir des événements terribles et des difficultés encore plus grandes.

Quelle confiance, d'ailleurs, devait-on avoir dans le suffrage universel ? N'est-il pas trompeur et dangereux dans les moments critiques, et peut-il suffire à leur impérieuse exigence ? Ne donne-t-il pas, par sa légalité même, un caractère timoré et respectueux à ses mandataires, qui ont à tenir compte des opinions diverses de leurs mandants, tandis que des révolutionnaires non élus, acclamés, ne tiennent leur mandat que de la situation même qu'ils ont créée, ne sont liés par rien, agissent librement et énergiquement ? A cette époque, la France tout entière protestait contre l'élection proposée d'une constituante. Ce qu'on jugeait mauvais en grand pouvait-il être bon en petit, et ceux qui voulaient un conseil municipal n'étaient-ils pas ceux-là qui refusaient la Révolution et toutes ses conséquences ?

Cette page mérite de retenir notre attention parce qu'elle est l'image exacte de l'esprit qui dominait au Comité, en même temps que le miroir fidèle où se peuvent reconnaître, jacobins et socialistes, les démagogues de tous les temps : ils placent leurs volontés au-dessus du consentement des majorités, car ils sont le droit, la vérité, la justice, et ce droit, cette justice, cette vérité dont ils sont seuls juges, en leur infaillibilité, il leur appartient de les imposer au plus grand nombre pour le bien de l'humanité ; la démocratie, c'est leur dictature ; ils détiennent la souveraineté du peuple en vertu d'un droit révolutionnaire qui se confond avec la force ; le suffrage universel n'est plus l'organe respecté de la volonté nationale, le générateur du droit populaire ; c'est un instrument dangereux d'anarchie ou de révolte dont il faut diriger ou corriger les manifestations, quand il n'est pas possible de les suspendre ou de les supprimer.

La bourgeoisie libérale qui avait salué l'arrivée à Lyon de Challemel-Lacour comme une délivrance, et qui lui demandait impatiemment des actes d'autorité contre le Comité de

Salut public, ne se rendait pas compte qu'il n'avait guère que le titre de Préfet, — encore le lui avait-on contesté ! — et que le pouvoir était aux mains de la Commune révolu-tionnaire, dont il ne pouvait ni abattre le drapeau, ni annuler les délibérations.

L'amertume qu'il en ressentait déborde dans cette lettre que Challemel écrivait, le 13 septembre, à Delescluze et qui a été retrouvée au cours d'une perquisition, quelques jours après que le dictateur de la Commune expirante fut tombé sur la barricade du Château-d'Eau :

MON CHER AMI,

Je ne lis pas le *Réveil*, quoique je le fasse acheter régulière-ment.

Depuis cinq heures du matin, et il est dix heures du soir, je suis occupé, obsédé, importuné, et savez-vous ce qui m'occupe? Ce ne sont pas les Prussiens, ce n'est pas la défense de Lyon ; non, c'est de m'ingénier à empêcher à tout prix une collision entre tout le monde (républicains compris), et une bande qui s'est emparée de la préfecture et fait mille sottises, menaçantes, irri-tantes, et sans aucun résultat. Cette bande, c'est l'Internationale de Lyon, composée de ce qu'il y a de pire dans le mauvais ; que l'invasion ne touche guère, que la République n'émeut pas du tout, et qui s'en vante. Sans eux tout irait ici admirablement. La République y a des forces étonnantes. Le patriotisme et le courage sont grands. Depuis ce matin, les enrôlements sur l'*autel* de la patrie, avec fanfares de trompettes à chaque enrôlement, me réjouissent le cœur. Mais ces imbéciles, mêlés d'anciens mou-chards, paralysent tout. Ils ont arboré le drapeau rouge, bien qu'il n'ait pour eux aucune signification que d'être un défi à la République, au bon sens. Le collectivisme est leur affaire. Savez-vous ce que c'est que cette bête-là ? Je ne sais s'ils voudraient me pousser à les écraser ; je n'aurais qu'à lever le doigt pour qu'ils disparussent. Car j'ai pour moi tout le monde ; les républi-cains, parce qu'ils ont senti bien vite, j'ose le dire, que j'en suis un ! les bourgeois, parce qu'après tout je suis la seule autorité sur laquelle ils puissent s'appuyer.

Les drôles qui composent la force de l'Internationale ont pris le pas dimanche sur les honnêtes gens du Comité de Salut public, par l'avantage qu'ils avaient d'être organisés sous l'étendard d'une secte, tandis que républicains et révolutionnaires, isolés et étrangers les uns aux autres, selon leur louable coutume, ne formaient aucun groupe. A cette heure, la susdite serait anéantie, si je n'avais résisté à toutes les suggestions de répression qui m'accablent. Il aurait fallu pour cela un coup de force, donner à l'étranger qui est chez nous et aux autres peuples le spectacle de nos dissensions, et faire encore une fois des vainqueurs et des vaincus ; entamer la série des conséquences qui se rattachent à un coup de force, comme la queue du serpent tient à la tête.

Tout cela me paraît horrible. Mais qui sait si demain les drôles, qui m'ont regardé de travers dès le premier jour, non à cause de mon nom ou des hommes du Gouvernement qui m'envoie, mais tout simplement parce que je venais de Paris, parce que je représentais l'autorité nationale, destinée à borner celle de l'Internationale, ne me forceront pas à les balayer ? Je le ferai, n'en doutez pas, sans barguigner, parce qu'ils perdent ici la République ; mais je le ferai le cœur navré.

Oh ! ma rue Fontaine-Saint-Georges, où êtes-vous ?

Signé : CHALLEMEL-LACOUR.

Challemel exagérait l'importance de l'*Internationale* dans le Comité de Salut public, où elle n'était représentée que par sept de ses membres. Mais il est permis de croire que, s'adressant au vieux jacobin du journal *le Réveil*, il ne convenait pas au Préfet de la Défense nationale d'admettre qu'il avait contre lui le jacobinisme lyonnais ; il préférait rejeter la responsabilité d'une situation humiliante sur ces collectivistes nouveau-venus dans le parti de la Révolution, sur cette *Internationale* suspecte, dont Delescluze patriote n'avait pas encore accepté l'alliance.

Challemel eût été bien coupable si, n'ayant eu, suivant son expression, « qu'à lever le doigt pour que disparût la bande qui s'était emparée de la préfecture », il s'était abstenu de ce geste facile.

Mais la vérité, pénible à avouer, c'est que, n'ayant pas la force, il ne pouvait songer à un coup de force ; et que, pour « balayer sans barguigner », il fallait attendre d'avoir le manche de son côté. Ne l'ayant pas, il s'attacha à une politique de temporisation qui ne pouvait satisfaire ni les appétits des violents, ni les impatiences des gens paisibles.

Pour obtenir l'abdication du Comité de Salut public et l'élection d'un Conseil municipal, Challemel-Lacour dut ménager le vent contraire, louvoyer avec une habileté à laquelle il faut rendre justice, et se créer d'abord un parti à l'hôtel de ville. ·

A cet effet, il avait proposé et obtenu, en dépit d'une vive opposition, que le Comité lui désignât une sorte de Conseil de préfecture choisi en majorité parmi ses membres. Conférant chaque matin dans son cabinet avec ses nouveaux conseillers, leur communiquant ses dépêches, écoutant leurs avis sans jamais témoigner d'impatience, les retenant à sa table, flattant leur vanité, caressant leurs ambitions, exerçant sur eux l'ascendant d'un esprit supérieur, il avait peu à peu fortifié son autorité en désagrégeant le bloc du pouvoir rival, si bien qu'il ne rencontra qu'une résistance facilement abattue quand il convoqua les électeurs pour le 15 septembre.

Membre du Conseil préfectoral en même temps que président du Comité de Salut public, Chepié se fit l'avocat de Challemel auprès du Comité ; il apaisa les colères de ses collègues en leur donnant l'assurance que le « préfet déclarait que les élections seraient faites dans le sens révolutionnaire, en dehors de toutes les lois antérieures ».

Le préfet ne protesta pas, et son silence, sans rien engager, laissa croire, qu'en effet, les électeurs lyonnais étaient appelés à nommer une Commune autonome.

L'arrêté de convocation des électeurs flattait le vieil instinct d'indépendance des Lyonnais, visait l'adhésion du Comité « préfectoral », rendait au Comité de Salut public un hommage plus habile que sincère.

Ce morceau de diplomatie administrative mérite d'être reproduit :

Le préfet du Rhône,

Le Comité préfectoral entendu,

Considérant que la commune de Lyon, trop longtemps privée de ses franchises municipales, est impatiente d'exercer ses droits électoraux ;

Considérant que les circonstances présentes exigent une organisation prompte et énergique de l'autorité locale ;

Considérant que le Comité qui a été constitué le 4 septembre à l'hôtel de ville, et dont le patriotisme, au milieu de difficultés si grandes, s'est montré à la hauteur de la situation, ne prétend point remplacer une autorité issue du suffrage universel régulièrement consulté.

ARRETE :

ARTICLE PREMIER. — Les élections pour la nomination d'un Conseil municipal à Lyon auront lieu le jeudi 15 septembre.

ART. 2. — Le nombre des conseillers municipaux est fixé à cinquante-deux, parmi lesquels seront choisis le maire de Lyon et ses adjoints [1], ainsi que les officiers d'état civil et leurs adjoints pour les six arrondissements de Lyon, etc...

Signé : *Le préfet,*

CHALLEMEL-LACOUR.

Avant de se retirer, le Comité fit afficher cette proclamation due à la collaboration des citoyens Garel et Chapitet :

RÉPUBLIQUE FRANÇAISE

COMMUNE DE LYON

CITOYENS,

Nous allons remettre au Suffrage Universel le mandat révolutionnaire que nous tenons de votre acclamation. Nous croyons

---

1. Le Comité de Salut public, lui aussi, avait choisi parmi ses membres et délégué aux mairies des divers arrondissements, des officiers de l'état-civil qui avaient cru unir en justes noces de nombreux Lyonnais et autant de Lyonnaises. Or il se trouva qu'aux yeux de la loi ces mariages étaient nuls. Il fallut que l'Assemblée nationale, en dépit des principes juridiques, votât plus tard une loi *rétroactive,* pour valider toutes ces unions et en légitimer les suites.

avoir fait notre devoir. Premiers à la tâche, à cette rude tâche de remédier au passé et d'affirmer l'avenir, nous n'avons pu en accomplir qu'une partie ; que ceux qui nous suivront la continuent ; que la Révolution désormais indiscutable, inaliénable, l'achève !

Nous sommes prêts à rendre compte de nos actes : nous n'avons pas menti aux devoirs et aux droits que le Peuple nous a confiés. Les mandataires des élections prochaines trouveront devant eux, sûre et libre, la voie ouverte par la Révolution du 4 septembre.

La défense nationale s'organise. Les négations et les refus de l'ancien pouvoir, traître à la patrie, sont démentis et domptés. L'œuvre se complètera.

Nous ne pouvons douter que le souffle patriotique qui anime le peuple, qui anima le Comité de Salut public, n'anime de même les nouveaux élus. Qu'ils se souviennent que la population lyonnaise a jeté son défi aux hordes insolentes du Nord, que les ennemis, prendraient-ils Paris, qu'ils ne prendront pas, n'auraient pas par ce seul fait pris la France, se heurtant à la province armée et énergique, et que l'ancien drapeau national vaincu, ils verraient encore debout le drapeau de la Commune et de la Fédération.

Les jours de désastres sont passés, les heures sombres ne comptent plus que dans le souvenir de l'histoire qui juge ; la paix reconquise doit nous trouver mûrs pour l'œuvre révolutionnaire qui est de tous les jours, de toutes les heures. C'est la tâche éternelle que nous n'avions pas oubliée, malgré les brusques exigences du présent.

La société était en danger comme la patrie. Sauvons la patrie, mais sauvons aussi la société qui marchait à l'abîme.

Ne retombons pas dans les mêmes errements d'état, d'église, de police, d'administration, qui nous ont assez compromis et dont l'épreuve est faite. Luttons contre la sanglante barbarie armée et contre une prétendue civilisation sans justice.

Citoyens,

Deux lois seules survivent : le dévouement à la Patrie et le Suffrage Universel.

Au combat et au vote ! Et que l'un et l'autre affirment la France et la Révolution !

(Suivent les signatures de tous les membres du Comité, sans en excepter ceux qui ont voté contre cette proclamation, ni ceux dont l'absence est constatée au procès-verbal.)

C'était le testament politique du Comité de Salut public. Il y léguait au futur Conseil municipal le soin de continuer son œuvre.

La phrase sur « l'ancien drapeau national vaincu », remplacé par le drapeau rouge, suffirait à démontrer que le procureur de la République n'avait pas signé pareil manifeste et que, si son nom figurait au bas de ce document parmi ceux de tous les autres membres du Comité, sans exception, c'est parce que le président, se croyant suffisamment autorisé par le vote de la majorité, avait coutume de disposer des noms de ses collègues de la minorité, sans se soucier de leur consentement [1].

Le 16 septembre, les élus de la veille firent leur entrée à l'Hôtel de Ville et interrompirent brusquement la dernière séance du Comité de Salut public.

Les nouveaux conseillers, soit qu'ils eussent fait partie du Comité, soit qu'ils fussent nouveaux venus à l'hôtel de ville, arrivaient en majorité avec la prétention de n'être pas soumis aux lois de l'Empire, tombées, disaient-ils, avec le régime déchu. Dès leur première séance, par une acceptation pure et simple de la succession de leurs prédécesseurs, ils votèrent une résolution aux termes de laquelle « les actes du Comité de Salut public auraient force de loi pour la Commune de Lyon et seraient exécutés sans être jamais discutés ».

Sous peine de perdre le peu d'influence qu'il avait péniblement conquise, le préfet fut contraint de faire à cet état d'esprit de regrettables concessions, parmi lesquelles la plus apparente, si non la plus redoutable, fut celle du drapeau rouge. Néanmoins, le pouvoir dictatorial de la Com-

---

1. Le 29 mai 1872, Varambon, alors procureur général à Besançon, m'écrivait, à l'occasion d'un procès en diffamation : « ... Je vous remercie d'avoir rétabli, pour moi en même temps que pour vous, la vérité relativement à la délibération du Comité sur le drapeau de la Commune ; délibération que nous n'avons signée ni l'un ni l'autre, que je pouvais d'autant moins signer qu'à ce moment j'étais retenu au lit malade après la mort de mon père. »

mune avait pris fin avec l'Assemblée révolutionnaire ;
l'effet des lois se faisait sentir à ceux mêmes qui en niaient
l'autorité, et ce n'est pas du Conseil municipal, élu le
15 septembre, que vinrent les principales difficultés contre
lesquelles, durant de longs mois, les fonctionnaires du Gouvernement de la Défense nationale eurent encore à soutenir une lutte de tous les instants.

L'ÉCHAUFFOURÉE DU 28 SEPTEMBRE. — CLUSERET, BAKOU-
NINE. — LE PLÂTRIER SAIGNE. — LES PLEINS POUVOIRS
DU COMMISSAIRE EXTRAORDINAIRE DE LA RÉPUBLIQUE.

Sous la présidence du citoyen Comte, navetier, dans une
salle mise à sa disposition par la municipalité, un « Comité
central fédératif » s'installa au palais Saint-Pierre, côte à
côte avec la faculté des lettres et les musées, à deux pas de
l'hôtel de ville. Les plus mauvais éléments du Comité de
Salut public, évincés par les élections municipales, s'y
étaient réfugiés. Ce Comité représentait la fraction ultra-
jacobine de la démocratie lyonnaise ; je veux dire celle
qui, plus avide d'autorité que de réformes, préoccupée de
donner à la République un air farouche et menaçant, prenait pour modèles les jacobins de 1793, professait leurs
principes, affectait leurs allures, plagiait leur langage.
Le citoyen Comte et ses amis s'étaient donné la mission
de « défendre la Révolution et de maintenir l'esprit populaire à la hauteur des circonstances ». Ils donnaient des
ordres aux ouvriers des chantiers ; ils adressaient des avis
au Conseil municipal, des manifestes à la population. Deux
fois par semaine, ils tenaient des séances publiques.
C'est ce Comité qui, le lendemain de la réunion de la
salle Valentino, par une invitation d'apparence courtoise,
attira le procureur de la République dans un guet-apens,
l'insulta, le déclara coupable de trahison pour avoir mis en·

liberté les détenus politiques, et prononça contre lui je ne sais quelles condamnations, pour l'exécution desquelles il ne se rencontra pas de bourreau.

D'autre part, à l'instigation du russe Bakounine, arrivé à Lyon le 18 septembre avec le dessein de fomenter un mouvement communiste, un *Comité central du Salut de la France*, dont le titre patriotique dissimulait des menées internationalistes, tint ses séances d'abord dans un atelier de la Guillotière, puis dans la salle de la Rotonde. Il avait à sa tête les principaux chefs de l'Internationale, et organisa des Sous-Comités à Saint-Étienne et dans d'autres centres ouvriers.

Le Comité central fédératif et le Comité du Salut de la France, bien que suspects l'un à l'autre et rivaux d'influence, finirent par se rapprocher et s'entendre pour chasser de l'hôtel de ville « la Réaction », qui relevait la tête en la personne de Challemel-Lacour.

Il fallait recommencer le 4 septembre, dissoudre le Conseil municipal, supprimer le préfet et proclamer la Commune indépendante dans la République fédérale.

Les circonstances paraissaient favorables à un mouvement insurrectionnel. Les rues de Lyon étaient encombrées de francs-tireurs aux uniformes fantaisistes, mal nourris, mal payés, attendant le signal du départ, irrités de l'apparent dédain de l'autorité militaire qui ne pouvait ou ne voulait pas leur donner les armes promises.

D'autre part, des chantiers nationaux avaient été ouverts pour les ouvriers sans travail. Là, moyennant un salaire insuffisant pour ceux qui en vivaient, plus de dix mille hommes, mal préparés au métier de terrassiers, travaillaient aux fortifications. De même que les volontaires des corps-francs, les ouvriers des chantiers étaient facilement accessibles aux pires suggestions.

A cette armée de mécontents, il manquait un chef

militaire. On renouvela l'appel que le Comité de Salut public avait déjà fait à Cluseret, désigné par ses relations d'amitié avec les principaux chefs de l'Internationale, autant que par le prestige du titre de général qu'il avait conquis en Amérique, pendant la guerre de sécession, au service des États du Nord. Nous l'avons connu plus tard à la Chambre des députés, vieilli et fatigué : mais alors sa mâle figure bronzée, sa taille haute et droite, son allure martiale, sa parole véhémente semblaient devoir lui assurer l'autorité d'un chef et l'ascendant d'un tribun.

Sans emploi à Paris, où ses mérites étaient méconnus, son ambition suspectée, Cluseret répondit à l'appel des Comités lyonnais ; les chefs du mouvement fédéraliste l'accueillirent avec transport, le produisirent dans les réunions publiques, lui donnèrent l'occasion de faciles triomphes oratoires au club de la Rotonde, et l'y firent nommer par acclamation « commandant des forces révolutionnaires du département du Rhône ».

Le 28 septembre à midi, amenée par les chefs des deux Comités, une foule, à laquelle on avait promis des salaires plus élevés, débouchait sur la place des Terreaux, sans bien savoir ce qu'elle venait y faire. C'était la manifestation de la misère, sans cris, sans armes, sans allures menaçantes.

Mais ceux qui la conduisaient, se disant délégués du peuple, pénétrèrent dans l'Hôtel de Ville. A côté de Cluseret, c'était le plâtrier Saigne, président ordinaire des réunions de la Rotonde, l'internationaliste marseillais Bastelica, Albert Richard et Gaspard Blanc, ces deux derniers accusés d'être les agents d'une intrigue bonapartiste [1] ; au milieu d'eux, se détachaient la haute et massive stature du nihiliste Bakounine, ses lourdes épaules, sa tête impassible, encadrée

---

1. Albert Richard et Gaspard Blanc ont publié plus tard, en collaboration, une brochure préconisant une entente du parti républicain avec le prince Napoléon.

de cheveux longs et touffus, sa barbe embroussaillée. Puis venaient d'autres agitateurs moins connus, et parmi ceux-ci un M. de Boisluisant qui, lorsque je le fis arrêter, était porteur de cartes de visites, où son nom était suivi du titre peu compromettant de « Président du Club des Patineurs de Clermont-Ferrand. »

A l'instar de ceux qui s'étaient emparés de l'Hôtel de Ville le 4 septembre, les envahisseurs du 28 montèrent d'abord au balcon, et, sous le regard souriant d'Henri IV en bas-relief, l'un d'eux, le plâtrier Saigne, homme hirsute et trapu, verbeux et incohérent, harangua le peuple en un interminable discours, dont la foule ne saisissait que les gestes, et qu'elle applaudissait sans l'entendre. Les auditeurs les mieux placés comprirent que l'orateur demandait la dissolution du Conseil municipal, l'arrestation du général Mazure commandant l'armée de Lyon et son remplacement par le général Cluseret.

Les chefs de la sédition s'installèrent dans la salle des séances du Conseil municipal, procédèrent à la nomination d'un nouveau Gouvernement, prononcèrent la dissolution du Conseil récemment élu, révoquèrent le préfet et les principaux fonctionnaires, sans oublier le procureur de la République, ordonnèrent des réquisitions, signèrent des ordres d'arrestations, votèrent « la suspension du payement des impôts et des dettes hypothécaires ».

Pendant ce temps, Challemel-Lacour était enfermé dans son cabinet de travail ; des francs-tireurs (dont un nègre), se qualifiant « volontaires de Cluseret », avaient été placés à sa porte et le tenaient prisonnier. Ils me laissèrent arriver jusqu'à lui, mais ne me permirent plus de sortir, et je dus rester plusieurs heures enfermé avec le préfet, auprès de qui se trouvait déjà le procureur général. J'employai ce temps à rédiger des mandats d'arrêt contre les gens dont nous étions les prisonniers.

Par une singulière rencontre, je signais un mandat contre Cluseret quand il entra dans le cabinet du préfet, accompagné d'un capitaine de la garde nationale. Il se disait animé d'intentions conciliantes et venait offrir sa médiation. Challemel le repoussa avec hauteur : ·

— Je ne vous connais pas, Monsieur, lui dit-il, et n'ai pas de propositions à recevoir de vous.

Challemel-Lacour avait de grandes qualités d'intelligence et de caractère ; il était courageux ; on le disait énergique ; mais son énergie, ce jour-là, me parut tourner en énervement ; le sang-froid l'abandonnait ; l'injustice de la populace l'exaspérait ; il avait hâte de sortir de cette atmosphère de haine et de sottises où étouffait sa délicatesse de philosophe et de lettré ; il parlait de donner sa démission en face de l'émeute.

Tandis que le préfet était prisonnier de l'insurrection, celle-ci subissait des fortunes diverses. Ses principaux chefs, successivement arrêtés par les officiers de la garde nationale et remis en liberté par la foule, commençaient à comprendre que le succès de la journée était compromis et redoutaient les suites de leur équipée. L'opinion publique, celle surtout des quartiers voisins de l'Hôtel de Ville, se montrait opposée à la tentative des fédéralistes ; on battait le rappel de la garde nationale ; les bataillons arrivaient tour à tour, ceux des quartiers du centre hostiles à l'insurrection, ceux des faubourgs indécis, mais heureusement influencés par l'attitude de M. Hénon, maire de Lyon, qui montra ce jour-là, comme pendant toute la durée de sa magistrature, beaucoup de sang-froid et de courage.

Il était cinq heures du soir ; la cohue des manifestants perdait patience et se dispersait lentement. Déçus par l'attitude de la garde nationale, dont ils avaient témérairement escompté la complicité, et surtout par les cris inattendus de « Vive le Conseil municipal ! Vive le préfet ! » poussés par les bataillons de la Croix-Rousse en réponse aux exhortations du maire, les chefs du mouvement s'esquivaient tour à tour, suivant l'exemple de Bakounine, qui s'était enfui l'un des premiers, après avoir été arrêté et avoir subi deux heures de détention.

Les « Volontaires de Cluseret », eux aussi, avaient disparu à la suite de leur chef ; le préfet, retrouvant sa liberté, en profitait pour donner à la journée du 28 septembre une conclusion imprévue.

Impatient des résistances que l'autorité militaire opposait à ses projets, gêné par les entraves d'une législation faite pour des temps normaux ; convaincu qu'un pouvoir dictatorial pouvait seul avoir raison des difficultés au milieu desquelles il se débattait, Challemel-Lacour avait demandé au Gouvernement de Tours de prononcer à son profit le *caveat Consul*, et le Conseil municipal s'était joint à ses instances.

Le 27 septembre était arrivé le décret qui lui confiait « les pleins pouvoirs civils et militaires ».

Accompagné du maire, des conseillers municipaux et des officiers d'état-major de la garde nationale, Challemel-Lacour descendit sur la place des Terreaux et y fit lire solennellement le texte de son décret.

Cette lecture fut accueillie par les acclamations des gardes nationaux, auxquelles se mêlèrent les cris enthousiastes de la foule, et Challemel-Lacour, à peine échappé aux menaces et aux outrages de l'émeute, connaissait pour la première fois à Lyon les joies éphémères de la popularité.

CEDANT ARMA TOGÆ

ARRESTATION DU GÉNÉRAL MAZURE.

Par quel singulier retour l'omnipotence accordée à un préfet jusqu'alors tenu en méfiance avait-elle pu le transformer en idole d'une foule délirante ? C'est dans les tendances communalistes, je dirai presque particularistes, de la démocratie lyonnaise qu'il faut chercher l'explication de cette énigme.

Cette démocratie, qui avait cru pouvoir faire la révolution sociale par la dictature de son Comité de Salut public, s'était heurtée à la barrière des lois, à la résistance du pouvoir central et de ses fonctionnaires. Et voilà que par décret Challemel-Lacour allait avoir cette toute-puissance qui avait manqué au Comité de Salut public ; contre sa volonté, nul désormais ne serait admis à invoquer les lois de l'Empire ; il allait tenir dans sa main l'autorité militaire comme l'autorité civile ; la confusion des pouvoirs était le dernier mot de la liberté rêvée, et personne, parmi les révolutionnaires qui l'acclamaient le soir du 28 septembre, ne doutait que le commissaire extraordinaire de la République ne dût être aux mains de la démocratie locale l'instrument victorieux de son indépendance et de ses aspirations réformatrices.

Le premier usage que Challemel-Lacour fit de ses nouveaux pouvoirs sembla donner raison à l'interprétation de l'opinion populaire.

Challemel avait obtenu le déplacement du général Espivent de la Villeboisnet, que le peuple considérait comme un ennemi de la République. Le Gouvernement de Tours l'avait remplacé, le 12 septembre, par le général Mazure. Ancier officier d'artillerie, sorti des cadres de réserve, le général Mazure justifiait la confiance du Gouvernement par l'élévation de ses sentiments, la culture de son intelligence, sa bravoure et la haute honorabilité de son caractère. Mais l'opinion lyonnaise lui reprochait son attachement aux traditions de l'armée, — on dirait aujourd'hui *son militarisme,* — son manque d'initiative, son inaptitude aux réformes. L'armée allemande marchait sur Dijon ; Lyon était menacé ; l'irritation grandissait contre l'inertie du commandement militaire ; elle gagnait tous les partis, et les clubs, exploitant l'énervement causé par l'approche de l'ennemi, lançaient des accusations de trahison facilement écoutées.

Un conflit éclata entre le Conseil municipal et le général Mazure, à propos d'une distribution de cartouches au 2e bataillon de la garde nationale réputé conservateur. Les révolutionnaires avaient des cartouches ; ils s'en servaient pour défendre et au besoin pour attaquer le Gouvernement : c'était dans l'ordre. Mais donner des munitions aux modérés, c'était, paraît-il, les inciter à tirer sur le peuple. On comptait sur eux les jours d'émeute ; mais leur action devait se borner à de pacifiques démonstrations avec des fusils inoffensifs.

Le conseil municipal envoya au général la dépêche suivante : « Citoyen général, l'opinion publique exige impérieusement votre démission ; nous vous la demandons au nom du salut public et de l'ordre menacé. Nous comptons sur votre patriotisme pour accepter cette mesure nécessaire, afin d'éviter un conflit déplorable. »

En même temps, le Conseil télégraphiait au Gouvernement de Tours pour demander le changement du général. Le télégramme finissait en ces termes comminatoires : « Sinon, comme nous sommes responsables du sang de nos concitoyens, nous ferons nous-mêmes ce changement. »

Le préfet se rangea du côté de la municipalité ; il notifia au général Mazure le décret relatif aux pleins pouvoirs et lui demanda sa démission.

Le décret émanait des représentants de la politique dans la Délégation de Tours, MM. Crémieux et Glais-Bizoin. Le général répondit par la production d'une dépêche datée du même jour, signée par le Ministre de la Guerre, l'amiral Fourichon qui, au nom du même Gouvernement, « maintenait intacts les attributions et les droits de l'autorité militaire ».

Le préfet et le général se mirent d'accord pour télégraphier à Tours et demander une solution à leurs ministres respectifs ; les réponses divergentes laissèrent subsister le conflit, dont l'acuité s'aggravait d'heure en heure, en même temps que l'exaspération de l'esprit populaire.

Un dernier malentendu, une dépêche égarée ou tardivement reçue détermina l'explosion. Challemel-Lacour ordonna l'arrestation du général Mazure et porta sa décision à la connaissance du public par une affiche, où on lisait : « Je ne pouvais laisser fléchir l'autorité que je tiens du seul pouvoir régulier et légitime qui soit reconnu par la nation. J'ai donc ordonné à la garde nationale de s'assurer de la personne d'un chef rebelle à la République.

« Je fais appel au patriotisme de l'armée ; qu'elle aide la garde nationale à faire respecter la loi, mais aussi qu'elle respecte la discipline. »

Par quelle étrange contradiction le Préfet pouvait-il parler de discipline, au moment où il invitait l'armée à se prêter à l'arrestation de son chef ?

L'ordre d'arrestation avait été publié le 1er octobre, à quatre heures du soir ; il fut exécuté entre dix et onze heures par des compagnies empruntées à chaque bataillon de la garde nationale, comme pour associer à la responsabilité du préfet la garde nationale tout entière.

Arrêté à la caserne Bissuel, où sa présence fut dénoncée par les soldats au milieu desquels il s'était réfugié, le général monta sans résistance dans une voiture découverte, et il fut conduit à l'hôtel de ville au milieu d'une foule qui poussait des huées et des cris de mort, et hurlait la *Marseillaise,* non pas le chant national et solennel que les fonctionnaires écoutent debout et découverts, mais la *Marseillaise* des mauvais jours, écumante de rage et de sang impur. De chaque côté de la voiture couraient des porteurs de torches, qui éclairaient cette scène lugubre.

Quand le général entra à l'hôtel de ville, on n'eut que le temps de fermer derrière lui les grilles, pour en interdire l'accès aux misérables qui voulaient massacrer ce vieillard.

Challemel-Lacour se précipita à sa rencontre et l'entoura de ses bras, sans cacher son émotion, comprenant un peu tard le danger auquel il l'avait exposé.

Je n'ai pas assisté à cette dramatique arrestation, ni au périlleux exode du général jusqu'à la place de la Comédie. J'en parle d'après les récits dont j'ai conservé l'angoissant souvenir. Les manifestations hostiles se prolongèrent jusqu'à une heure avancée de la nuit autour de l'hôtel de ville. La foule, soupçonnant qu'on avait relâché le général, exigeait qu'on le lui montrât. Les rassemblements ne se dissipèrent que vers les trois heures du matin.

Le Préfet a rendu compte à son Gouvernement de cette journée du 1er octobre dans une dépêche qui mérite de n'être pas oubliée :

Préfet Lyon à Tours

2 octobre 1870.

Le général Mazure ayant refusé deux fois de donner sa démission, puis d'accepter sa révocation, ce refus s'est répandu. A deux heures, une vive agitation a éclaté dans plusieurs quartiers, surtout populeux. Ne pouvant empêcher le mouvement, j'ai dû m'en emparer pour le diriger. J'ai ordonné l'arrestation. Le général est arrivé le soir, entouré par la foule, au milieu des cris. Elle voulait qu'il fût promené de rang en rang, j'ai résisté, non sans péril ; j'ai vaincu...

Malgré les ordres répétés du Gouvernement pour qu'il fût mis en liberté, l'inqualifiable détention du Commandant de l'armée de Lyon se prolongea jusqu'au 14 octobre. Du 1er au 4, il fut enfermé dans une chambre de l'hôtel de ville ; il fut ensuite détenu dans une cellule de la prison Saint-Paul.

C'est de là que le général Mazure adressa à Challemel-Lacour cette lettre de protestation :

Lyon, 11 octobre 1870.

Monsieur le Préfet,

Voilà dix jours que dure ma détention préventive, et j'ignore encore de quel crime ou délit je suis accusé et si une instruction se poursuit contre moi.

Vous avez pu, en vertu des pouvoirs extraordinaires dont vous êtes revêtu et par mesure d'ordre public faire procéder à mon arrestation. Je laisse de côté la forme dans laquelle elle a eu lieu et les mesures que vous avez négligées pour me soustraire aux insultes et aux manifestations sanguinaires dont j'ai été l'objet ; mais je ne pense pas que vos pouvoirs puissent s'étendre jusqu'à arrêter le cours de la justice, non plus qu'à modifier les compétences. Si, au lendemain de mon arrestation, alors que m'affirmant que ma détention ne serait que momentanée, vous me le demandiez, pour ainsi dire, pour la forme, j'ai pu consentir à m'entretenir avec quelques délégués du Conseil Municipal, il n'est jamais entré dans ma pensée de reconnaître la compétence de ce tribunal improvisé.

A ce moment, vous me disiez que, si la délibération du Conseil municipal n'était pas conforme à vos désirs, vous prendriez sur vous d'ordonner, dès le lendemain, et de votre propre autorité, mon élargissement.

Malheureusement, vous subissiez, dès l'origine, et vous subissez encore la pression de ce Conseil, dont il vous appartient cependant de diriger, de contrôler et d'annuler au besoin les délibérations, et vous n'avez pas osé me rendre la liberté.

Quoi qu'il en soit, vous n'ignorez pas, Monsieur le Préfet, que je suis militaire et qu'à ce titre je suis et ne puis être justiciable que des tribunaux militaires. Mais, ce que vous ignorez peut-être, c'est que, vu ma qualité de général de division : 1° au Ministre de la Guerre seul appartient le droit de donner l'ordre d'informer contre moi (art. 99 du Code de Justice miliaire) ; 2° qu'une fois l'instruction terminée par les soins du rapporteur près le Conseil de guerre et les pièces transmises au général commandant la division, celui-ci doit les adresser au Ministre de la Guerre auquel seul appartient aussi le droit de statuer sur la mise en jugement (art. 108 du même Code).

J'ajouterai que, d'après l'article 228, est puni de mort tout militaire qui prend un commandement sans ordre ou motif légitime, ou qui le retient contre l'ordre de ses chefs.

Vous reconnaîtrez, Monsieur le Préfet, que, lorsqu'un homme est sous le coup d'une pénalité si grave, il importe de lui donner des juges au plus tôt.

J'ai donc l'honneur de vous renouveler ma protestation, contre l'abus que vous faites de pleins pouvoirs qui ne vous ont pas été conférés sans doute pour supprimer le droit. Comme j'ai eu l'occasion de vous l'exprimer dans une première protestation, votre manière de procédéder rappelle les plus mauvais jours du pouvoir absolu.

Je me réserve d'exercer contre vous toutes poursuites selon la loi et par toutes voies de droit.

En attendant, je demande des juges.

Recevez, etc.

Signé : MAZURE,
Général de division.

Je me rendis chez le préfet ; je lui dis que je considérais comme un devoir d'appuyer auprès de lui la protestation du général. Challemel me répondit avec la raideur qui lui était coutumière vis-à-vis de quiconque contrariait ses vues : il n'admettait pas que le Parquet se permît de juger une mesure de haute police qu'il avait prise dans l'intérêt de la paix publique et en vertu de ses pleins pouvoirs.

J'en référai au Procureur général qui avait été saisi d'une plainte du Conseil municipal contre le général Mazure. Il fut convenu que, sans m'arrêter à la question de compétence, je requererais d'un juge d'instruction une ordonnance de non lieu. En cela peut-être le Parquet a-t-il paru outrepasser ses pouvoirs et confondre les juridictions ? Mais il estimait qu'aucune considération n'était plus pressante que de hâter la mise en liberté du général.

Le 14 octobre, après en avoir reçu l'ordre formel de Gambetta, Challemel-Lacour rendait la liberté à son prisonnier et faisait connaître à ses administrés les motifs de sa décision par l'affiche suivante :

Le Préfet du Rhône à ses concitoyens

Vu diverses dépêches desquelles il résulte que le général Mazure n'a pas reçu en temps utile la notification de la concentration des pouvoirs entre les mains du préfet ;

Vu l'arrêt de non-lieu du 13 octobre rendu sur la plainte du Conseil municipal contre le général au sujet d'une distribution de cartouches faite sans ordres ;

Vu l'ordre signé GAMBETTA, en date du 13 octobre, par lequel le Ministre mande auprès de lui le général Mazure pour lui demander compte de ses actes ;

Considérant enfin que, si des malentendus regrettables ont jeté le trouble dans la ville, le public, qui ne demande que justice, apprendra avec plaisir que l'enquête n'a révélé à la charge du général aucune intention coupable ;

Le préfet du Rhône a l'honneur d'informer ses concitoyens qu'il a ordonné la mise en liberté du général Mazure et son départ immédiat pour Tours.

Lyon, 14 octobre 1870.

Signé : CHALLEMEL-LACOUR.

LA BATAILLE DE NUITS
L'ASSASSINAT DU COMMANDANT ARNAUD

L'acte d'apparente vigueur par lequel Challemel-Lacour venait d'affirmer son autorité n'était au fond qu'une capitulation. S'il avait ordonné l'arrestation du général commandant l'armée de Lyon, au risque d'accroître l'indiscipline des soldats, d'irriter les soupçons et d'attiser les haines de la foule contre les chefs de l'armée ; s'il avait exposé un brave officier, un vieillard digne de sympathie et de respect aux plus coupables excès, c'est qu'il avait craint de perdre l'utile prestige de la dictature, c'est qu'il avait redouté l'agitation de la rue et les mises en demeure du Conseil municipal.

La rue ne lui en sut pas gré, et, comme encouragée par

ce succès dont elle s'attribuait la meilleure part, elle se prépara à de nouveaux désordres.

Le 19 décembre, on apprit à Lyon la bataille de Nuits, où deux légions du Rhône, organisées par les soins de Challemel-Lacour, s'étaient vaillamment battues, mais écrasées par des forces supérieures, avaient subi des pertes considérables.

Des rumeurs sinistres se répandaient dans la ville ; on prétendait que nos légions avaient été entièrement détruites, on exagérait le nombre des morts.

Ces douloureuses nouvelles arrivaient à point pour favoriser, dans leur criminelle entreprise, les instigateurs d'un nouveau complot.

Le même jour, 19 décembre, une réunion a lieu à la Croix-Rousse, salle Valentino, où les orateurs les plus violents d'une basse démagogie font appel à l'émeute et nomment des délégués pour aller soulever les sections dans les divers quartiers de la ville.

Le lendemain mardi, nouvelle réunion dans la même salle, où la population se porte en foule. Bruyas préside· Les actes suivent de près les discours. Sur une table, près de la tribune, des cartouches sont disposées ; on les distribue aux hommes armés. Une délégation de quatre hommes et deux femmes est nommée pour faire battre la générale dans les rues de la Croix-Rousse ; une autre pour sonner le tocsin dans les églises du quartier. Deloche va chercher les ouvrières de la cartoucherie de Cuire ; elles font leur entrée en habits de deuil ; quelques-unes avec de longs voiles.

Avis est donné à la réunion que le commandant Chavant, du 10e bataillon (Croix-Rousse), est à la mairie. Une bande va le sommer de faire battre la générale. Chavant est un homme de cœur, il répond qu'il n'a pas d'ordres à recevoir de mauvais citoyens, insurgés contre le Gouvernement de la République ; la femme Brun se jette sur lui ; elle lui arrache son képi et le soufflette. Le commandant est emmené à Valentino, où le président Bruyas explique le but de la réunion qui est « de substituer un Gouvernement révolutionnaire à celui qui siège à l'hôtel de ville ». Chavant s'indigne et proteste énergiquement.

Vers midi, arrive sur la place le tisseur Arnaud, commandant du 12e bataillon (Croix-Rousse), républicain convaincu, excellent homme aimé et estimé de tous ses concitoyens. Il a appris l'arrestation de son collègue Chavant ; il veut le secourir. Lui aussi est sommé de faire battre la générale ; comme Chavant, il refuse ; il est hué aux abords de la salle ; une femme lui crache à la figure ; il est renversé, roulé par terre, au moment où il cherche à dégaîner son sabre. Il se relève et veut s'échapper ; il est poursuivi, assailli à coups de pieds ; il est atteint de deux coups de baïonnettes. Tout sanglant, il saisit son revolver, moins pour se défendre que pour intimider la meute qui le menace et appeler au secours.

Deux coups retentissent qui ne visaient, qui n'ont atteint personne.

— A mort ! crie la foule. Il a tiré sur le peuple !

Et lui, faisant face à ses agresseurs, les invective avec mépris.

— Tas de lâches ! Tas de traîtres ! Vous demandez une République et vous ne voulez que le pillage !

Désarmé par ses bourreaux, abandonné par ceux qui pouvaient lui porter secours, il est entraîné à la salle Valentino.

— Qu'on l'emmène à Valentino, vocifère près de lui un énergumène, et qu'il n'en sorte que pour être fusillé !

Quand il entre dans la salle de réunion, la fureur de la foule éclate en injures et devient du délire. Le cordonnier Chol, ancien commissaire de police du 4 septembre, s'élance à la tribune et montrant, comme pièce à conviction, le revolver qui vient d'être enlevé au malheureux commandant : « Le lâche ! dit-il pour tout réquisitoire, il a tiré sur le peuple ! »

Un autre brandit le sabre d'Arnaud. Le commandant demande en vain la parole ; la justice révolutionnaire ne s'embarrasse pas des formalités de la défense ; elle frappe ; elle n'écoute pas.

— A mort ! A mort ! crie la foule.

Le verdict était rendu. On condamnait alors comme on élisait, par acclamation.

Arnaud est traîné hors de la salle. Un cortège se forme qui se dirige vers la place d'armes et le clos Jouve. La marche est ouverte par cinq gardes nationaux ; derrière eux une troupe de femmes porte des drapeaux, les uns rouges, les autres noirs. Un peloton de quarante hommes entoure la victime. A leur tête s'agite un individu qu'on remarque pour ses guêtres blanches et son chapeau à larges ailes : c'est ce même Deloche qui est allé chercher les ouvrières à la cartoucherie.

Il tient le commandant par le collet de son uniforme et le pousse vers le lieu de son martyre par la pente du boulevard de la Croix-Rousse.

Le cortège continue sa marche au milieu d'une foule énorme qui crie : « Fusillez-le ! »

Arnaud est père de famille : sans doute, à cette heure désespérée, il songe à ceux qu'il aime, et qui ont besoin de son soutien ; ce n'est pas sur lui-même que son cœur viril s'apitoie : c'est sur sa pauvre femme, sur ses malheureux enfants.

Mais voilà qu'un hasard heureux le rattache à l'espoir de vivre : à quelques pas il vient d'apercevoir en armes la compagnie qu'il a commandée comme capitaine avant d'être élu chef de bataillon. D'un regard, il reconnaît des camarades, des membres de ce *cercle de la Ruche* où, durant de longues veillées, sous l'Empire, on buvait ensemble « à la République ! »

— A moi, mes amis ! crie-t-il. A moi !

— A mort ! A mort ! répond la foule.

Et pas un homme de la compagnie ne répond à son appel ; pas un ne se détache du rang.

Plus loin c'est le poste de la mairie :

— A moi, la garde nationale ! A moi ! crie une dernière fois Arnaud.

Le tambour bat aux champs ; les hommes du poste sortis en armes rendent les honneurs militaires « à la justice du peuple ! »

On est arrivé au clos Jouve. L'homme aux guêtres blanches commande ; il fait placer Arnaud à quelques pas du mur. Quinze hommes se détachent du peloton et se mettent en face de lui ; les autres s'alignent à droite et à gauche pour contenir la foule.

Alors Arnaud, voyant que tout espoir est perdu, n'a plus qu'un souci : mourir en soldat et en républicain.

Il jette loin son képi ; il ouvre sa tunique, découvre sa poitrine, et, le visage tourné vers ses assassins, mêlant, dans une dernière pensée, au culte de la République, le souvenir du général populaire qui la défend, de tout ce qui lui reste de voix, il crie : « Vive la République ! Vive Garibaldi ! »

Ce fut le signal.

Les fusils s'abaissent ; un feu de peloton retentit. Arnaud tombe la face contre terre ; mais il n'est pas mort ; son corps se débat et sursaute dans la poussière et dans le sang.

A ce moment, un enfant de quinze ans s'avance hors du peloton et réclame l'honneur de « donner le coup de grâce ». C'est le jeune Boyer, qui, entendant battre la générale, a pris le fusil de son père, près du métier à tisser, et s'est rendu à Valentino.

Deloche saisit l'arme de ce gamin : il la recharge et l'approche de la tempe d'Arnaud, la main du mourant, qui s'agite encore, écarte le canon ; Deloche ramène le fusil, vise lentement et, d'un dernier coup à bout portant, met fin à cette horrible agonie.

Surpris par le bruit lointain des détonations, j'accourus du palais de justice à l'hôtel de ville. Sur les marches du perron, je rencontrai M. Ganguet, conseiller municipal, ami du commandant Arnaud, qui, avec des larmes dans les yeux et des sanglots dans la voix, me raconta le drame qu'il venait d'apprendre.

Je signai aussitôt des ordres d'arrestation contre Deloche, Bruyas, Chol, Gros Denis dit Denys Brack, et contre ceux qui m'étaient signalés comme ayant pris part soit au crime même, soit aux désordres qui l'avaient précédé. Je confiai l'exécution de ces mandats à M. Goudchaud, colonel d'état-major de la garde nationale, car nous n'avions toujours pas de police régulière ; et je montai à la Croix-Rousse avec l'un de mes substituts, M. Durand, et M. Bonafos, juge d'instruction.

Je rencontrai, près de la gare du funiculaire, la 4e compagnie du 12e bataillon, l'ancienne compagnie d'Arnaud, à laquelle il avait en vain demandé secours. Ces hommes, l'arme au pied, sur deux rangs, restaient là comme pétrifiés. Lâchement, croyant peut-être au droit du peuple et à l'application de la loi martiale, ils avaient laissé assassiner leur ancien capitaine, leur camarade, leur ami. J'apostrophai vivement leur officier qui, dans l'alignement, le sabre au poing, ne trouvait pas une parole d'excuse ou de regret !

La foule était menaçante :

— Il n'a que ce qu'il mérite, disait un vieux canut, en mâchant sa pipe.

— Si on avait fait plus tôt des exemples, disait un autre, il n'y aurait pas tant de traîtres et de vendus.

Un peu plus loin, je rencontrai le pharmacien Francfort, et tandis que je recueillais son témoignage, près de son officine, nous vîmes passer l'affreux cortège qui revenait du clos Jouve, précédé par les mégères qui portaient les drapeaux noirs. Sur l'un de ces drapeaux, on lisait l'ironique devise : Liberté ! Égalité ! Fraternité ! Parmi ces femmes qu'on eût dit échappées d'un roman de Zola, on me montra la citoyenne Burnier, qui, en 1848, dans une fête civique, avait figuré « la déesse de la liberté ».

Recouvert d'un voile, le corps d'Arnaud avait été transporté sur une civière à la mairie de la Croix-Rousse ; là eut lieu une scène déchirante. Prévenue par des voisins, ne pouvant croire à son malheur, Mme Arnaud était accourue ; quand ses mains tremblantes eurent soulevé le voile qui le cachait à sa vue, elle tomba évanouie sur le cadavre de son mari. On la porta à son domicile sans qu'elle eût repris connaissance.

Le jour même et les jours suivants, nous pûmes procéder à près de cinquante arrestations. L'instruction fut commencée par MM. Bonafos et Journel, juges d'instruction ; l'affaire fut ensuite déférée à la justice militaire en vertu de l'état de siège.

Reprise par les juges militaires, l'instruction fut longue et minutieuse, et ne put aboutir qu'au mois de mars 1871.

Après un énergique réquisitoire du capitaine Barret, commissaire du Gouvernement, et par arrêt du deuxième Conseil de guerre de la 8e division militaire, en date du 21 mars 1871, Deloche (Christophe) fut condamné à mort ; il fut exécuté. D'autres détenus furent l'objet de condamnations diverses : aux travaux forcés, à la réclusion, à l'emprisonnement.

Il serait injuste de confondre tous les Croix-Roussiens dans la réprobation qu'excite l'assassinat du commandant Arnaud. Soit qu'ils fussent descendus en ville à l'heure où les chefs d'ateliers ont coutume de visiter les fabricants, soit qu'ils fussent retenus chez eux par les exigences de leur travail, la plupart des habitants du quartier ne connurent qu'après son accomplissement l'attentat dont les péripéties n'avaient pas duré trois quarts d'heure.

Le Conseil municipal s'inspira du sentiment public en prenant une délibération par laquelle il décidait que la ville de Lyon adoptait les trois enfants du commandant Arnaud ; qu'elle leur allouait une pension, ainsi qu'à sa veuve ; que les funérailles seraient faites aux frais de la ville ; qu'un emplacement de terrain serait cédé gratuitement et à perpétuité à la famille.

Le 22 décembre, la population lyonnaise fit au commandant Arnaud de solennelles funérailles. Gambetta vint à Lyon, accompagné de Spuller, attester par sa présence les douloureuses sympathies du Gouvernement.

Lorsqu'il descendit les marches de l'Hôtel de Ville, avec le préfet, le maire, le Conseil municipal, il fut chaleureusement acclamé. Inspirées par des sentiments de patriotisme, ces acclamations s'adressaient à l'homme qui représentait alors la défense nationale et la lutte à outrance.

Derrière Gambetta, le Conseil municipal, les corps judiciaires et administratifs, le général de la garde nationale et son état-major, les délégations de tous les corps composant la garde nationale, les généraux et les officiers de l'armée accompagnèrent, au milieu d'un concours immense de population, le cercueil couvert de fleurs et de couronnes.

CHALLEMEL-LACOUR ET LA DÉFENSE NATIONALE
L'ŒUVRE MILITAIRE DU CONSEIL MUNICIPAL.

L'horreur répandue dans la ville par l'assassinat d'Arnaud, l'arrestation des assassins, la solennité des funérailles, la venue de Gambetta avaient concouru à un mouvement de réaction favorable à l'autorité du Gouvernement et de ses représentants.

Challemel en profita pour consacrer ses efforts à l'œuvre d'organisation militaire et de défense nationale qui fut, durant son séjour à Lyon, avec le maintien de l'ordre, sa plus haute préoccupation.

Secondé par l'élan patriotique de la population lyonnaise, il contracta de nombreux marchés pour armer et équiper les troupes en formation à Lyon ou même les corps de passage, auxquels il ouvrit largement, trop largement peut-être, les magasins de l'État. Il créa ces vaillantes légions du Rhône, qui se sont battues comme de vieilles troupes à Nuits où la 1re légion perdit, avec le tiers de son effectif, son glorieux chef, le colonel Céler, et sous Bourbaki pendant la campagne de l'Est. On lui doit aussi les légions d'Alsace-Lorraine, composées de onze mille Lorrains ou Alsaciens venus des départements envahis, un à un, en trompant la vigilance de l'ennemi, la nuit, par des chemins de traverse ; passant par la Suisse et se rendant à Lyon pour obéir au décret de mobilisation et donner à la patrie ce gage suprême de fidélité.

Moins heureuses que les légions du Rhône, celles d'Alsace-Lorraine ne furent pas prêtes à temps pour marcher à l'ennemi. La signature de l'armistice vint les surprendre avant que leur armement fût terminé ; mais tous les Lyonnais ont pu applaudir, avec un patriotique orgueil, leur belle tenue, leur martiale allure à la revue du 5 février, sur la place Bellecour.

Je ne puis laisser passer nos légions sans donner un souvenir à M. Bérenger qui, tandis que tant d'autres cherchaient dans les fonctions publiques un refuge contre le devoir militaire, quitta sa robe de magistrat pour s'engager dans la 1re légion du Rhône, fut blessé à la bataille de Nuits, et modestement, sans grade ni galons, pendant cette dure campagne d'hiver, donna l'exemple du patriotisme et de l'honneur [1].

L'œuvre hâtive de Challemel-Lacour ne fut pas exempte de critiques méritées. L'insuffisance du drap qui habillait nos légions, et que huit jours de campagne mettaient en lambeaux, la qualité non moins défectueuse des souliers, l'imprudente décision qui abandonnait aux chefs de corps le droit de contracter des traités, la malheureuse concurrence et l'élévation des prix qui en résultait, des grades élevés trop facilement accordés, des révocations trop légèrement prononcées, et, dans un autre ordre d'idées, les réquisitions d'établissements religieux, transformés en casernes moins dans l'intérêt de la défense nationale que pour la satisfaction d'une démocratie hostile aux congrégations, lui ont été durement reprochés.

Mais en regard de ce passif que les circonstances atténuent si elles ne le justifient pas, il faut, pour arriver à une juste balance, porter à l'actif de Challemel-Lacour cinq légions du Rhône, trois légions d'Alsace-Lorraine, vingt-six mille hommes équipés, encadrés, instruits ; une bonne artillerie et de bons chevaux donnés à chacune de ces légions ; une école d'artillerie créée dans un moment où notre armée manquait surtout d'artilleurs, enfin Lyon transformé en un puissant arsenal au milieu d'un camp retranché.

De son côté, le Conseil municipal, avec son Comité de défense présidé par mon ancien confrère Ferrouillat, plus tard sénateur du Var et Garde des Sceaux, faisait des achats d'armes et de munitions, créait des ateliers pour en fabriquer. Mais, plus encore que la préfecture, le Conseil municipal, par cela même qu'il émanait de l'élection, subissait la pression de l'opinion populaire qui exigeait des armes

---

1. J'ai retrouvé M. Bérenger à Versailles, sénateur inamovible.

avec frénésie, donnait sa confiance aux inventions les plus
bizarres et imposait à ses élus les engins de guerre les moins
sérieux.

C'est ainsi que fut adopté et construit, malgré l'avis d'un
éminent officier du génie, le général Serré de Rivière, mais
sur la proposition du Comité municipal de défense, assisté
d'un Comité scientifique, le *camp roulant* du général polonais
Mierolawski. Ce héros de l'insurrection de 1863 nous apportait un système imaginé pour la guerre de partisans.

Un mémoire de l'inventeur résumait les avantages du
« camp roulant » dont le système reposait principalement sur
la résistance des matières matelassées et sur la propriété
des plans inclinés de faire ricocher les projectiles.

On y voyait le sac-bouclier qui résiste aux balles, tient
lieu de havresac et de giberne ; la pelle-visière qui, portée
en tête par le fantassin, concourt avec le tablier de toile
de tente plié en douze à le protéger par une armure impé-
nétrable ; la char-mantelet, ou pare-boulets qui fait ricocher les projectiles, et crée une zone de sécurité dans l'intérieur de laquelle on peut braver les feux de l'artillerie ;
mais surtout les chars hussites, qui semblent empruntés
aux Perses et aux Sarmates : « Ils forment, dit Mierolawski,
un système de *fortifications véloces* ; ils sont impénétrables
aux balles de fusil, inabordables à la cavalerie ; ils pénètrent
à la course dans les masses ennemies et peuvent alors *se
hérisser de lames tranchantes*, puis, au moyen d'un mouvement de rotation, balayer tout autour d'eux dans un rayon
de soixante mètres ; par les temps calmes, ils permettent
de passer les petits bras de mer. »

Mais qu'est-ce auprès de « la fusée-satan », capable de
consumer une armée et dont le secret est offert à la ville
de Lyon par son inventeur, le citoyen Paul, courtier à Marseille, qui demande deux mille francs pour ses frais de
voyage ? Qu'est-ce encore auprès de tant d'autres appareils.

fusants ou détonants, où la dynamite, le chromate rouge de potasse, l'acide sulfurique, les bobines Ruhmkorff, séduisaient par leur aspect scientifique l'imagination populaire et l'ignorance de nos conseillers municipaux, et relevaient les courages par l'illusion d'un art militaire nouveau ?

Nous ne voyons plus guère que le côté ridicule de tous ces engins. Mais, pour juger équitablement l'effort parfois affolé de ses représentants, il faut se reporter au milieu de cette population ardente, qui s'attendait aux souffrances d'un siège prochain ; dont le patriotisme n'était mêlé d'aucune forfanterie, et qui était sincèrement résolue à se défendre jusqu'à la dernière extrémité [1].

UN AVENTURIER. — LE CORPS DES VENGEURS.

Ici doit se placer un incident de la dictature de Gambetta, où j'ai été mêlé contre mon gré, et qui, s'il trouve son explication dans le louable dessein de faire sortir de terre des légions, fait moins d'honneur à la pondération et à la prudence du grand improvisateur de la défense nationale.

Dans les premiers jours de novembre, je reçus à mon Parquet la visite d'un étranger, vêtu d'un costume de franc-tireur, se disant Polonais et se présentant sous le nom de Malicki.

Il me développa un plan fort audacieux de diversion contre l'armée allemande ; il s'exprimait fort bien en notre langue, il paraissait résolu autant qu'intelligent ; je pensai qu'il ne m'appartenait pas de « classer son projet sans suite », et à défaut d'une lettre de recommandation qu'il sollicitait de moi, je me bornai à lui donner un mot d'introduction,

---

1. Dans son rapport à l'Assemblée nationale sur « les marchés conclus à Lyon, » le comte Louis de Ségur a rendu au patriotisme des Lyonnais ce témoignage non suspect : « Le Rhône a été un des foyers les plus ardents de la défense. La population a montré un réel patriotisme. »

priant le Ministre de la Guerre d'examiner quel cas il convenait de faire de ses propositions.

On juge de mon étonnement quand je vis revenir cet inconnu deux semaines plus tard avec le grade de chef de bataillon, chargé de commander le « *Corps des Vengeurs* », et porteur d'un décret daté du 14 novembre ainsi conçu : « Le Ministre de la Guerre et de l'Intérieur ouvre à M. le préfet du Rhône, sur les fonds de l'Intérieur, un crédit de 300.000 francs. Le préfet délivrera les fonds demandés par le chef du Corps des Vengeurs sur ordonnances délivrées par M. Andrieux, procureur de la République à Lyon, assisté d'un Comité de notables citoyens de cette ville [1]. » Dans la fièvre de la lutte, Gambetta, pour former une armée, comme pour recruter son parti, acceptait tout ce qui s'offrait, sans faire le triage des scories.

Mon premier mouvement, — je crois bien que c'était le bon, — fut de refuser le témoignage de confiance que me donnait le Ministre de la Guerre et dont j'étais surpris plus encore que flatté. Je m'en ouvris au préfet ; j'invoquai mes charges déjà très lourdes, l'administration de mon parquet, ma présence à l'audience et mes conclusions nécessairse dans les causes importantes, et surtout la responsabilité de veiller incessamment au maintien de l'ordre en l'absence d'une police régulière. Challemel insista ; il avait reçu l'avis que le Gouvernement voulait confier à Malicki une mission secrète, et s'en réservait la direction ; il m'assura que le général commandant la division avait une estime particulière pour les connaissances militaires dont avait fait preuve Malicki dans un récent entretien ; il me demanda de ne pas me soustraire à une tâche dont il considérait l'acceptation comme un devoir.

---

1. J'étais d'ailleurs avisé de l'étrange mission qui m'était confiée par une lettre signée : Jules Cazot, secrétaire général, délégué au département de l'Intérieur.

Il ne me restait qu'à former un Comité de bons citoyens, capables d'assister le commandant Malicki dans ses achats d'armes et d'équipements, et de contrôler sa gestion.

Je mis à leur tête M. Ganguet, conseiller municipal, un fort honnête homme, très patriote, qui avait acquis quelque expérience des questions d'intendance dans sa fonction de président du Comité de la Guerre.

Pour le procureur de la République, le côté séduisant du projet de Malicki, c'est qu'il avait promis d'enrôler sous une discipline sévère et de conduire bientôt à la frontière ces francs-tireurs errants, parmi lesquels beaucoup d'étrangers, venus d'Italie, d'Angleterre, de Grèce, d'Égypte, etc., dont l'oisiveté était une cause de scandale dans la ville et une perpétuelle menace pour l'ordre public.

Les lenteurs de son organisation ne tardèrent pas à ébranler la confiance qu'avait d'abord inspirée l'ascendant extraordinaire de cet aventurier sur les hommes de toute nationalité dont il prenait le commandement. Tant qu'il ne s'agît que d'acheter des uniformes, des bottes, des fusils, des revolvers, des mitrailleuses, des chevaux, des mulets, des drapeaux, des clairons, des tambours, en un mot de dépenser le montant du crédit ouvert par le décret du 14 novembre, Malicki fit preuve de beaucoup d'activité. Mais, quand il fallut marcher à l'ennemi, son ardeur se refroidit, et, pour le contraindre au départ, je dus le menacer de mesures de rigueur.

Il quitta Lyon, mais s'arrêta à Tarare, chef-lieu de canton dans le département du Rhône, et y établit son quartier général. Il s'y attarda sous divers prétextes ; pour l'en déloger, il fallut de nouvelles menaces. Enfin il se dirigea vers la frontière de l'Est. Le 2 janvier, les « Vengeurs » eurent une rencontre à Abbevillers avec un corps prussien. Pendant toute la durée de l'engagement, Malicki se tint à distance ; monté sur le toit d'une maison, il observa avec sa lunette les mouvements des combattants : quand sa troupe se débanda, écrasée par des forces plus nombreuses et mieux préparées, il ne chercha pas à rallier ses hommes ; il s'enfuit en Suisse, sans oublier d'emporter avec lui la caisse du Corps des Vengeurs et le reliquat du crédit destiné au payement de la solde.

On n'a plus revu Malicki, et son nom n'a plus été prononcé que devant le Conseil de Guerre de la 9e division militaire, siégeant à Besançon, qui l'a condamné par contumace à vingt ans de travaux forcés pour désertion en présence de l'ennemi et vol de deniers appartenant à l'État.

Dans son discours du 30 janvier 1873 à l'Assemblée nationale, Challemel-Lacour a dit comment Malicki avait capté la confiance du Gouvernement, celle du général Bressoles, la sienne même, et il a ajouté : « Cet homme trompait tout le monde ; il avait l'air d'un soldat, c'était un aventurier ; c'était un lâche ; c'était un traître. » Il serait injuste de confondre dans un même mépris, avec leur chef, les officiers et les hommes du Corps des Vengeurs. Ceux-ci, souffrant de la faim, le visage fouetté par un vent de glace, enterrés dans la neige jusqu'aux genoux, ont fait courageusement leur devoir.

« FUSILLEZ-MOI CES GENS-LA ». — CARAYON-LATOUR
ET LES MOBILES DE LA GIRONDE

Parmi les troupes qui séjournèrent à Lyon ou dans la banlieue, il faut, à raison d'incidents qui émurent l'opinion, rappeler le bataillon des mobiles de la Gironde, commandé par M. de Carayon-Latour.

Cantonné provisoirement à Vénissieux, dont la municipalité, à l'exemple de celle de Lyon, avait arboré le drapeau rouge, le commandant de Carayon-Latour, dès son arrivée dans cette commune, faisait abattre ce drapeau par ses hommes sous les yeux du maire courroucé.

A ce crime de lèse-majesté, les Girondins avaient-ils ajouté quelques menus faits de maraude ou quelques excès de galanterie ? Carayon dit « non » ; le maire de Vénissieux dit « oui ». Toujours est-il que le premier magistrat de la commune adressa au préfet un rapport fulgurant, où il dépeignait le commandant Carayon et ses mobiles sous les traits d'aventuriers, vivant à Vénissieux comme en pays conquis, et ne respectant ni les femmes, ni les poulaillers, ni la République.

Challemel partagea l'indignation du maire, et transmit le rapport au général commandant la division, avec cette annotation tracée d'une plume irréfléchie : « Fusillez-moi tous ces gens là ! »

Fort heureusement le général Bressoles connaissait l'humeur de Challemel pour l'avoir éprouvée lui-même ; il ne prit pas au tragique son annotation. Les mobiles d'ailleurs partaient quelques jours après pour l'armée de l'Est, où ils se comportaient vaillamment.

Deux années s'étaient écoulées ; devenus collègues à l'Assemblée nationale, Challemel y représentait les Bouches-du-Rhône, et Carayon la Gironde.

Le 30 janvier 1873, Challemel-Lacour fit ses débuts à la tribune dans la discussion du rapport du comte Louis de Ségur, sur les marchés contractés à Lyon pendant la guerre. Il repoussa avec une correction de langage peu commune et une élégante impertinence les attaques dont son administration avait été l'objet ; sa parole dégagée de toute emphase, de toute boursouflure, de toute expression triviale ou vulgaire, éclipsa ce jour-là l'éloquence de Gambetta et ses amis le proclamèrent le premier orateur du parti républicain.

Mais il avait eu la fâcheuse inspiration de faire appel au témoignage de l'ancien commandant des mobiles de la Gironde, et Carayon ainsi appelé à la tribune y fit la déclaration suivante :

— J'ai eu l'honneur de commander un bataillon de mobiles. A mon arrivée à Lyon, j'ai eu la douleur de voir le drapeau rouge sur l'Hôtel de Ville. Mon bataillon fût envoyé dans un village des environs, à Vénissieux. Mes mobiles n'étaient pas depuis quatre heures dans ce village que le drapeau rouge était enlevé. Le maire de Vénissieux adressa un rapport au préfet contre le commandant, les officiers, sous-officiers, et soldats du bataillon. Me trouvant chez le général Bressoles, j'ai vu le rapport du maire de Vénisseux qui avait été envoyé au général. Or en tête j'ai lu : Faites-moi fusiller tous ces gens-là. *Signé* : Challemel-Lacour. »

Ces paroles furent accueillies à droite par des cris d'ingnation, à gauche avec une morne attitude.

Challemel gravit lentement les marches de la tribune. Tout ému, ayant perdu toute assurance, il dit qu'il ne se rappelait plus ; qu'il ne doutait pas de l'affirmation de M. de Carayon-Latour, mais qu'elle devait être le résultat d'une erreur ; qu'il était indispensable de retrouver la pièce.

Alors une autre voix s'éleva, celle du comte Rampon, dont l'autorité était grande auprès de tous les partis dans l'Assemblée nationale :

— Du moment que M. de Carayon-Latour dit qu'il a vu, il n'y a pas d'enquête à faire.

Challemel était désarçonné. Il reprit et compléta à la séance du lendemain ses explications embarrassées :

— N'est-il pas probable, dit-il, que cette annotation sur un rapport que j'ai envoyé au général commandant la division, ait simplement voulu dire : il y a là du désordre, de l'indiscipline ; des faits graves me sont signalés ; vérifiez, et s'ils sont vrais, sévissez avec vigueur. Qui jamais a pu penser que cette annotation fût un ordre ?

Sans doute ! La mauvaise foi des partis et l'aveuglement des passions politiques ont pu seuls prendre à la lettre cette annotation, et supposer que le préfet avait médité de faire dans Vénissieux une hécatombe de Girondins. Mais il faut avouer que cet administrateur, pour ordonner une enquête, avait d'étranges façons.

LE COMITÉ LYONNAIS DE L'ARMÉE DES VOSGES. — LETTRES DE GARIBALDI. — LE CARTEL DU COLONEL BORDONE.

Pendant cette période de trouble et de confusion, sous l'autorité d'un procureur général, dont la confiance s'en rapportait à moi pour toutes les initiatives, à côté d'un préfet étranger à la ville qu'il administrait autant qu'à la fonction dont il était investi, je suis souvent sorti de mes attributions de magistrat, ou du moins je les ai cumulées avec les charges les plus diverses.

A peine investi par Gambetta du commandement général de « l'armée des Vosges », c'est-à-dire d'une armée à former dans un pays envahi, Garibaldi n'imaginait-il pas de s'adresser à moi, soit pour le recrutement, soit pour l'équipement de ses volontaires ?

Il m'écrivait de Dôle le 21 octobre :

MON CHER ANDRIEUX,

Nous voulons faire quelque chose et nous sommes entravés par des difficultés infinies.

Voulez-vous me servir de pourvoyeur pour l'armée que j'ai l'honneur de commander ?

Je vous remets une copie de mes pouvoirs, émanés du Ministre de l'Intérieur et de la Guerre, et je vous prie de m'acheter en attendant dix mille couvertures de laine bonnes, dix mille chemises de laine et dix mille paires de bons souliers.

Si on peut trouver des gibernes et des ceinturons confectionnés, ayez la complaisance d'en ordonner cinq mille.

Ma lettre vous servira de pouvoir pour ces acquisitions.

Votre dévoué,

GARIBALDI.

La pièce suivante était incluse dans cette lettre.

Le Ministre de l'Intérieur et de la Guerre autorise le général Garibaldi personnellement à signer les réquisitions relatives à l'exécution de la mission de guerre dont il a été chargé et qu'il a acceptée.

Les réquisitions devront toujours porter la signature du général Garibaldi.

Fait à Besançon, le 18 octobre 1870.

Le Ministre de l'Intérieur et de la Guerre,

Signé : LÉON GAMBETTA.

Je ne connaissais pas Garibaldi ; je ne l'avais jamais vu ; il m'écrivait pour la première fois, et j'étais d'emblée sacré « son cher Andrieux ».

On comprendra quel honneur c'était pour moi, si l'on veut bien songer à l'extraordinaire popularité dont Garibaldi jouissait à Lyon. Appelé comme un sauveur par délibérations successives du Comité de Salut public et du Conseil municipal, il venait d'être nommé « citoyen de Lyon » par cette dernière Assemblée en un ordre du jour vraiment dithyrambique, dont je retiens les dernières lignes : « Considérant que l'Amérique s'est fait un point d'honneur de décerner à ce glorieux soldat de la liberté, à ce redoutable ennemi de toutes les tyrannies, le titre de citoyen de la République américaine ; — décerne au général Garibaldi, citoyen italien et américain, le titre de citoyen lyonnais, et se déclare fier de l'attacher ainsi à la République Française par cette nouvelle initiative de Lyon. »

Un conseiller municipal, le Dr Crestin, maire du IIIe arrondissement de la ville, trouvant sans doute trop platonique cette manifestation de confiance et de sympathie, avait, par surenchère, proposé que Garibaldi fût adjoint au Gouvernement de la Défense nationale.

A vrai dire, le Gouvernement était loin de s'associer à l'emballement des Lyonnais. Gambetta avait subi le concours de Garibaldi que lui imposait l'opinion populaire ; mais il eût préféré que le héros de l'indépendance italienne ne quittât pas son rocher de Caprera.

Quant à Challemel-Lacour, la dépêche suivante, adressée au Ministre de la Guerre, dit assez clairement ce qu'il en pensait :

On annonce de tous côtés la venue de Garibaldi à Lyon. Dans les réunions politiques, on décide qu'il sera nommé général en chef des armées de la République. Plusieurs veulent l'associer à Cluseret. Sa venue à Lyon serait le signal de l'anarchie. Veuillez donner des ordres pour qu'il demeure à Chagny.

Le préfet,

Signé : P. Challemel.

Je ne partageais ni l'enthousiasme du Conseil municipal, ni les appréhensions excessives et la sourde hostilité du préfet. J'étais reconnaissant à Garibaldi de nous avoir apporté le prestige de sa renommée, le concours de son expérience et de son courage, comme je l'étais à M. de Cathelineau d'avoir mis au service de la patrie en danger l'appui des royalistes vendéens. Je fis de mon mieux pour aider dans sa tâche le général en chef de l'armée des Vosges.

Ne pouvant me charger moi-même des diverses acquisitions qu'il me demandait et désirant que la responsabilité en fût partagée, je formai sous ma présidence un Comité qui prit le titre de « Comité lyonnais de l'armée des Vosges. »

Les braves gens qui le composaient étaient fort désintéressés ; mais, en échange de leurs soins et de leur dévouement, il leur parut qu'on pouvait bien leur octroyer quelques-uns de ces galons d'or ou d'argent qui flattent un citoyen d'autant plus qu'il est moins militaire, et dont le Gouvernement se montrait alors si prodigue. Je ne pus refuser de faire connaître leur désir au général Garibaldi qui me répondit :

Amange, 27 octobre 1870.

Mon cher Andrieux,

Ignorant comme je suis du personnel du Comité organisateur de Lyon, je ne pourrais déterminer leur grade.

Ayez donc la bonté de réunir une Commission compétente à ce sujet ; et je demanderai l'approbation du Gouvernement.

J'accepte l'offre des médecins pour compléter notre ambulance, et je vous prie de les diriger au Dr Riboli qui en est le chef.

Merci pour tout ce que vous faites et ferez pour nous.

Votre dévoué,

Garibaldi.

Je priai mes collègues de ne pas insister : ils firent à la Patrie le sacrifice des galons rêvés.

Ils n'en furent pas moins zélés à remplir la mission qu'ils avaient acceptée, et, dans sa lettre du 8 novembre, Garibaldi m'exprima de nouveau sa satisfaction :

Dôle, 8 novembre 1870.

Mon cher Andrieux,

Merci de tout cœur pour tout ce que vous avez fait pour nous.

Nous allons effectuer un mouvement sur la gauche et après, le colonel Bordone (peut-être demain) ira à Lyon pour régler toutes choses avec vous.

En attendant, nous vous avons envoyé le major Castellazzo se charger du dépôt de Lyon.

Castellazzo est un officier de beaucoup de mérite. Les prisons de l'Autriche et du Pape, desquelles il vient de sortir, l'ont un peu affecté moralement et physiquement. Il aura donc besoin de votre précieuse assistance.

Votre dévoué,

G. GARIBALDI.

Le colonel Bordone, dont il est question dans cette lettre, était le chef d'état-major de Garibaldi dont il avait toute la confiance, malgré quelques antécédents fâcheux. Alors âgé de quarante-neuf ans, d'après les notes que j'ai conservées, né à Avignon de Joseph-Antoine Bordone et de Christine Marchisio, il exerçait au chef-lieu du département de Vaucluse la profession de pharmacien.

Il avait échangé le tablier professionnel contre un bel uniforme à aiguillettes d'or, qui, sous sa barbe blonde, enfermait une corpulence imposante, voisine de l'obésité.

Quand il entra chez moi, Bordone était fort irrité contre Challemel-Lacour. Le chef d'état-major de Garibaldi avait fait demander des fusils au préfet du Rhône ; il prétendait que Challemel avait répondu : « Je n'ai pas de fusils à donner à ces gens-là ; des bâtons sont bien pour les Garibaldiens ! » Bordone, entendant venger cet outrage, me demandait d'aller trouver Challemel-Lacour, avec un second témoin non encore désigné, pour exiger, au nom du chef d'état-major de l'armée des Vosges, une réparation par les armes.

J'essayai de faire comprendre au colonel Bordone que la réponse du préfet ne pouvait être conforme au texte invraisemblable qu'il m'en rapportait ; que, dans tous les cas, à l'approche de l'ennemi, nous avions mieux à faire que d'échanger entre Français des balles ou des coups d'épée. Je fus assez heureux pour éviter un choc entre l'exhubérante indignation du pharmacien avignonnais et le froid dédain de Challemel-Lacour. Le malentendu fut dissipé ; j'imagine bien que Bordone, en s'adressant à moi pour porter son cartel, avait prévu cette pacifique solution.

ENCORE LE PHARMACIEN D'AVIGNON
L'ARRESTATION D'UN ANCIEN MINISTRE.

Quoiqu'il dût bientôt l'élever, sur la prière instante de Garibaldi, au grade de général [1], la turbulence brouillonne du chef d'état-major de l'Armée des Vosges exaspérait Gambetta, comme il résulte de la dépêche suivante :

Bordeaux, 24 décembre 1870.

Ministre de la Guerre à délégué Freycinet.

«... C'est Bordone qui signe toutes les dépêches, c'est lui qui commande, taille, tranche, fait tout auprès de Garibaldi.

« *Je fais d'abord une première remarque, c'est que les dépêches signées Bordone sont écrites dans une forme souvent inacceptable. Nul ne parle et n'écrit comme lui ; on dirait vraiment qu'il est omnipotent. Il donne des ordres aux préfets ; il prescrit des mesures ; il ordonne des arrestations ; il n'y a rien qu'il ne fasse,* partout, chez lui, comme hors de chez lui...

« Avisez donc à réduire les prétentions de M. Bordone. Je n'ignore pas les ménagements que la situation comporte ; mais il y a moyen de ramener M. Bordone à son véritable rôle, et je vous prie, avec votre habileté accoutumée, de n'y pas manquer.

« *Signé* : Léon GAMBETTA. »

« Il ordonne des arrestations », disait déjà Gambetta ; et cependant cette dépêche est antérieure à l'arrestation sensationnelle de M. Pinard, par laquelle le Tartarin de la rhubarbe mit sur les bras de Challemel-Lacour une nouvelle difficulté. Après le 4 septembre, Ernest Pinard, ancien ministre de l'Intérieur sous l'Empire, s'était réfugié à Autun, sa ville natale. Il y consacrait ses loisirs à faire de

---

1. 13 janvier 1871. Dépêche de M. de Freycinet à Garibaldi : « Le Gouvernement de la République vient de nommer Bordone général. En conférant ce grade à l'homme que vous honorez de votre confiance, nous avons voulu vous prouver une fois de plus notre sympathie et notre respect. »

la propagande bonapartiste. Fluet et menu, ce petit homme n'éveillait en rien l'idée qu'on se peut faire d'un « ministre à poigne. »

A Autun aussi Garibaldi avait établi son quartier général. Bordone, qui était un homme de liberté, ne pouvait tolérer qu'un adversaire politique tint des propos désobligeants pour la République et ses fonctionnaires, pour l'armée des Vosges et ses chefs. Il fit arrêter M. Pinard sous l'inculpation peu juridique de « menées bonapartistes » ; et sans se préoccuper de savoir si, ce délit problématique ayant été commis à Autun, la juridiction d'Autun n'était pas seule compétente, il expédia son prisonnier au préfet du Rhône.

Le nom de Pinard éveillait le souvenir des manifestations sur la tombe de Baudin, de la souscription ouverte dans la *Revue politique* et des poursuites dans lesquelles Challemel-Lacour avait été impliqué. Quoiqu'il se trouvât en face d'un adversaire, Challemel ne peut être soupçonné d'avoir obéi à de basses rancunes en le faisant écrouer à la prison Saint-Paul, où il le tint au secret le plus rigoureux. Challemel estimait que ses pleins pouvoirs lui donnaient toutes les attributions d'un juge d'instruction et il faut lui savoir gré de sa modération, puisqu'il n'alla pas jusqu'à se substituer aux tribunaux et à prononcer des condamnations.

La détention d'Ernest Pinard se prolongea, parce qu'après un premier interrogatoire auquel il avait procédé, Challemel attendit le dossier accusateur dont Bordone avait annoncé l'envoi.

Nous avons la dépêche par laquelle le Préfet rend compte de ce premier interrogatoire. Il paraît bien qu'il n'a fait que se conformer aux instructions de Gambetta :

7 janvier.

Préfet à Gambetta. Guerre.

« J'ai dû interroger l'homme venu d'Autun sur les seules indications contenues dans votre dépêche, sans lettres, dossier, ni rapport. Il explique sa présence à Autun par la résolution arrêtée de rester étranger à toute politique et de s'associer comme garde national dans sa ville natale à la défense du pays. Il prétend ne point correspondre, même avec ses amis qui sont à l'étranger. Il n'a pas voulu les suivre pour n'être pas accusé de conspirer. Quant à la distribution du *Drapeau*, il affirme y être complètement étranger. Il nie toute participation. Une dépêche d'Autun m'annonce un dossier ; s'il arrive, je reverrai l'homme. Il a bien peur.

« *Signé* : CHALLEMEL-LACOUR. »

Le 30 janvier, le dossier est enfin arrivé. Nouvel interrogatoire ; nouvelle dépêche :

Préfet Lyon à Gambetta

« J'ai enfin reçu de Bordone un volumineux dossier, composé de papiers et de notes de la main de Pinard. Il y en a de toutes dates ; les plus graves sont un recueil de calomnies toutes préparées contre l'armée garibaldienne et les fonctionnaires républicains. Ce que je vois très clairement dans ce dossier, c'est que Pinard est un parfait imbécile ; mais il n'existe pas le moindre indice qu'il ait reçu, distribué ou connu le journal le *Drapeau*. Toutefois je l'interrogerai une seconde fois, après quoi, ne pouvant le garder ni l'envoyer à Genève pour raison que vous connaissez, je le dirigerai, après avoir reçu votre avis, sur Bordeaux. Ranc le sermonera comme il sait faire.

« *Signé* : CHALLEMEL-LACOUR. »

Quand il connut cette arrestation, le Garde des Sceaux Crémieux, auquel il faut rendre cette justice qu'il fit toujours ce qu'il put pour protéger la liberté individuelle, invita le procureur général à faire entendre au préfet les protestations de la justice. A défaut de Le Royer, démissionnaire et non encore remplacé, ce fut le premier avocat général Édouard Millaud qui dut se charger de cette mission. Le 16 janvier, il put enfin télégraphier au Garde des Sceaux que l'ancien ministre de l'Empire avait été remis en liberté.

LES DERNIÈRES MANIFESTATIONS ET LA DÉMISSION DE CHALLEMEL-LACOUR. — LA REVUE DU 5 FÉVRIER 1871. — LES LÉGIONS D'ALSACE-ET-LORRAINE.

Je ne me propose pas de noter ici tous les complots, sans cesse renaissants, toutes les tentatives avortées des révolutionnaires pour ressaisir la direction du gouvernement local.

Il me suffira de dire que pendant toute la durée du proconsulat de Challemel-Lacour, et les premiers mois de l'administration de son successeur, nous avons vécu dans une perpétuelle alerte ; nous avons été, pour ainsi dire, tous les jours à la veille d'une émeute, tous les jours à la merci des dispositions incertaines de la garde nationale, sans avoir les forces militaires ou de police nécessaires pour le maintien de l'ordre.

A l'énervement causé par ces quotidiennes appréhensions venaient s'ajouter les déceptions de la signature de l'armistice, lorsque Challemel adressa à Gambetta une dépêche aussi injuste pour-lui-même que pour ses administrés, méconnaissant à la fois le patriotisme des Lyonnais et les résultats obtenus par ses propres efforts.

4 février 1871.

Préfet Lyon à Gambetta. Guerre

L'armistice pouvant être rompu d'un moment à l'autre, je dois vous prévenir que l'ennemi, s'il marche sur Lyon, trouvera une ville sans troupes, sans provisions, sans courage. Nous n'avons pour nous défendre que six cents marins, dont la moitié sont malades, et une poignée de républicains des faubourgs ; je

serai avec eux, s'ils ne m'égorgent pas avant, intention qu'ils
manifestent tous les jours. Nous passons d'alerte en alerte ; mais
mieux vaut l'invasion jusqu'à Marseille que de signer notre sen-
tence de mort.

C'était là du mauvais Challemel ; du Challemel aux em-
portements et aux défaillances duquel, en face de l'émeute,
j'avais assisté le 28 novembre, du Challemel qui inscrivait
en marge du rapport du maire de Vénissieux l'annotation
restée célèbre, sans en calculer la portée ; du Challemel
féminin, en proie à ses nerfs.

Il a reconnu lui-même devant l'Assemblée nationale,
dans la séance du 1er février 1873, l'injuste sévérité de ces
appréciations :

Cette dépêche, a-t-il dit, a été écrite le 4 février, lorsque l'armée
de l'Est était détruite... Le jour où était écrite cette dépêche,
sous une impression sombre, je demandais trop à la population
lyonnaise. Il se peut que j'aie découvert ce jour-là des signes de
découragement que je n'avais jamais découverts chez personne
à Lyon, et c'est alors que j'ai écrit cette dépêche, de laquelle
je m'empresse de retirer ici loyalement tout ce qu'elle pourrait
renfermer d'injurieux pour qui que ce soit parmi mes anciens
administrés.

Le 5 février 1871, sur la place Bellecour, au milieu d'une
population accourue de tous les quartiers de la ville, eut
lieu la remise solennelle, aux trois légions d'Alsace-et-Lorraine, des drapeaux offerts par les dames du « Comité de
formation ».

Ces drapeaux portaient la devise : « Vaincre et rester
Français. » En recevant celui qui était destiné à sa légion,
le colonel Millet s'écria :

— Nous les rapporterons victorieux !

— Nous le jurons ! répondirent tous les officiers, dans un
élan unanime, en agitant leurs épées.

Ces explosions de dévouement à la patrie et de confiance
dans le maintien de son intégrité secouèrent profondément

l'âme de la foule, et l'émotion des assistants se manifesta par les cris répétés : « Vive l'Alsace ! Vive la Lorraine ! Vive la France ! »

Le préfet et le général commandant la division passèrent devant le front des troupes, suivis des conseillers municipaux qui paradaient sous leurs écharpes rouges, frangées d'or, brodées aux armes de la ville.

Après la revue, Challemel adressa la parole aux officiers qui formèrent le cercle autour de lui. Avec cette hauteur d'éloquence où il savait atteindre quand il était en pleine possession de lui-même, il félicita les Alsaciens et les Lorrains de leur patriotisme et leur fit entrevoir, dans la patrie libérée, la récompense de leur courage et de leurs sacrifices. En terminant son allocution, il leur annonça qu'il allait quitter la préfecture du Rhône.

Le 29 janvier, en effet, il avait envoyé à Gambetta les dépêches suivantes :

29 janvier, 3 h. 45.

Préfet Lyon à Gambetta. Guerre

Mon cher Ami,

Je donne ma démission. Il ne me reste plus que cela à faire. C'est un engagement que j'ai pris et qui est irrévocable. Qu'on travaille à la paix ou que la révolution commence, je ne puis plus être utile au poste où je suis.

29 janvier, 7 h. 15.

Préfet Lyon à Gambetta. Guerre

... Je ne puis plus vous être d'aucune utilité à Lyon. Je n'y servirai pas la politique de capitulation. D'autre part, j'ai amassé contre moi trop d'hostilités dans tous les partis pour servir utilement la politique de révolution. Je ne saurai tirer de ce pays ni un homme ni un écu de plus. Un homme nouveau, même inconnu, réussira mieux que moi soit à maintenir l'ordre, soit à galvaniser les lâches, soit à mâter la réaction, soit à s'associer, à épurer, à mettre en œuvre les éléments révolutionnaires.

Challemel-Lacour jugeait sainement les sentiments qu'il inspirait à ses administrés. Il quitta Lyon sans laisser dans aucun parti les regrets qui l'eussent accompagné sans doute si l'obstacle d'un tempérament irritable et d'une santé ébranlée, en le rendant inaccessible aux conseils, et impatient de toute contradiction, ne l'eût isolé dans sa préfecture et ne l'eût empêché de se faire mieux connaître. Littérateur, artiste, homme d'esprit et d'imagination, il n'eut pas les qualités de calme, d'ordre et d'équilibre nécessaires à un administrateur. Parmi tous les préfets de cette époque, il eut plus qu'aucun autre le mérite d'avoir donné une vigoureuse impulsion à la défense nationale ; il put s'honorer d'avoir traversé des jours difficiles sans avoir eu recours à des répressions sanglantes ; mais il n'eut pas la satisfaction d'avoir rétabli le respect des lois et l'autorité du pouvoir central, et quand il quitta l'Hôtel de Ville, s'il jeta un dernier regard vers le beffroi du vieux palais qui durant cinq mois avait abrité ses veilles souvent troublées, il y put voir flotter encore ce drapeau rouge dont il avait dit qu'il était « un défi à la République et au bon sens ».

EDMOND VALENTIN PRÉFET DU RHÔNE.
LES ÉLECTIONS DU 8 FÉVRIER.

Au moment de remettre à Emmanuel Arago le porte-feuille de l'Intérieur et par décret daté du 4 février, Gambetta fit un heureux choix en donnant pour successeur à Challemel-Lacour, Edmond Valentin, ancien préfet de Strasbourg, qui nous arrivait précédé d'une glorieuse légende de patriotisme et de courage.

Valentin avait d'ailleurs été désigné à Gambetta par Challemel-Lacour lui-même qui lui avait télégraphié, le

2 février : « J'ai sous la main l'homme qu'il me faut pour préfet du Rhône ; Valentin, le préfet de Strasbourg est ici ; il déjeune avec moi. Envoyez-lui télégraphiquement sa nomination. Il accepte. »

Né à Strasbourg en 1823, Edmond Valentin, sorti du rang, était sous-lieutenant aux chasseurs à pied, quand, en 1850, ses compatriotes, les électeurs du Bas-Rhin, l'envoyèrent siéger à l'Assemblée législative. Après le coup d'État, il se réfugia en Angleterre et devint professeur à l'École d'Artillerie de Woolwich. A peine rentré en France, il fut nommé, le 5 septembre, préfet du Bas-Rhin.

C'était pendant les jours héroïques du siège de Strasbourg ; Valentin, pour se rendre à son poste, traversa les lignes ennemies et pénétra dans la place en franchissant à la nage, sous le feu de l'ennemi, la rivière l'Ill et le fossé des fortifications. Emmené en Allemagne après la capitulation de Strasbourg, il sortait des casemates de la forteresse d'Ehrenbreitstein quand il fut nommé préfet du Rhône.

Il n'a jamais songé à tirer vanité de ce passé ; il était intrépide avec simplicité ; il n'avait ni la haute culture, ni la supériorité intellectuelle de son prédécesseur ; mais sa nature loyale et bonne, sa figure ouverte, son regard franc, sa rude et sincère poignée de main lui conciliaient les sympathies ; il fut pour moi un véritable ami.

Dès son arrivée Valentin adressa aux Lyonnais une proclamation qui répondait aux sentiments de la grande majorité ; il y affirmait « sa volonté de maintenir l'ordre et son inaltérable attachement à la République ». Les événements ne tardèrent pas à mettre à l'épreuve la sincérité de cette double affirmation.

Les élections du 8 février, faites à la hâte, dans un pays envahi, sur la question principale de la paix ou de la guerre à outrance, en reléguant au second plan les programmes politiques, avaient envoyé à l'Assemblée nationale une majorité monarchiste, qui disposait des deux tiers des sièges.

Dans le Rhône, comme dans la plupart des départements, on avait pensé que la seule question à débattre demandait avant tout le concours d'hommes honorables et éclairés, et on avait voté pour la paix sur les noms de citoyens également estimés, mais séparés par leurs opinions politiques.

La liste patronnée par les trois journaux conservateurs : *le Salut Public, le Courrier de Lyon* et *la Décentralisation,* avait passé tout entière dans l'ordre suivant : Ducarre, Le Royer, Jules Favre, Bérenger, Trochu, Morel, Flottard, Glas, Lucien Mangini, Jean-Baptiste Perret, de Laprade, de Saint-Victor, de Mortemart.

En tête arrivaient, avec d'écrasantes majorités, des hommes dont les noms, sous l'Empire, effrayaient la bourgeoisie ; comme ces oiseaux qui se perchent sur les épouvantails devenus familiers, les conservateurs avaient voté avec ensemble pour Jules Favre, pour Le Royer, pour Ducarre.

Après eux venaient en plus grand nombre des représentants de l'opinion libérale, indécis entre les séductions du centre droit et les appas du centre gauche ; trois légitimistes fermaient la marche, élus pour l'intégrité de leur vie et la fierté de leurs sentiments patriotiques.

Ainsi composée, la liste des journaux conservateurs avait obtenu de 72.314 à 51.744 suffrages.

Garibaldi, le plus favorisé de la liste radicale, échouait avec 48.000 voix [1] ; le Dr Crestin, conseiller municipal, en obtenait 43.000 ; puis venaient le maire Hénon avec 38.000, Raspail avec 37.000, l'adjoint Barodet avec 34.000.

Les représentants de la nation se réunissaient pour la première fois le 16 février dans la salle du théâtre de

---

1. Garibaldi fut élu dans les Alpes-Maritimes, son pays natal, et dans trois autres départements, la Seine, la Côte-d'Or et l'Algérie.

Bordeaux, et le lendemain, ils nommaient M. Thiers chef du pouvoir exécutif de la République française.

LE DRAPEAU ROUGE A L'HÔTEL DE VILLE. — LE CLOCHER DE VAUGNERAY ET LE ZÈLE D'UN JUGE DE PAIX.

Dès son arrivée, Valentin avait résolu de rendre au drapeau tricolore la place qu'usurpait encore le drapeau rouge ; mais dans l'intérêt de l'ordre il avait désiré que l'initiative en fût prise par le Conseil municipal.

Le Conseil était d'ailleurs depuis longtemps préparé à ce changement dont il prévoyait la nécessité prochaine, mais qu'il ajournait toujours. Dès son installation il s'efforçait d'atténuer la signification du drapeau rouge ; il attribuait à son maintien un caractère provisoire, et faisait afficher le 24 septembre la déclaration suivante : « Considérant que, le 4 septembre, en face de la France envahie, la ville de Lyon a proclamé la Patrie en danger, et en a arboré le signe ; considérant que le péril est plus grand que jamais, délibère : Le signal de la Patrie en danger restera arboré sur l'Hôtel de Ville jusqu'à ce que le péril ait cessé. »

A partir de ce jour, l'argument de la Patrie en danger sert à repousser toute objection contre le drapeau de la Commune.

Cependant peu à peu l'intransigeance de la première heure faiblit et laisse entrevoir un accommodement prochain. A la séance du 14 février, le citoyen Benoît propose « de remplacer le drapeau rouge par le drapeau national. Le drapeau rouge sera déposé aux archives de la ville. Le citoyen Barodet exprime le désir de voir les deux drapeaux flotter l'un à côté de l'autre sur l'Hôtel de Ville. La solution est ajournée ».

La municipalité se rendait compte que l'heure était venue de s'incliner devant les trois couleurs ; toutefois, elle attendait une occasion propice et craignait de déchaîner une nouvelle sédition.

Cette occasion fut l'acceptation des préliminaires de paix par l'Assemblée nationale. Les sacrifices imposés au pays dépassaient les prévisions les plus douloureuses ; le Conseil municipal suspendit sa séance en signe de deuil. Alors l'adjoint Barodet, qui jusque-là s'était toujours prononcé pour le maintien du drapeau rouge, en demanda lui-même la suppression, et fit voter la délibération ci-après, destinée à l'affichage :

Le Conseil municipal,

Vu l'acceptation des préliminaires de paix par l'Assemblée réunie à Bordeaux ;

Considérant que le sacrifice et l'humiliation qu'il s'agissait d'épargner à la France sont maintenant consommés, et que les patriotiques espérances dont le drapeau rouge était l'emblème se trouvent, par le fait du traité de paix, ajournées à des temps meilleurs ;

Considérant d'ailleurs qu'il est bon de faire disparaître tout ce qui peut être à un titre quelconque une cause de division entre tous ceux qui veulent sincèrement la République ;

Délibère :

ARTICLE PREMIER. — Le *fier drapeau* de la Patrie en danger et de la résistance à outrance ne survivra pas à l'humiliation de la France ; le drapeau rouge de la Commune de Lyon cessera de flotter sur le dôme de l'hôtel de ville à partir du 3 mars 1871.

ART. 2. — Le drapeau noir sera hissé pendant trois jours au balcon de l'hôtel de ville en signe du deuil de la Patrie mutilée.

La délibération s'enfermait dans un prudent silence sur le drapeau tricolore ; mais, dès le lendemain, on le voyait réapparaître sur ce palais municipal.

Si l'on eût demandé à l'adjoint Barodet de quoi pouvait bien être *fier* le drapeau rouge, il eût sans doute souri dans la belle barbe noire qu'il portait alors, et peut-être eût-il répondu qu'il faut une religion pour le peuple. C'était sans doute le fond de sa pensée, quand il écrivit plus tard qu'en

rédigeant la délibération proposée à ses collègues, il l'avait
« aiguisée en paratonnerre pour dégager l'électricité
populaire et conjurer l'orage [1] ».

La tempête n'éclata pas ; ; mais les précautions oratoires dont le texte était enguirlandé n'étaient pas inutiles ;
car pour les exaltés des quartiers révolutionnaires, la destinée de la République semblait liée à la couleur du drapeau.

J'ai souvenir que, peu de jours après l'arrivée de Challemel-Lacour, comme je sortais de chez le préfet, un garde
national agitant son fusil d'un air de menace m'aborda dans
la cour de l'Hôtel de Ville, et me montrant le dôme :

— Citoyen procureur de la République, me dit-il, sou-
venez-vous que le premier qui montera là-haut pour tou-
cher au drapeau rouge sera descendu avant le drapeau.
C'est notre consigne !

La crainte de la guerre civile avait seule empêché Challemel d'ordonner la mesure réparatrice que lui dictait son
devoir, et qui répondait à ses sentiments de patriotisme.

Au fond, ses craintes étaient comprises et partagées par
les libéraux et par les conservateurs lyonnais, et ce n'est
qu'après son départ, quand le danger fut passé, qu'on son-
gea à lui reprocher, comme une sorte de complicité, d'avoir
si longtemps toléré le drapeau rouge.

Une anecdote contribuera à faire comprendre quel était
à ce sujet l'état d'esprit de nombreux conservateurs dans
les jours qui suivirent le 4 septembre.

Beaucoup plus tard, vers le milieu de juillet 1871, et, par
conséquent, longtemps après le rétablissement de l'ordre,
je reçus au Parquet la visite d'un vénérable prêtre, curé de
la commune de Vaugneray. Il venait me demander de faire
enlever le drapeau rouge qui insultait à la piété et au
patriotisme des fidèles sur le clocher de son église.

---

1. Barodet, *Eclaircissements historiques. Lettre à M. le D*r* Crestin.*

Je m'étonnai d'apprendre que le « haillon de guerre civile » voisinait avec la croix sur l'église de cette paisible commune. J'ouvris une enquête ; j'entendis le juge de paix, M. Perrin de Bénévent, fort attaché aux idées les plus conservatrices, autant par ses sentiments personnels que par ses traditions familiales ; il me fit cette stupéfiante déclaration :

— Après le 4 septembre, me dit-il, dans l'intérêt de l'ordre, j'ai cru devoir donner un gage d'adhésion au nouveau gouvernement. Je suis venu moi-même à Lyon acheter de l'étoffe rouge ; puis j'ai convoqué à mon audience les gardes-champêtres de toutes les communes de mon canton, et j'ai donné à chacun d'eux le calicot nécessaire pour fabriquer le drapeau de la République, en les invitant à le placer sur le clocher de leur église.

Je n'ai pas besoin de dire que l'erreur du juge de paix de Vaugneray fut réparée sans résistance, et que la satisfaction du curé fut partagée par tous ses paroissiens.

L'INSURRECTION DU 22 MARS. — LE PRÉFET PRISONNIER. — BARODET ET LE CITOYEN GAREL. — PROCLAMATION DE LA COMMUNE.

On sait comment Paris répondit aux premiers actes de l'Assemblée nationale et du Gouvernement de M. Thiers par l'insurrection du 18 mars.

L'autonomie communale, qui devait servir de programme à la Commune de Paris, trouvait à Lyon un terrain bien préparé. Nous l'y avons vue triomphante dès le 4 septembre dans ce Comité de Salut public qui prétendait gouverner la ville sans immixtion du pouvoir central et traiter d'égal à égal avec le Gouvernement de la Défense nationale.

Dépouillée durant l'Empire de toute représentation municipale, ayant subi pendant vingt ans le régime des Commissions et l'arbitraire d'un préfet-maire, tombée, pour ainsi dire, à l'état de *ville impériale*, la ville de Lyon, par une naturelle réaction, était portée vers l'exagération contraire. Elle semblait d'ailleurs encouragée à l'essai du régime fédéraliste par l'exemple de sa voisine la Confédération Helvétique. On eût dit que, de même que le Rhône, le fédéralisme nous venait des sommets de la Suisse, en traversant le lac de Genève.

Le philosophe genevois avait écrit : « Une règle fondamentale pour toute société bien constituée et gouvernée légitimement serait qu'on pût en assembler aisément tous les membres toutes les fois qu'il serait nécessaire... Il suit de là que l'État devrait se borner à une seule ville tout au plus. »

J'imagine que *le Contrat Social* n'était pas très familier à nos démocrates lyonnais ; mais ils sentaient d'instinct que le régime fédéraliste, en restreignant l'État, en le plaçant plus près du peuple, donne à la démocratie plus d'autorité et la rapproche de son idéal toujours convoité, le gouvernement direct.

A la nouvelle de l'insurrection du 18 mars, beaucoup de Lyonnais tournèrent leurs regards vers le nouveau préfet, qu'une vie de dévouement à la République et un long exil désignait à la confiance des républicains.

Il s'adressa à ses administrés en un langage dont la netteté contrastait heureusement avec la rhétorique équivoque de la précédente administration :

Habitants du département du Rhône, leur disait-il dans une proclamation affichée le 19 mars, — sous le régime du suffrage universel, il ne peut exister qu'une seule autorité, autour de laquelle tous les bons citoyens ont le devoir impérieux de se rallier et dont les décisions doivent être obéies en toute circonstance, sans hésitation, sans discussion ; c'est celle de l'Assemblée nationale librement élue. Tout individu, toute réunion d'individus qui s'aventurerait à mettre cette autorité en question, sera pour moi considéré comme rebelle à la nation et traité comme tel.

Cette attitude résolue ramena les hésitants et exerça, dans l'égarement de la première heure, une influence salutaire.

Cependant l'insurrection communaliste rencontrait à Lyon de nombreuses adhésions. Ce parti s'appuyait sur les anciens groupements organisés sous l'Empire, sur la plupart des anciens membres du Comité de Salut public, sur les Comités que nous avons déjà vus à l'œuvre lors de l'envahissement de l'Hôtel de Ville le 28 septembre ; il avait des auxiliaires influents au Conseil municipal et pouvait y compter sur les sympathies plus ou moins avouées de la majorité. Enfin les bataillons des quartiers ouvriers étaient acquis à la cause de l'insurrection parisienne, confondue par eux avec celle de la République elle-même.

Tandis qu'à Paris le Comité central de la garde nationale, installé à l'Hôtel de Ville, fixait au 26 mars les élections de la Commune, et qu'à Versailles M. Thiers, protestant contre l'accusation de vouloir renverser la République, ramassait les débris de l'armée française pour le rétablissement de l'ordre et la défense de l'unité nationale, une insurrection éclatait à Lyon le mercredi 22 mars.

A midi, 350 officiers, sur 1.200 qu'en comptait la garde nationale, s'étaient réunis au palais Saint-Pierre. A côté d'eux on remarquait une cinquantaine de citoyens en habit civil : c'étaient les membres d'un « Club central », qui avaient provoqué la réunion. Un délégué de la Commune de Paris, Albert Leblanc, y prit la parole et invita les officiers à se prononcer pour la Commune contre le Gouvernement de Versailles. Après une courte discussion, le vote favorable à la sédition eut lieu à mains levées.

Une députation fut envoyée au maire ; elle lui proposa le maintien provisoire de la municipalité, sous la condition que la Commune serait proclamée et le préfet révoqué.

Pour ceux qui le connaissaient, la réponse de M. Hénon ne pouvait être douteuse ; les délégués se heurtèrent à un refus. Ils quittèrent le cabinet du maire et descendirent tumultueusement les marches du perron en criant : « Aux armes ! »

Aussitôt le rappel fut battu ; l'Hôtel de Ville et les rues voisines furent occupés par des hommes appartenant aux bataillons de la Guillotière et de la Croix-Rousse.

L'inertie du haut commandement de la garde nationale avait favorisé cette surprise.

Les insurgés tentèrent d'arracher au préfet une adhésion à la cause de la Commune. Valentin, quoique sans appui, leur tint tête et leur fit entendre le langage d'une patriotique indignation. Ils le mirent en état d'arrestation, ainsi que le secrétaire général Gomot, et placèrent des sentinelles à leurs portes.

Le premier avis de ces événements me fut apporté par un honorable industriel de Lyon, M. Gillet, à la 1re chambre du tribunal, où j'occupais le siège du ministère public et donnais mes conclusions dans une affaire civile. J'avertis M. le président Cuniac qui leva l'audience aussitôt.

Je quittai ma robe en toute hâte, et je me rendis à l'Hôtel de Ville que je trouvai occupé par les insurgés ; le préfet était déjà prisonnier ; je ne pus arriver jusqu'à lui.

Un nouveau Comité de Salut public s'installa, vers onze heures du soir, dans la salle des séances du Conseil municipal. Il était composé des citoyens Garel, Perrare, Parraton, Colonna, Poncet, Blanc, Tissot et Micoud : des noms qui ne portaient ombrage à personne.

Ce Comité rétablit d'abord le drapeau rouge sur l'édifice municipal. Il prononça la déchéance du maire et du Conseil municipal, la destitution du préfet, celle du général de la garde nationale ; il proclama la Commune.

Pendant ce temps, le maire restait dans son cabinet, attendant les événements qu'il était impuissant à diriger. Avec lui se trouvaient M. Barodet, premier adjoint, et M. Baudesson de Richebourg, général de la garde nationale.

Le Comité délégua auprès de M. Hénon le citoyen Garel.

Barodet a raconté, en un récit pittoresque, l'entrevue dont il fut témoin.

C'est vers une heure du matin que Garel fit son entrée dans le cabinet du maire. Il était suivi du citoyen Pirodon, armé d'un fusil à baïonnette, marchant militairement, avec gravité.

Ce qui nuisait un peu au sérieux de cette mise en scène, c'est que le citoyen Garel était trop connu de Barodet. Ils avaient autrefois rimé ensemble des vers faciles et donné la réplique, sous les ombrages de Vernaison, aux chansons de leur compatriote et ami Pierre Dupont ; leurs calembours, après les dîners sur l'herbe, n'avaient pas moins de succès que les poèmes rustiques où Garel chantait les oiseaux et les fleurs, tandis que Barodet flétrissait le 2 décembre et « Napoléon le Petit ».

Aussi fut-ce Barodet qui répondit, lorsque Garel eut fait à M. Hénon, au nom de la Commune révolutionnaire, sommation de lui remettre les sceaux de la mairie.

Ici je cède la parole à Barodet :

J'aimais Garel, dit-il dans une brochure publiée sous le titre : *Eclaircissements historiques. Lettres à M. le Dr Crestin.* J'avais pitié de ce poète et doux rêveur fourvoyé dans de pareilles aventures, et c'est moi qui, le connaissant le mieux, répondis à sa sommation. Je le fis sur un ton un peu railleur, mais véritablement affectueux. Je rappelai son talent poétique et ses goûts champêtres. Je me moquai de son garde du corps Pirodon et du fusil à baïonnette. Je lui dis que la Commune insurrectionnelle dont il faisait partie, incapable de rien administrer, sans considération et sans appui sérieux dans la population, serait dispersée le lendemain et que pas un de ses bons de réquisition ne serait remboursé par la Ville. J'ajoutai que les sceaux de la mairie avaient été mis en sûreté et je l'engageai, sur le ton de l'amitié, à rentrer chez lui, s'il ne voulait pas s'exposer davantage aux conséquences de la répression de l'insurrection.

Il parut quelque peu déconcerté, ne parla plus des sceaux de la mairie et, redevenant le bon Garel des champs, se rabattit sur une proposition vraiment admirable de naïveté : « Eh bien ! dit-il, faisons-nous des concessions réciproques. Réunissons-nous en un seul corps délibérant. » On devine la réponse. Garel se retira comme il était venu, suivi de l'homme à la baïonnette, toujours solennel et l'arme au bras.

Ces événements, dont la plus grande partie s'était passée dans la nuit du 22 au 23, à l'heure qui, pour les gens paisibles, est celle de l'insouciance et du repos, étaient ignorés de la majorité de la population, lorsqu'en s'éveillant, le 23 au matin, elle apprit par la proclamation suivante, affichée sur les murs, qu'elle jouissait d'un nouveau gouvernement :

... La garde nationale, à bon droit émue de l'attitude prise par le Gouvernement de Versailles vis-à-vis de la Commune de Paris, a pris hier par le vote de scs délégués et par une action commune une décision énergique. Fidèle à la tradition du 4 septembre, elle a rendu à la Commune de Lyon tous ses droits et toute sa force. Nous sentons tous que contre le mouvement de Paris, l'Assemblée se sentirait forte de notre silence et de notre abstention pour vaincre la République à Paris d'abord, en province ensuite... Le Conseil municipal n'a pas agi ; il s'ast avoué mâté, vaincu et impuissant. La garde nationale a voulu agir et vaincre et a proclamé une Commission provisoire de la Commune. Citoyens, cette Commission provisoire n'accepte que pour le temps le plus court la gérance des affaires... Elle va remettre dans le plus bref délai son pouvoir au suffrage appelé à constituer une Commune. Cette Commune doit maintenir pour Lyon le droit d'établir et de prélever ses impôts comme il lui plaira, de faire sa police elle-même et de disposer seule de la garde nationale, maîtresse de tous les postes et des forts...

Lyon, 23 mars 1871.

(Suivaient les signatures des membres de la Commission provisoire.)

La garde nationale avait un général, M. Baudesson de Richebourg qui avait remplacé dans le commandement de notre milice urbaine le vieux colonel Métra, promu à l'honorariat.

M. Baudesson de Richebourg était un ancien commandant du génie, intelligent, distingué ; il avait sans doute le courage militaire, mais peu fait pour le contact de l'émeute, s'il n'avait pas donné sa démission, il considérait comme valable la révocation dont l'avait frappé la Commune et se tenait à l'écart.

Démissionnaire était mon procureur général Le Royer qui, depuis l'élection du 8 février, occupait son siège à l'Assemblée nationale.

Enfin, le préfet prisonnier ne pouvait donner aucune direction.

Dans ce désarroi général, je dus prendre la part la plus active aux mesures destinées au rétablissement de l'ordre.

LE GÉNÉRAL CROUZAT A LA GARE DE PERRACHE.
LES OFFICIERS DE LA GARDE NATIONALE.

J'allai d'abord me concerter avec le général Crouzat qui, depuis le 20 décembre, avait remplacé le général Bressoles dans le commandement de la 8ᵉ division militaire.

Je le trouvai à la gare de Perrache, où, malgré l'insuffisance des forces dont il disposait, et dont une partie était nécessaire pour empêcher le pillage des forts, il avait concentré des troupes et de l'artillerie dans une forte position.

Sur son conseil, j'allai frapper à la porte de plusieurs chefs de bataillon de la garde nationale : je leur demandai leur concours pour reprendre l'Hôtel de Ville et délivrer le préfet.

Partout je reçus une réponse décourageante : les commandants n'osaient compter sur leurs hommes, soit que ceux-ci fussent sympathiques à l'insurrection, soit qu'ils ne voulussent pas, pour la réprimer, courir les risques d'une collision sanglante.

Les insurgés étaient bien armés ; ils s'étaient emparé du fort des Charpennes ; ils y avaient trouvé de l'artillerie ayant appartenu à une légion dissoute d'Alsace-et-Lorraine. Ils avaient emmené les canons à l'Hôtel de Ville. A côté des affûts, s'élevaient des monticules de boulets symétriquement rangés.

J'appris bientôt que leur artillerie ne pouvait leur servir, les boulets n'étant pas du calibre des canons ; mais cet appareil meurtrier n'en intimidait pas moins les honorables négociants, pères de famille, qui faisaient sans beaucoup d'enthousiasme leur service de gardes nationaux dans les bataillons des quartiers conservateurs.

Quand je retournai à Perrache faire part au général Crouzat de l'insuccès de mes premières démarches, les canons qu'il avait fait placer sur la plateforme de la gare, deux batteries de 12, venaient d'en être retirés sur l'intervention de l'adjoint Barodet : « Il importe, disait Barodet, de ne pas provoquer la population par d'inutiles menaces, alors que le fantôme de la Commune est sur le point de s'évanouir. » Barodet était dans son rôle, les municipalités ayant des devoirs paternels. Mes préoccupations étaient autres. J'obtins que les canons fussent remis en batterie, convaincu qu'ils aideraient mieux que les exhortations municipales à « l'évanouissement du fantôme ».

Informé que des insurgés se dirigeaient vers la maison d'arrêt pour mettre en liberté Deloche et les autres assassins d'Arnaud qu'avait condamnés l'avant-veille le Conseil de guerre, je courus à la prison et je fis évacuer, par un train spécial, ces dangereux détenus sur la maison centrale de Riom.

Le 23, à trois heures, eut lieu, au poste de Bellecour, une importante réunion des officiers de la garde nationale. Tous les chefs de bataillon moins un étaient présents ; ils se prononcèrent hautement pour le Gouvernement issu du suffrage universel et contre les séditions de Paris et de Lyon. Ils nommèrent l'un d'eux, le chef de bataillon Chapotot, commandant provisoire de la garde nationale, en remplacement du général Baudesson.

J'assistai à cette réunion et j'ai eu l'honneur de collaborer au manifeste suivant par l'adoption duquel elle s'est terminée :

CITOYENS,

Un malentendu regrettable a fait prendre les armes à toute la garde nationale de Lyon et a amené des faits graves qu'elle réprouve à l'unanimité. Revenus de leur surprise, tous les officiers, en présence de leurs chefs de bataillon, réunis en une pensée de dévouement absolu à la République, viennent faire cesser, avec ce malentendu, les inquiétudes de la population. Le suffrage universel, base unique de nos institutions républicaines, a été violé en la personne des mandataires élus de la Commune de Lyon. Un Comité, contre le vœu de la délégation des officiers de la garde nationale qui voulait le maintien du Conseil municipal, s'est emparé de l'autorité que le peuple ne lui a pas conférée. Il comprendra qu'il doit, lui aussi, se rallier au sentiment de bonne harmonie et à la défense de la République. En conséquence, la garde nationale, par la voix de ses délégués, légalement représentée, se met à la disposition pleine et entière du Conseil municipal élu de la Commune de Lyon. Elle le conjure de rentrer dans la salle de ses délibérations et de veiller au salut de la République, que nous jurons tous de maintenir.

(Suivaient les signatures des chefs de bataillon et du général provisoire Chapotot.)

La presse nous prêta un utile concours. Unis dans un même sentiment de patriotisme et d'honneur, tous les grands journaux signèrent et publièrent, en tête de leurs colonnes, un appel commun à tous les bons citoyens, et pour la première fois peut-être la signature du *Progrès* se

rencontra avec celles du *Salut Public*, du *Courrier* et de la
Décentralisation.

Durant la nuit du 24 au 25, vers deux heures du matin,
je pus pénétrer, sans être reconnu, à l'Hôtel de Ville dans la
salle des lions et jusque dans la cour centrale ; je constatai
que les gens de la Commune étaient en petit nombre ; qu'ils
paraissaient découragés ; que beaucoup d'entre eux étaient
ivres, et j'allai, quelques heures plus tard, faire part au
général Crouzat de ma conviction qu'avec une cinquantaine d'hommes résolus nous pouvions reprendre l'Hôtel
de Ville et en finir avec l'émeute.

UNE HEUREUSE DIVERSION. — LES MOBILES DU RHÔNE
REVIENNENT DE BELFORT. — ÉVASION NOCTURNE DE LA
COMMUNE.

Grâce à une heureuse diversion préparée par la mairie,
nous n'eûmes pas besoin de recourir à la force.

Dans la journée du 24 mars, on pouvait lire sur les murs
de Lyon :

ARRIVÉE A LYON DES MOBILES DE BELFORT

*Les mobiles du Rhône qui faisaient partie de la garnison de Bel-
fort feront demain samedi leur entrée solennelle à Lyon. Les deux
bataillons de ce corps seront échelonnés sur le cours de Brosses à
midi. Le maire de Lyon, entouré de son Conseil municipal, ira les
recevoir à l'entrée du pont de la Guillotière à une heure.*

*Tous les bataillons de la garde nationale sont convoqués pour
assister par détachements à la réception qui sera faite à ces braves
enfants de la cité.*

*Du cours de Brosses, le cortège se rendra à l'hôtel de ville par la
rue de la Barre, la place Bellecour, les quais des Célestins, Saint-
Antoine, d'Orléans, la rue d'Algérie et la place des Terreaux. Le
défilé aura lieu devant le maire et le Conseil municipal, placés sur le
perron de l'hôtel de ville.*

Lyon, 24 mars 1871.

Signé : Hénon.

Pendant la nuit du 24 au 25, sous la protection d'une garde de plus en plus réduite, de moins en moins confiante, la « Commission provisoire de la Commune », en permanence, délibérait.

Ils étaient sept. Le luxe des plafonds, des boiseries, des tentures faisait avec leur accoutrement un contraste auquel d'ailleurs la salle Henri-IV commençait à être habituée.

Accoudés autour de bouteilles vides et de débris de victuailles, dans la fumée des pipes, ils échangeaient leurs réflexions pessimistes sur la prochaine arrivée des mobiles, et sur cette impertinente affiche qui réglait la marche du cortège jusqu'à l'Hôtel de Ville, sans considération de l'autorité nouvelle et de la révolution qu'elle avait accomplie ! Pour un peu ils eussent traité de factieux le maire et son Conseil municipal.

Il n'était pas douteux que les « Belfortains », comme on les appelait, après leur longue absence, leurs souffrances et leur glorieuse participation à la défense de Belfort, rentrant à Lyon, clairons sonnant, tambours battant, sous les plis du drapeau tricolore, seraient accompagnés jusqu'à l'Hôtel de Ville par une foule immense, confondant dans un même enthousiasme les mobiles du Rhône et la municipalité qui venait de les recevoir dignement. Quelle figure allait faire la « Commission provisoire » ? Allait-elle attendre d'être honteusement chassée ?

Un commissaire, — n'était-ce pas Garel ? — ouvrit l'avis qu'il fallait « s'en aller ». Le souci de la vérité m'obligerait peut-être à mettre dans sa bouche une expression plus énergique ; mais l'essentiel, c'est que sa proposition fut trouvée sage et qu'elle fut adoptée par l'unanimité de ses collègues.

Après avoir bourré une dernière pipe, ils s'évadèrent nuitamment, non sans avoir congédié leur garde prétorienne et relevé de sa fonction la sentinelle dont la vigilance assurait la détention du préfet.

Ce citoyen entra dans la chambre où Valentin dormait profondément :

— Citoyen préfet, lui dit-il, en le secouant par l'épaule, vous êtes libre !

Et il lui remettait un papier que le Comité sortant avait laissé sur la table. C'était la démission des citoyens Garel et consorts, ainsi conçue :

COMMUNE DE LYON

Considérant que la Commission provisoire de Lyon, acclamée par la garde nationale, ne se sent plus soutenue ;

Considérant que la garde nationale manquant à ce devoir de soutenir la Commune qu'elle a réclamée, les membres de la Commune se déclarent déliés de leurs engagements envers leurs mandants et résilient les pouvoirs qu'ils avaient reçus d'eux.

Pour la Commission :

Signé : BLANC, PARRATON.

Valentin apprenait, quelques heures plus tard, que son collègue et voisin, le baron de l'Espée, préfet de la Loire, comme lui prisonnier de l'émeute, venait d'être assassiné à Saint-Étienne.

Le 25 mars fut une belle journée pour la population lyonnaise. Au clair soleil du printemps, elle voyait de nouveau flotter, et définitivement cette fois, les trois couleurs nationales sur son Hôtel de Ville ; l'aventure de la Commune, qui semblait devoir finir dans le sang, s'était terminée dans le ridicule et dans le vide par une victoire de l'opinion, et à la satisfaction de ce dénouement pacifique venait se joindre la joie de revoir les braves défenseurs de Belfort.

Le général Crouzat et son état-major, la garde nationale en grande tenue, le Conseil municipal ayant à sa tête l'adjoint Barodet, en l'absence du maire malade, se portèrent au-devant des mobiles du Rhône ; la foule les accueillit par des acclamations enthousiastes et couvrit de fleurs leurs uniformes et leur drapeau.

Mais cette journée de joie patriotique, d'union et de confiance devait être sans lendemain. Le foyer de guerre civile n'était pas encore éteint.

LES DÉPÊCHES DU CHEF DU POUVOIR EXÉCUTIF. — LA LUTTE CONTRE LA COMMUNE DE PARIS RACONTÉE PAR M. THIERS.

Le mois d'avril se déroula en une suite d'alarmes incessantes. Nous suivions avec angoisse les événements de Paris ; le moindre succès des « communards » pouvait avoir une redoutable répercussion parmi leurs partisans à Lyon.

Nous lisions avidement les dépêches circulaires que M. Thiers adressait presque chaque jour aux préfets, aux procureurs généraux, aux procureurs de la République, aux généraux commandant les divisions et subdivisions militaires.

En voici quelques-unes que je retrouve parmi mes papiers ; elles sont l'histoire sommaire des opérations militaires, écrites par celui qui les décidait le plus souvent lui-même et en surveillait de près l'exécution.

Versailles, 2 avril 1871.

Depuis deux jours des mouvements s'étant produits du côté de Rueil, Courbevoie, Nanterre, Puteaux, et le pont de Neuilly ayant été barricadé par les insurgés, le Gouvernement n'a pas voulu laisser ces tentatives impunies et il a ordonné de les réprimer sur-le-champ.

Le général Vinoy, après s'être assuré qu'une démonstration, qui était faite par les insurgés du côté de Châtillon n'avait rien de sérieux, est parti à six heures du matin avec la brigade Daudel de la division Faron, la brigade Bernard de la division Bruat, éclairé à gauche par la brigade des chasseurs du général de Gallifet, à droite par deux escadrons de la garde républicaine. Les troupes se sont avancées sur deux colonnes, l'une par Rueil et Nanterre, l'autre par Vaucresson et Montretout ; elles ont opéré leur jonction au rond-point des Bergères.

Quatre bataillons des insurgés occupaient les positions de Courbevoie, telles que la caserne et le grand-rond-point. De la statue, les troupes ont enlevé ces positions barricadées, avec un élan remarquable. La caserne a été prise par les troupes de marine ; la grande barricade de Courbevoie par le 113ᵉ. Les troupes se sont ensuite jetées sur la descente qui aboutit au pont de Neuilly et ont enlevé la barricade qui fermait le pont. Les insurgés se sont enfuis précipitamment, laissant un certain nombre de morts, de blessés et de prisonniers. L'entrain des troupes hâtant le résultat, nos pertes ont été presque nulles. L'exaspération des soldats était extrême et s'est surtout manifestée contre les déserteurs qui ont été reconnus. A quatre heures, les troupes rentraient dans leur cantonnement, après avoir rendu à la cause de l'ordre un service dont la France leur tiendra grand compte. Le général Vinoy n'a pas un instant quitté le commandement.

Les misérables que la France est réduite à combattre ont commis un nouveau crime. Le chirurgien en chef de l'armée, M. Pasquier, s'étant avancé seul et sans armes trop près des positions ennemies, a été indignement assassiné.

Signé : A. THIERS.

Le 3 avril, ayant hâte de venger ce premier échec, l'armée de la Commune tente l'épreuve de la sortie en masse si souvent réclamée pendant le siège. Dans les deux dépêches suivantes, M. Thiers nous fait, avec la compétence militaire dont il se flattait, le récit de la défaite des fédérés :

Versailles, 3 avril.

Excités par le combat d'hier, les insurgés ont voulu revenir sur Courbevoie, et ils se sont portés en masse sur Nanterre, Rueil et Bougival. En même temps une colonne descendait du nord sur Bezons, Chatou et Croissy. Le mont Valérien, dès le point du jour, a ouvert son feu sur les colonnes, et chaque obus qui tombait sur elles mettait en fuite les groupes atteints. Les insurgés ont cherché alors un refuge dans Nanterre, Rueil et Bougival, et ils ont essayé d'attaquer nos positions. Les brigades Garnier, Daudel, Dumont, avec deux batteries de réserve de 12, les ont vivement canonnés et les ont bientôt obligés à lâcher prise. Le général Vinoy qui s'était porté sur les lieux et qui avait à sa droite la cavalerie du général Dupreuil, ayant menacé de les tourner, ils se sont dispersés en désordre et ont laissé en fuyant le terrain couvert de leurs. morts et de leurs blessés.

C'était une affreuse déroute. Au même instant, à l'extrémité opposée de ce champ de bataille, les insurgés attaquaient vers Sèvres, Meudon et le petit Bicêtre, en nombre considérable. Ils ont rencontré sur ces points la brigade La Mariouse et l'infanterie du corps des gendarmes. Ces derniers sont entrés dans Meudon fusillés par les fenêtres et se sont comportés avec une admirable valeur. Ils ont délogé les insurgés qui ont laissé un grand nombre de morts dans les rues de Meudon. A droite, les marins du général Bruat et la brigade Dérojat de la division Faron ont enlevé le petit Bicêtre sous les yeux de l'amiral Pothuau qui s'était porté en cet endroit et les dirigeait. La journée s'est terminée par la fuite désordonnée des insurgés vers la redoute de Châtillon. Leur dispersion et leur fuite précipitée sont cause qu'il y a eu plus de morts que de prisonniers. Cette journée qui aura coûté de grandes pertes à ces aveugles, menés par des malfaiteurs, sera décisive pour le sort de l'insurrection. Tout fait espérer qu'elle ne sera pas longtemps à sentir son impuissance et à débarrasser Paris de sa présence.

Signé : A. THIERS.

Les fédérés s'étaient leurrés d'une victoire. Gustave Flourens, dans la nuit du 2 au 3, télégraphiait « qu'il fallait être à Versailles le soir même ; que la victoire était certaine » et pendant la déroute, réfugié dans une maison de Rueil, il était tué d'un coup de sabre par un capitaine de gendarmerie. Exalté jusqu'à la folie, mais intrépide, sincère et généreux, Gustave Flourens méritait une meilleure destinée. Sa mémoire se rattache à notre histoire lyonnaise par le souvenir du commandement que lui avait offert le Comité de Salut public.

La matinée du 4 avril complétait la défaite des fédérés et M. Thiers en achevait le récit :

Versailles, 4 avril.

Les opérations de la journée d'hier ont été terminées ce matin avec la plus grande vigueur. Les troupes étaient restées devant la redoute de Châtillon où des travaux considérables avaient été faits contre les Prussiens. A cinq heures du matin, la brigade Dérojat et la division Pellé étaient en face de cet ouvrage important. Deux batteries de 12 étaient chargées d'en éteindre le feu.

Les troupes dans leur ardeur n'ont pas voulu attendre que ces batteries eussent accompli leur tâche. Elles ont enlevé la redoute au pas de course. Elles ont eu quelques blessés et elles ont fait 1.500 prisonniers. Deux généraux improvisés par les révoltés, l'un appelé Duval a été tué, et l'autre appelé Henry a été fait prisonnier. La cavalerie qui escortait les prisonniers a eu la plus grande peine, à son entrée à Versailles, à les protéger contre l'irritation populaire, jamais la basse démagogie n'avait offert aux regards affligés des honnêtes gens des visages plus ignobles. L'armée poursuit sa marche sur Châtillon et Clamart. Le brave général Pellé, l'un des meilleurs officiers de l'armée, a été blessé à la cuisse d'un éclat d'obus.

Les troupes réunies aux portes de Marseille pour y faire cesser la triste parodie de la Commune de Paris se sont emparées ce matin de la gare du Chemin de fer et sont en marche vers la préfecture [1].

Signé : A. THIERS.

A partir de ce moment, la Commune renonce aux sorties et soutient la lutte derrière les remparts.

M. Thiers continue à nous tenir informés ; il attache une importance particulière à la dépêche suivante, dont il ordonne l'affichage dans toutes les communes de France :

Versailles, 12 avril.

Ne vous laissez pas inquiéter par de faux bruits. L'ordre le plus parfait règne en France, Paris, seul excepté. Le Gouvernement suit son plan et il n'agira que lorsqu'il jugera le moment venu. Jusque-là les événements de nos avant-postes sont insignifiants. Les récits de la Commune sont aussi faux que ses principes.

---

1. La Commune avait été proclamée le 23 mars à Marseille. Les désordres y furent réprimés par le général Espivent de la Villeboisnet, après douze jours d'anarchie et de terreur.

Les écrivains de l'insurrection prétendent qu'ils ont remporté une victoire du côté de Châtillon. Opposez un démenti formel à ces mensonges ridicules. Ordre est donné aux avant-postes de ne dépenser inutilement ni la poudre, ni le sang de nos soldats. Cette nuit, les insurgés vers Clamart ont canonné, fusillé dans le vide, sans que nos soldats devant lesquels ils fuient à toutes jambes, aient daigné riposter. Notre armée tranquille et confiante attend le moment décisif avec une parfaite assurance, et si le Gouvernement la fait attendre, c'est pour rendre la victoire moins sanglante et plus certaine. L'insurrection donne plusieurs signes de fatigue et d'épuisement. Bien des intermédiaires sont venus à Versailles porter des paroles, non pas au nom de la Commune (sachant qu'à ce titre ils n'auraient pas même été reçus), mais au nom des républicains sincères qui demandent le maintien de la République et qui voudraient voir appliquer des traitements modérés aux insurgés vaincus. La réponse a été invariable. Personne ne menace la République, si ce n'est l'insurrection elle-même. Le Chef du Pouvoir exécutif persévèrera loyalement dans les déclarations qu'il a faites à plusieurs reprises. Quant aux insurgés, les assassins exceptés, ceux qui déposeront les armes auront vie sauve. Les ouvriers malheureux conserveront pendant quelques semaines les subsides qui les font vivre.

« Paris jouira comme Lyon, comme Marseille, d'une représentation municipale élue, et comme toutes les autres villes de France, fera librement les affaires de la cité ; mais pour les villes comme pour les citoyens, il n'y aura qu'une loi, une seule, et il n'y aura de privilège pour personne. Toute tentative de sécession essayée par une partie quelconque du territoire sera énergiquement réprimée en France ainsi qu'elle l'a été en Amérique. Telle a été la réponse sans cesse répétée, non pas aux représentants de la Commune que le Gouvernement ne saurait admettre auprès de lui, mais à tous les hommes de bonne foi qui sont venus à Versailles s'informer des intentions du Gouvernement.

Signé : A. THIERS.

« Personne ne menace la République », disait M. Thiers. Il est curieux de rapprocher de cette affirmation la lettre suivante que Le Royer m'écrivait de Versailles le 27 avril :

. . . .

Je crois que le Gouvernement s'est décidé à frapper un grand coup. Depuis ce matin vers cinq heures les troupes se dirigent en nombre considérable du côté de Paris. Je viens de voir passer sous mes croisées trois bataillons de marins. Cette lutte impie devient un véritable cauchemar. Vous savez si j'ai l'horreur du sang ; mais j'en arrive à souhaiter ardemment une solution coûte que coûte, car je suis convaincu qu'en se prolongeant cette situation donne toutes les chances *au* Bonaparte, en condamnant peut-être définitivement la République.

Hier au soir, on assurait que la fusion orléano-légitimiste était conclue ; que *le* Chambord [1] adoptait le comte de Paris, et que MM. les royalistes allaient arborer franchement les fleurs de lys.

Je n'en crois pas un mot ; cependant la rage des royalistes contre Thiers s'accentue d'une façon à rendre vraisemblable, sinon un accord entre les deux fractions, au moins un plan commun pour tuer la Républiques.

Qui m'aurait dit qu'un jour je soutiendrais de mes vœux et de mes votes M. Thiers [2] ?

Mes amitiés à tous vos substituts.

Parmi les porteurs de paroles de conciliation, dont parlait M. Thiers, venus à Versailles moins « pour s'informer des intentions du Gouvernement » que pour peser sur ses résolutions, devaient se rencontrer naturellement les délégués du Conseil municipal de Lyon.

Dans sa séance du 10 avril, le Conseil avait nommé une délégation « ayant pour mission d'amener les *belligérants* à une conciliation ». Elle était composée des citoyens Vallier, Crestin, Barodet, Outhier et Ferrouillat.

Quelques jours avant, le Conseil avait voté une adresse à l'Assemblée nationale où il était dit : « Vous n'avez laissé passer aucune occasion de vous montrer hostiles à la République... Lorsque vous vous êtes obstinés à refuser à Paris la satisfaction qui lui est due, à ne pas entrer dans la

---

1. « *Le* Chambord, *le* Bonaparte » étaient des formes familières sous lesquelles *le* Royer aimait à affirmer son républicanisme.

2. Quoique Le Royer eût été élu le 8 février sur la liste des journaux conservateurs, il passait sous l'Empire pour être à Lyon le chef du parti radical. Il avait appuyé la candidature intransigeante de Bancel contre celle du Dr Hénon, jugée trop modérée. Il raillait volontiers l'aristocratie républicaine, où se distinguaient ses confrères, Ferrouillat et Varambon.

voie de la conciliation, nous avons éprouvé une bien douloureuse surprise. »

On comprend que, précédés par cette irrespectueuse manifestation, les délégués lyonnais durent recevoir à Versailles un accueil réfrigérant.

Ils ne furent pas beaucoup mieux reçus à Paris où l'approche d'un tragique dénouement exaltait le fanatisme des membres de la Commune. Léo Meillet ne disait-il pas : « Quiconque parle de conciliation est un traître ! »

A leur retour, dans la séance du 25 avril, Ferrouillat donnait lecture du rapport des délégués, écho lamentable de leurs déceptions : « Nous avons demandé, disait le rapporteur, une entrevue à la Commune. Nous avons trouvé là, nous devons le dire, le même parti-pris qu'à Versailles, la même résistance aux idées de conciliation ».

Les dépêches de M. Thiers étaient de plus en plus empreintes d'une confiance communicative.

Aujourd'hui, nous télégraphiait-il le 17 avril, nos troupes ont exécuté un brillant fait d'armes. Du côté de Courbevoie, la division Montandon dirigée par son habile général a fait la conquête du château de Bécon. Après une vive canonnade, le jeune colonel Davoust duc d'Auerstadt s'est lancé à la tête de son régiment et a enlevé le château. Nos troupes du génie se sont hâtées de commencer un épaulement avec des sacs de terre et d'établir une forte batterie. La position d'Asnières ainsi contrebattue ne pourra plus inquiéter notre tête de pont de Neuilly. Nous n'avions pas d'autre objet, persistant toujours à éviter les petites actions jusqu'à l'action décisive qui rendra définitivement force à la loi.

Signé : A. THIERS.

LYON DERNIER ESPOIR DE LA COMMUNE. — LE COMPLOT DE GENÈVE. — L'ARRESTATION DES ÉMISSAIRES.

Il n'est plus possible aux moins clairvoyants de ne pas prévoir l'issue prochaine et fatale de « l'action décisive » annoncée par M. Thiers. Chaque jour, le siège devient plus étroit ; l'artillerie de l'armée nationale reconstituée écrase les forts et menace le mur d'enceinte. La solennelle intervention de la franc-maçonnerie, qui plante sur les remparts les bannières des loges, n'arrête pas le bombardement.

Il reste à la Commune un espoir : c'est le soulèvement des villes du Midi, la marche de leurs renforts au secours de Paris, la nécessité pour le Gouvernement de diviser ses forces. Lyon domine la vallée du Rhône : Lyon est acquis au programme d'autonomie communale et de révolution sociale ; c'est à Lyon que la Commune envoie ses délégués dans la seconde quinzaine d'avril pour provoquer une dernière insurrection.

Les 16 et 17 avril, la générale est plusieurs fois battue dans les quartiers de la rive gauche du Rhône par ordre des Comités révolutionnaires. J'ai sous les yeux un ordre portant le timbre d'un « Comité central ». Il est ainsi conçu :

> Ordre est donné au citoyen Granger de faire battre la générale et de mettre en armes la garde nationale dans son quartier, à la Guillotière.
>
> *Pour le Comité révolutionnaire de salut de la France :*
>
> Pour le Président :
>
> *L'un des secrétaires,*
>
> (Signature illisible.)

Ces appels aux armes sont réitérés sans succès.

Mais une tentative plus sérieuse nous est révélée par des correspondances saisies et par les renseignements du communard X..., au service de la préfecture, dont il composait, je crois bien, toute la police secrète.

Aidés par des Lyonnais réfugiés à Genève après les

émeutes des 28 septembre et 22 mars, les émissaires de la Commune enrôlaient dans cette ville des soldats prisonniers et des habitants de la Haute-Savoie venus pour vendre leurs denrées.

Une troupe de cinq cents hommes, armés de fusils chassepots, devait mar;her sur Lyon, en recrutant des adhérents sur son passage [1]. On proclamerait la Commune ; on arrêterait, comme au 4 septembre, les principaux fonctionnaires et magistrats ; on prendrait des ôtages.

Au besoin, Lyon servirait d'asile à la Commune de Paris, et soutiendrait un siège, grâce aux munitions et à tous les approvisionnements accumulés pour l'éventualité d'un investissement par l'armée allemande.

Le 29 avril, deux complices de cette machination furent arrêtés au palais de justice, à la porte de mon cabinet, c'était Payet, désigné pour occuper après le succès le poste de directeur de la Sûreté, et Codex auquel on attribuait de noirs desseins contre ma personne, parce qu'il avait dans sa poche, au moment de son arrestation, une lame triangulaire, grossièrement emmanchée, dont la pointe, protégée par un bouchon de liège, était aiguisée avec soin. Ces gens étaient munis de mandats de la Commune provisoire.

Dans la soirée du même jour, je fis arrêter plusieurs émissaires dont le départ de Genève m'avait été annoncé ; l'un d'eux, Albert Leblanc [2], délégué de la Commune, était porteur d'affiches qu'il devait faire placarder dans la nuit du 29 au 30.

J'ai conservé un exemplaire de chacun de ces documents, dont je reproduis le texte. C'était d'abord la proclamation suivante de la Commune de Paris :

1. *Annales de l'Assemblée nationale.* Rapport de Ducarre, député du Rhône, sur le rôle de l'Internationale dans l'insurrection du 18 mars.

2. Nous avons déjà constaté l'intervention de ce même Albert Leblanc, dans une réunion d'officiers de la garde nationale qui avait préparé l'insurrection du 22 mars.

RÉPUBLIQUE FRANÇAISE

LA COMMUNE DE PARIS AUX DÉPARTEMENTS

CITOYENS,

L'heure de la Révolution définitive a sonné et chaque coup de canon qui se tire à Paris est un appel à la grande revendication des peuples, au soulèvement dernier, nous l'espérons, de ceux qui souffrent contre ceux qui oppriment.

L'instant est solennel, il vous faut choisir.

Les ennemis de la Révolution ont posé la question eux-mêmes.

Avec eux, c'est la Réaction, c'est-à-dire le retour au passé, l'exploitation du travail et de l'intelligence par le capital ; la pensée comprimée et soumise à la férule du Jésuitisme ; vos fils enrégimentés malgré eux pour prêter main-forte à vos tyrans et à vos bourreaux ; c'est la misère pour vos familles ; c'est la mort ou la déportation pour quiconque a osé ou osera lever la tête pour protester encore contre vos maîtres rentrés en possession de leur puissance et de leurs privilèges.

Avec nous c'est l'avènement de la Liberté, qui donne à chacun l'entière extension de toutes ses facultés, c'est l'Égalité qui assurera à tous des droits égaux, c'est la Fraternité qui unira l'humanité entière dans un effort commun d'où sortira le règne de la justice universelle.

Choisissez ! il est temps encore.

Malgré leurs proclamations mensongères, nos ennemis tremblent dans Versailles. Levez-vous et ils tomberont, ne laissant derrière eux dans l'histoire que le souvenir de leurs assassinats et la trace lugubre de leurs dévastations.

A votre poste, citoyens des départements ; nous sommes au nôtre, prêts à mourir pour vous et pour la cause trois fois sainte, de la Raison, de la Justice et du Progrès universels.

VIVE LA RÉPUBLIQUE DÉMOCRATIQUE SOCIALE ET UNIVERSELLE !

Signé : FÉLIX PYAT, VAILLANT, DELESCLUZE, COURNET, VARLIN, TRIDON, MALON, RANVIER.

Pour copie conforme :

Signé : Ch. DUMONT, A. LEBLANC, CAULET DE TAYAC[1],

Délégués de la Commune de Paris.

1. Caulet de Tayac avait été secrétaire de Raoul Rigault.

La seconde affiche était ainsi conçue :

COMMUNE DE LYON

CITOYENS,

L'heure est venue ; la cité lyonnaise, la première qui, le 4 septembre ait revendiqué ses droits à la Commune, ne peut pas plus longtemps laisser égorger sa sœur, l'héroïque cité de Paris.

Les traîtres de Versailles ont dépassé leur mandat ; après avoir accepté pour la France, sans discussions, toutes les conditions faites par l'ennemi, ils veulent encore s'imposer à nous comme gouvernement constituant, servant d'échelon à une royauté.

La population lyonnaise a voulu voir jusqu'où irait leur audace, mais sa patience est à bout, et elle ne peut souffrir plus longtemps qu'une Assemblée factieuse agite en France le drapeau de la guerre civile.

Les élections municipales étaient le dernier coup porté à la République ; ce sera le signal de la chute de nos oppresseurs.

En conséquence :

Les révolutionnaires lyonnais, tous d'accord, se sont assemblés et ont nommé une Commune provisoire, ayant les pouvoirs les plus étendus.

Cette Commune, sans se faire connaître, a préparé la Révolution qui s'accomplit aujourd'hui et restera dépositaire de tous les pouvoirs jusqu'à ce que, dans un bref délai, des élections logiques et opportunes soient faites.

La situation actuelle est difficile, citoyens, et nous comptons sur votre concours énergique ; mais les membres qui composent la Commune provisoire sont résolus à employer tous les éléments de succès qui sont en leur pouvoir, et ils sont surtout résolus, plutôt que de se voir ravir la victoire, à ne faire qu'un monceau de ruines d'une ville assez lâche, pour laisser assassiner Paris et la République.

Vive la République démocratique, sociale et universelle.

La Commune provisoire :

Signé : RIVOIRE, BERGERON, BRUGNOL, C. BLANC, BOURET, TACUSSEL, PÉLÉA, VELAY, AUDOUARD.

Ces noms étaient ceux d'hommes obscurs, mais par là même ne portaient pas ombrage aux farouches égalitaires, et inspiraient confiance aux ouvriers socialistes, comme paraissant être ceux de citoyens sortis du peuple et dévoués à la cause populaire.

Quant à la menace de destructions et de ruines, qui terminait leur séduisante proclamation, les incendies de Paris démontrèrent bientôt qu'elle n'était pas une vaine jactance !

L'INSURRECTION DU 30 AVRIL. — LES BARRICADES A LA GUILLOTIÈRE. — VALENTIN BLESSÉ. — LA RÉPRESSION.

Fût-ce l'heureux effet des arrestations du 29 avril ? Toujours est-il que la colonne annoncée ne partit pas de Genève. Nous devions craindre, néanmoins, des désordres pour le lendemain.

Le 30 avril, avaient lieu dans toutes les communes de France des élections municipales, en exécution de la nouvelle loi, votée le 14 avril par l'Assemblée nationale. C'est contre ces élections que protestait l'affiche de la « Commune provisoire », comme n'étant ni «logiques », ni « opportunes », et comme devant être « le dernier coup porté à la République ».

Elles avaient le tort d'être ordonnées par l'Assemblée nationale, en vertu d'une loi qui n'acceptait pas le principe d'autonomie, et surtout de devoir tourner, selon toute apparence, contre le parti de la Commune.

Je vis le préfet le 30 avril au matin ; il me fit connaître qu'au cas d'émeute le canon du fort Saint-Just donnerait le signal du rassemblement des troupes sur la place Perrache, où lui-même retrouverait le général Crouzat.

J'allai à la maison d'arrêt me rendre compte de l'importance des arrestations de la veille et interroger les prisonniers.

Sur l'invitation du directeur, j'y restai à déjeuner. Nous avions quitté la table et j'avais repris mon interrogatoire, lorsque des coups de canon répétés retentirent longuement et me serrèrent le cœur : c'était le signal des événements redoutés.

Je me rendis en hâte à l'Hôtel de Ville ; j'y arrivai au moment où le préfet partait pour rejoindre le général ; je montai dans la voiture de Valentin et, durant le trajet de la place des Terreaux à la place de Perrache, j'appris de sa bouche ce qui s'était passé depuis que je l'avais quitté.

Quand les électeurs s'étaient présentés le matin pour voter à la mairie de la Guillotière, ils avaient trouvé la salle occupée par des bandits en armes qui les avaient repoussés, après avoir déclaré, au nom de la Commune de Lyon, que les élections n'auraient pas lieu. Une trentaine d'entre eux formaient un demi-cercle de sentinelles devant la porte ; vêtus presque tous d'uniformes de gardes nationaux, ils comptaient dans leurs rangs trois déserteurs de l'armée.

Le général Crouzat avait envoyé, pour rétablir l'ordre et faire respecter le scrutin, deux bataillons du 38e de ligne.

C'est toujours une grave imprudence de mettre en contact des troupes d'infanterie avec une foule ameutée sans les faire précéder par des forces de cavalerie, de gendarmerie ou de police, surtout en des temps où l'autorité du Gouvernement est contestée, le devoir incertain, la discipline chancelante.

Ce qu'il fallait prévoir arriva ; le 38e fut accueilli aux cris de : « Vive la ligne ! » Des gardes nationaux se glissèrent dans les rangs ; les femmes, qui ont toujours un rôle dans les émeutes, entourèrent les soldats, leur criant : « Vous ne tirerez pas sur vos frères ! »

Les soldats levèrent-ils la crosse en l'air ?

Des témoins l'ont affirmé ; Valentin à ce moment le croyait. Depuis, les officiers du 38e ont assuré qu'on avait calomnié leurs hommes ; que des crosses assez nombreuses en effet avaient été levées, mais par des gardes nationaux entrés dans les rangs des soldats pour y jeter le désordre et la confusion.

Il faut tenir compte de la protestation des officiers, inspirée par le souci de l'honneur du régiment. Mais il est certain que la discipline de ces bataillons, noyés dans la foule, confondus avec elle, était compromise et que les officiers prirent le bon parti en ramenant le 38e vers la place Perrache, tandis qu'il en était temps encore.

Depuis, des barricades avaient été élevées aux abords de la mairie ; les insurgés avaient fait de nombreuses recrues, venues de tous côtés ; ils occupaient tout le quartier et s'étaient fortement retranchés à la mairie et dans les rues voisines.

Nous ne pouvions compter pour la répression que sur l'armée, et l'aventure de la journée disait assez sous quelles réserves. Il fallait d'ailleurs agir sans retard. Fière du succès de ses prévisions dans l'affaire du 22 mars, la municipalité avait insisté pour éviter une fois encore une intervention militaire ; mais chaque heure augmentait les forces de l'insurrection en même temps que sa confiance et son audace.

Les émeutiers étaient armés de chassepots et pourvus abondamment de cartouches, d'armes et de munitions provenant encore du pillage des forts dans la journée du 4 septembre.

Ayant rejoint le général Crouzat, nous tînmes avec lui et ses principaux officiers un conseil d'où sortit une prompte décision. Les troupes furent divisées en deux colonnes : la principale, commandée par le général, devait s'avancer avec le préfet, qu'accompagnait M. de Gourlet, commissaire central, par les quais de la rive droite du Rhône, traverser le fleuve au pont de Guillotière, et déboucher en face de la mairie. L'autre, moins importante, comprenant une demi-batterie d'artillerie, commandée par le capitaine Nicolas, deux bataillons du 38e de ligne, sous les ordres du lieutenant-colonel Courtot, et quelques cavaliers, traverserait le Rhône, en sortant de la place Perrache, par l'ancien pont Napoléon, suivrait les quais de la rive gauche, puis la rue de Marseille jusqu'aux barricades. Je marchais en tête de cette seconde colonne ; j'avais dans le dos les bataillons inquiétants du 38e, si malheureux dans leur précédente tentative. Je devais faire les sommations.

A peine en route, l'officier qui commandait la batterie me déclara qu'il se bornerait à faire tirer à blanc. J'insistai vivement, lui demandant de faire tirer deux coups à blanc, mais ensuite, quand la foule plus ou moins inoffensive serait ainsi avertie et écartée, de ne pas hésiter à canonner sérieusement les barricades et leurs défenseurs.

Les officiers des autres corps m'entourèrent et m'appuyèrent, rappelant que le général Crouzat venait de me confier le soin de diriger l'attaque et que j'en avais la responsabilité ; que nous n'allions pas à une parade ; que nous ne serions pas ménagés par les balles des insurgés ; que nous avions le devoir de rétablir l'ordre.

L'artilleur me demanda un ordre écrit, voulant, disait-il, dégager sa responsabilité, au cas où, après l'action, le procureur de la République ne serait plus là pour lui prêter son témoignage.

Je déchirai une page de mon carnet, et j'écrivais en ces termes, au crayon, l'ordre qui m'était demandé :

Après les sommations légales, deux coups à blanc ; après quoi tirer sérieusement.

Le Procureur de la République,

ANDRIEUX.

Je reproduis textuellement ce document parce que l'officier qui l'avait reçu me l'a renvoyé de Dijon, avec sa carte, il y a quelques années.

Quand nous fûmes en haut de la rue de Marseille, je fis, à la tête des troupes, trois sommations, accompagnées de roulements de tambours. Les insurgés répondirent par des coups de fusil ; ce sont eux qui ont commencé le feu ; un tambour du 38e tomba, gravement blessé, près de moi.

Puis il y eut comme un moment d'hésitation. Croyant encore à la popularité dont j'avais joui, à l'ascendant de ma parole auprès de ces républicains lyonnais qui, sous l'Empire, m'avaient si souvent acclamé, et préoccupé d'éviter, s'il était possible, l'effusion du sang, je m'avançai en parlementaire et, faisant signe que je voulais parler, j'essayai de haranguer les insurgés.

J'avais obéi à l'impulsion d'une confiance insensée : je fus saisi, enlevé par ces hommes, et, séparé des soldats qui bien vite me perdirent de vue dans l'obscurité de la nuit tombante.

A ce moment je me crus perdu ; ma poitrine était menacée par les baïonnettes des gens à la merci desquels je me trouvais ; l'un d'eux, à bout portant me mettait en joue ; je doute qu'il eût tiré ; car il ne le pouvait sans risquer d'atteindre ses complices ; je n'en suis pas moins reconnaissant à un tisseur, nommé Fuzier, qui releva le canon du fusil. Instinctivement j'avais mis la main sur le revolver qui, depuis mon arrestation à la Croix-Rousse, ne me quittait pas ; mais le souvenir du commandant Arnaud était trop près de moi pour que je fusse tenté de me servir de cette arme et je dissimulai bien vite un geste à peine commencé.

Aidé de quelques boutiquiers du quartier, le brave Fuzier cherchait à gagner du temps. Je l'entendais qui disait : « Il faut le faire passer devant un Conseil de guerre ! On ne peut pas l'exécuter sans jugement ! »

Je me débattais sans violence et sans prétendre me dégager, cherchant seulement à me rapprocher des troupes, d'où pouvait venir le salut.

Tous ces faits, rapides, précipités, prirent moins de temps qu'il ne m'en faut pour en écrire le récit.

Tout à coup je sentis une violente secousse ; je tombai pêle-mêle avec les gens qui me tenaient au collet et par les bras. Une charge de cavalerie venait de balayer la chaussée. Je me relevai, mes vêtements en lambeaux, avec de douloureuses contusions. Sans m'attarder à regarder les insurgés qui grouillaient autour de moi, parmi leurs armes éparses, craignant de ne pouvoir rejoindre ma colonne, je m'échappai par une petite rue perpendiculaire au quai du Rhône et à la rue de Marseille.

Débouchant par le pont de la Guillotière, la colonne de Valentin venait d'ouvrir le feu contre la mairie, et quoique je fusse fort à droite de la direction du tir, des balles égarées sifflaient de mon côté.

Je gagnai, en me baissant, le parapet du quai du Rhône, et, sous la protection de cet abri, j'arrivai jusqu'à l'entrée du pont, où je me fis reconnaître.

— Dans quel état vous a-t-on mis ? me dit Valentin en me tendant la main.

Hélas ! Il ne devait pas tarder à être lui-même plus gravement atteint.

Suivant le cours de Brosses (aujourd'hui cours Gambetta) nous marchions vers la mairie, point de jonction des deux colonnes, quand Valentin tomba à côté de moi, en poussant une exclamation qui paraissait trahir plutôt de la surprise que de la douleur.

Il venait d'être blessé à la jambe par une balle qui, ayant traversé le mollet de bas en haut, n'avait pu être tirée que de l'intérieur d'une cave.

J'aidai à relever Valentin et à le transporter dans une

voiture du train des équipages, où sa jambe étendue reposait sur une banquette faisant face à celle sur laquelle il était assis.

Déjà dans cette même voiture avait été recueilli un insurgé, dont les arcades sourcilières avaient été brisées et le front horriblement labouré par une balle. Inconscient de ce qui se passait autour de lui, ce malheureux laissa retomber sa tête sur l'épaule du préfet dont le manteau fut couvert de sang et d'immondices. Je voulus délivrer Valentin de cet importun voisinage et repousser l'insurgé vers l'autre extrémité de la voiture ; mais, avec cette exquise bonté dont il ne se départit jamais au milieu des sévérités que lui imposèrent les circonstances et ses fonctions, Valentin, oubliant sa propre blessure, exigea qu'on ne dérangeât pas l'homme qui tout à l'heure n'eût point hésité à le tuer ; il continua à lui servir d'oreiller jusqu'à l'hôpital militaire, où je laissai l'un et l'autre aux soins également dévoués des bonnes Sœurs.

J'allai de là à l'hôtel de ville, où j'appris qu'à deux pas du palais municipal, dans une brasserie de la rue Puits-Gaillot, entourés de leurs amis, les délégués de la Commune de Paris attendaient l'issue de la lutte.

Je requis quelques gardes nationaux, parmi lesquels M. Chaumer, négociant, M. Rafin, ancien agent de change, M. Radisson, raffineur, et avec eux j'entrai dans une salle enfumée où deux des signataires de l'affiche de la Commune, attablés devant des bocks à côté de soucoupes amoncelées, Dumont et Caulet de Tayac, se laissèrent arrêter et dépouiller de leurs revolvers sans résistance.

Puis, accompagné jusqu'au pont par M. Crozier, secrétaire du parquet, je retournai à la Guillotière. La troupe avait enfoncé les portes de la mairie et avait fait ses défenseurs prisonniers ; le combat était presque terminé ; cependant on entendait encore le sifflement prolongé des balles,

que de temps en temps nous envoyaient les émeutiers,
hasardant leur coup de fusil à l'angle d'une rue, dans l'obscurité de laquelle ils disparaissaient aussitôt. Leurs balles
traversaient le Rhône et firent des victimes parmi les passants inoffensifs qui longeaient le quai de l'hôtel-Dieu.
Quelques coups de feu partaient aussi des fenêtres ; chaque
fois la troupe ripostait ; mais ces fusillades se faisaient de
plus en plus espacées.

Je passai le reste de la nuit près du général Crouzat qui,
dans la répression de cette émeute, montra autant de sentiments d'humanité que d'énergie et de résolution [1].

UN LENDEMAIN D'ÉMEUTE. — M. THIRIOT PROCUREUR
GÉNÉRAL. — LA CROIX-ROUSSE DÉMOLIT SES PROPRES
BARRICADES.

Aux premières lueurs du jour, il n'y avait plus de combattants en face de l'armée : des vitres brisées, des portes,
des devantures de boutiques trouées par des projectiles,
du sang sur les pavés, quelques cadavres livides, ramassés
dans les rues et provisoirement rangés près du pont de la
Guillotière décelaient seuls les sinistres événements de la
nuit.

On se montrait avec curiosité les trous ronds et nets dans
les vitres, percés comme à l'emporte-pièce par les balles
des chassepots. La mairie, qui avait été le principal objectif
de la lutte, criblée de balles et d'obus, était comme étoilée
de cicatrices blanches.

Les blessés furent envoyés à l'hôpital militaire ; une trentaine de prisonniers furent conduits à la maison d'arrêt,
sous bonne escorte.

---

1. Un incident déplorable de la journée du 30 avril fut la débandade d'un
peloton du train des équipages qui fraternisa avec les émeutiers. Les hommes
qui le composaient furent arrêtés et conduits à l'état-major de la place par
des gardes nationaux.

Les pertes de la troupe s'élevaient à trente hommes environ, morts ou blessés. Parmi les morts, le chef de bataillon Jean Goujon, des mobiles du Rhône, qui, après avoir échappé aux obus de l'ennemi pendant le siège de Belfort, s'était mis à la disposition du général Crouzat et venait de se faire tuer à la Guillotière par une balle française.

On évaluait à cinquante-deux morts ou blessés les pertes des insurgés ; mais ils avaient emporté et caché la plupart de leurs blessés par crainte du Conseil de guerre.

J'allai quitter mes vêtements déchirés, éponger mes ecchymoses, prendre un peu de nourriture et de repos. Puis, me souvenant que j'avais un procureur général, dont j'avais peut-être trop négligé de prendre les instructions, je me rendis vers onze heures du matin au palais de justice.

M. Thiriot, ancien procureur général près la Cour de Colmar, avait succédé à Le Royer. Bon jurisconsulte, procédurier consommé en matière criminelle, n'ignorant rien de ce qui concerne l'administration d'un parquet, il cachait, sous une apparente neutralité politique, son éloignement pour les institutions nouvelles : c'était un magistrat correct, tel qu'il en fallait au régime défini par M. Thiers « la République sans les républicains ».

Je trouvai M. Thiriot à son Parquet, feuilletant Dalloz et Sirey, compulsant les textes et les arrêts, en vue de l'instruction à ouvrir et des poursuites à exercer contre les auteurs et complices des événements de la veille.

Il m'adressa des éloges trop flatteurs, puis il ajouta gravement : « Toutefois, Monsieur le procureur de la République, j'ai un reproche à vous faire. Vous ne m'avez pas informé de ce qui se passait, pendant la journée d'hier. Veuillez ne pas oublier qu'à l'avenir, en pareille occurrence, je veux être à côté de vous. »

Je m'inclinai et j'exprimai l'espoir que nous ne verrions plus de pareils événements. Je m'abstins d'ajouter que, prévenu moi-même par les canons des forts, j'avais jugé superflu et peut-être indiscret tout autre avertissement.

Dans tous les quartiers autres que la Guillotière, les élections du 30 avril s'étaient passées régulièrement. Cependant à la Croix-Rousse, quoique les électeurs n'eussent pas été empêchés de voter, il y avait eu des désordres. Les insurgés avaient occupé la mairie après le dépouillement du scrutin. Le nouveau commandant de la garde nationale, le général Bourras, qui s'y trouvait, avait failli rester leur prisonnier et n'avait dû son salut qu'à la vitesse de son cheval.

Deux barricades s'élevaient dans la Grande-Rue, plus solides que celles de la Guillotière, parce qu'elles avaient été construites avec moins de hâte. Elles étaient faites de pavés, de barriques et de sacs remplis de terre.

Je montai à la Croix-Rousse ; l'opinion était surexcitée ; on parlait avec colère « du massacre de la Guillotière » ; mais, la leçon de la veille aidant, personne ne prenait les armes, et les barricades étaient délaissées.

Je fis appel au bon sens et à l'intérêt des boutiquiers du voisinage ; ils remirent eux-mêmes les pavés en place ; l'ordre et la circulation furent rétablis sans autre intervention.

VERS LA PAIX CIVILE. — LE DÉSARMEMENT DE LA GARDE NATIONALE. — LE SAPEUR-POMPIER DE L'HÔTEL DE VILLE.

L'échec de l'insurrection lyonnaise eut un retentissement salutaire dans les villes du Midi.

Ce fut la fin des tentatives de soulèvement dans toute cette région.

A Lyon même, dès le lendemain de la répression, il nous fut possible de procéder au désarmement partiel de la garde nationale.

Le préfet prit un arrêté aux termes duquel, « considérant que les 19e, 20e, 21e, 22e bataillons s'étaient rendus complices de l'insurrection par l'inaction des uns, par la présence des autres dans les rangs de l'émeute », il déclarait ces bataillons dissous ; donnait aux gardes nationaux qui en faisaient partie un délai de quarante-huit heures pour déposer leurs armes à la mairie ; les menaçait de l'application des lois si, passé ce délai, ils étaient trouvés porteurs d'armes de guerre.

Quelques jours après, il prenait un nouvel arrêté contre un autre bataillon, des rangs duquel étaient partis des cris de : « Vive la Commune ! »

Le désarmement se fit sans difficultés. A vrai dire, quand les premiers gardes nationaux, le fusil sur l'épaule, la mine confuse, descendirent dans la rue pour obéir aux injonctions préfectorales, les femmes de leurs quartiers, la rage dans le cœur, les insultèrent et, leur mettant le poing près du visage, leur adressèrent les épithètes habituelles de « lâches et de feignants ». Mais l'exemple fut suivi ; ceux qui ne se décidaient pas à porter eux-mêmes leurs armes à la mairie en chargeaient leurs enfants et, pendant deux jours, on vit dans les rues des garçonnets et des fillettes traîner sur le pavé des fusils trop lourds pour leurs petites épaules.

De rigoureuses perquisitions complétèrent l'œuvre des restitutions volontaires. On trouva jusqu'à trois et quatre fusils entre les mains d'un même garde national qui les détenait depuis le 4 septembre, alors que nous manquions d'armes pour nos soldats.

La perpétuelle insécurité où nous nous agitions depuis huit mois était favorisée par cette circonstance que tous les bataillons de la garde nationale faisant à tour de rôle le service de l'Hôtel de Ville, les conspirateurs n'avaient qu'à choisir pour le succès d'une surprise le jour où ils savaient qu'ils ne rencontreraient que des complices parmi les préposés à la garde du préfet.

A partir du moment où les hommes d'ordre furent en majorité dans les seuls bataillons qui eussent conservé leurs armes, la ville put s'endormir sans crainte d'une émeute pour le lendemain.

Les dernières appréhensions de troubles civils disparurent tout à fait quand la loi du 25 août eut supprimé la garde nationale dans toutes les communes de France.

Cette institution, qui s'était montrée également impuissante dans ses manifestations contraires, soit pour rétablir l'ordre, soit pour renverser les pouvoirs établis, commençait à fatiguer, par le temps perdu pour un service inutile, les citoyens désireux de reprendre une vie normale et un travail régulier. Cependant le préjugé qui l'avait rendue populaire, la croyance que son existence était liée à celle de la République, qu'elle était la garantie nécessaire de l'état démocratique, le goût enfin que prend le peuple, comme les enfants, à jouer au soldat, firent craindre l'irritation qu'allait soulever la suppression de la garde nationale.

La municipalité se préoccupa de jeter un manteau sur la nouvelle blessure faite à la démocratie et le palliatif qu'elle imagina fut de remplacer le garde national de faction à l'entrée de l'Hôtel de Ville, non par une sentinelle empruntée à l'armée, dont l'uniforme eût rappelé le temps de l'Empire, mais par un sapeur-pompier, soldat municipal.

Le pompier de l'hôtel de ville égaya la réaction aux dépens de Barodet, qui en revendiqua la paternité ; mais sa tunique bleue, ses grenades enflammées, brodées au velours du collet, son pantalon à bandes écarlates, son casque sympathique contribuèrent à l'apaisement en sauvant les apparences qu'une sage politique a souci de ménager.

POUR CONCLURE

Nous venons d'assister aux dernières convulsions de la Commune lyonnaise, devançant de près d'un mois l'agonie de la Commune de Paris. A Lyon, le désordre commença plus tôt et se prolongea plus longtemps qu'en aucune autre ville de France. Et cependant, en dépit d'une sorte d'exaltation mystique, particulière aux Lyonnais et capable de les porter, dans la sincérité de ses entraînements, jusqu'aux pires violences, nous avons fait, sans d'irréparables avaries, la périlleuse traversée du 4 septembre 1870 au 1er mai 1871.

Sans doute, aucune circonstance atténuante n'est à plaider ni pour les arrestations et les détentions arbitraires qui ternirent les premiers jours de la République, ni pour l'envahissement et le pillage des Couvents et des séminaires, ni pour la folle gestion des finances municipales, encore moins pour les émeutes en face de l'invasion allemande et pour l'horrible assassinat du commandant Arnaud.

Mais qu'est-ce auprès des massacres et des incendies qui désolèrent Paris et jetèrent l'épouvante dans le monde entier ?

L'indignation soulevée par les criminels attentats dont on a lu le récit ne doit pas nous faire oublier les périls plus graves auxquels nous avons échappé. Et pour être équitable, ne faut-il pas reconnaître, sans oublier les fautes commises, que la politique cunctatrice, les transactions de Challemel-Lacour avec le désordre, et les résolutions plus viriles de Valentin eurent les unes et les autres leur heure et leur raison d'être pour le maintien ou pour le rétablissement de la paix publique ?

Peut-être même sans les écarts de son intransigeance autonomiste, le Conseil municipal, perdant la confiance de ses commettants, n'eût-il pu remplir l'utile office de tampon qui lui permit d'amortir le choc de l'insurrection contre l'autorité régulière ? Ainsi, comme par un secret dessein, l'imperfection des hommes et des choses tourne parfois au bien de la communauté.

Je n'irai pas jusqu'à prêter un rôle providentiel au Comité de Salut public. L'ombre de Chapitet ne me le pardonnerait pas ! Mais il me sera permis de penser qu'au lendemain d'une révolution il y a quelque chose de pire qu'un mauvais Gouvernement : c'est l'absence de toute direction ; c'est l'anarchie. *(Omnis potestas a Deo ?)*

III

A LA CHAMBRE DES DÉPUTÉS
AVANT LA PRÉFECTURE DE POLICE

Pour abréger le récit d'une vie abusivement longue, je fais un trou dans la période de réaction qui suivit l'arrivée de Mac-Mahon à la présidence ; je néglige de dire mon évasion de la magistrature, ma rentrée au barreau, mon ascension au Conseil municipal de Lyon et au Conseil général du Rhône, mes pugilats avec le Préfet Ducros, comment je me suis expliqué avec ce *Gentleman*, les nombreux *rounds* après lesquels le Proconsul fut mis *knock-out*.

Toutefois je tiens à rappeler que j'eus alors pour secrétaire un jeune avocat de talent, qui devint un des meilleurs fonctionnaires de la République, et plus souple que son ancien patron, cultiva l'art de réconcilier le Conseil Municipal avec la Préfecture de Police. Le lecteur averti a nommé Louis Lépine.

Cela dit, je prends pour Paris le train rapide.

A LA CHAMBRE DES DÉPUTÉS.

Élu député dans la 4e circonscription du Rhône, le 20 février 1876, avec cinq mille voix de majorité, je résumais mes engagements électoraux en de brefs remerciements où je disais à mes électeurs :

Hier, vous avez fait votre devoir ; aujourd'hui commence le mien.

Je ne vous ai rien promis ; j'espère tenir davantage. La confiance que vous m'avez accordée oblige mon honneur.

Je sais que vos suffrages ont acclamé non ma personne, mais la politique pratique à laquelle j'ai depuis longtemps sacrifié les satisfactions vaines de la popularité.

C'est dans cet esprit que j'entrais à la Chambre et que je prenais place sur les bancs de la gauche, le premier jour de la première législature, dans le voisinage de Gambetta dont j'admirais le patriotisme et l'éloquence.

Les représentants du peuple siégeaient au château des rois, parmi les lambris constitutionnels de Versailles, abritant leur sécurité dans la ville paisible, où l'herbe pousse entre les pavés.

Comme le veut la tradition, la première séance était présidée par le doyen d'âge. C'était François-Vincent Raspail, un vieux savant, qui avait peut-être abusé du camphre, sa panacée, comme de la police et des Jésuites, ses ennemis personnels, mais qui tout de même avait le premier lancé la théorie microbienne à travers les préjugés de la vieille médecine, et préparé les voies aux incomparables découvertes du grand Pasteur.

Ce vieux savant s'était de bonne heure heurté aux récifs de la politique. Depuis la Restauration, il avait connu la prison sous tous les régimes, sans en excepter la République.

Comme il se rendait au fauteuil de la présidence, encadré par deux officiers de la garde républicaine, sabre au clair, qui lui rendaient les honneurs militaires, — on sait que la garde républicaine, c'est la gendarmerie de Paris, — il se tourna vers le jeune M. Pierre, déjà attaché au Secrétariat général de la présidence et lui dit : « C'est la première fois que je suis entre deux gendarmes sans aller en prison. »

L'allocution que lut le doyen, selon l'usage, surprit l'Assemblée par sa modération. Son appel à l'union, à la concorde, au nom de la patrie, fut applaudi sur tous les bancs.

Jules Grévy fut élu président définitif sans concurrent par 462 voix. L'esprit de parti était étranger à cette élection ; nous avions choisi Grévy comme le plus vertueux d'entre nous ; il n'avait pas encore un gendre.

Parmi les vice-présidents, le marquis de Durfort de Civrac, légitimiste. Nous pensions que les minorités doivent être représentées au bureau de la Chambre.

MON DÉBUT A LA TRIBUNE

N'apporter aucune hâte à escalader les degrés de la tribune ; attendre sans impatience une occasion favorable ; écouter longtemps avant de se décider à parler ;.— non qu'il faille chercher dans les discours parlementaires de trop rares exemples de bon goût et de bienséance ; mais pour se familiariser avec les habitudes d'un auditoire dont il serait téméraire d'escompter la bienveillance, et qui cesse d'intimider ceux qui ont appris à le juger à sa valeur : tel est le conseil que j'ose donner à mes jeunes collègues, mais que je n'ai pas suivi.

Il n'y avait pas deux semaines que j'étais venu m'asseoir à la Chambre des députés, à côté de Marcelin-Pelet, — un sage, qui ne parlait pas, — quand, grisé par quelques succès à la barre et dans les réunions publiques, j'y pris pour la première fois la parole, au hasard de l'ordre du jour, me jetant sans préparation dans une discussion qui semblait n'avoir pour moi, comme pour la Chambre, qu'un médiocre intérêt.

J'appuyais les conclusions du 1er bureau, tendant à valider l'élection contestée de M. Bouteille, élu au second tour de scrutin, avec onze voix de majorité, dans l'arrondissement de Forcalquier, Basses-Alpes, contre le vicomte de Salve qui avait eu la disgrâce d'être soutenu par l'administration.

Je ne me doutais pas qu'un jour je serais député de ce même arrondissement ; que ma candidature y serait combattue par l'honorable M. Bouteille et que je compterais M. de Salve parmi mes meilleurs amis.

A Manorque, dont il fut le maire dévoué, ses concitoyens reconnaissants viennent d'élever un monument à la mémoire de M. Bouteille. Ma modeste souscription est le témoignage de mes regrets pour de vieilles querelles où l'un et l'autre nous avons parfois dépassé les bornes de l'équité.

CHEZ MONSIEUR THIERS.

Le 22 juin, j'avais l'honneur d'être invité à dîner chez M. Thiers. J'arrivai en son hôtel de la place Saint-Georges, récemment reconstruit aux frais de la nation, après avoir été brûlé par les incendiaires de la Commune. Je m'inclinai respectueusement devant deux dames âgées qui dormaient dans leurs fauteuils, en attendant les invités. C'étaient Mme Thiers et sa sœur, Mlle Dosne. Ces dames ne se réveillèrent pas.

A l'autre bout du salon, sous un palmier, je rejoignis M. Thiers qui discutait véhémentement avec quelques parlementaires parmi lesquels je reconnus Le Royer, Barthélemy Saint-Hilaire et le comte Roger.

Il expliquait que, pour avoir une bonne armée, il fallait sept ans de service militaire, qu'à la rigueur il se résignerait au service de cinq ans, mais qu'il ne pourrait descendre plus bas. Il gesticulait, assis sur le bras d'un fauteuil. Comme il était petit, ainsi que tous les grands hommes, ses jambes ne touchaient pas le parquet et s'agitaient dans le vide.

Mme Thiers s'était réveillée ; secouant son éventail, elle criait : « Monsieur Thiers, ne faites pas le jeune homme. Vous allez tomber. »

Cet homme d'État tenait à ce titre de *Monsieur* qui soulignait sa condition bourgeoise et lui était tout un programme. Je conserve une carte de visite qui porte en toutes lettres MONSIEUR THIERS. Je crois bien qu'au moment le plus doux, Mme Thiers ne l'avait jamais appelé « Adolphe ».

Au cours du repas, où la qualité des convives avait pour moi plus d'attrait que le menu, mon illustre collègue me demanda ce qui s'était passé à la séance de la Chambre à laquelle il n'avait pas assisté.

Je fus approuvé par tous ceux qui l'avaient entendu, quand je fis l'éloge d'un jeune député du Lot-et-Garonne, dont les débuts sur un sujet qui prêtait peu à l'éloquence, avaient été fort applaudis. L'ordre du jour appelait la discussion d'une proposition Talandier à la recherche des moyens les meilleurs pour combattre les inondations périodiques : « Que d'eau ! Que d'eau ! » Le mot du maréchal était-il un remède suffisant ?

En sa qualité de rapporteur, Armand Fallières avait combattu la prise en considération de la proposition Talandier. C'est de ce pied qu'il s'était mis en route pour la présidence de la République.

TREIZE A TABLE. — VICTOR HUGO.

Quelques semaines après je dînais chez Mme X..., une habituée de nos séances ; — dîner parlementaire : des députés, des sénateurs, un journaliste, quelques dames.

L'heure indiquée pour le repas était largement dépassée. Le sénateur Peyrat s'approche de la maîtresse de la maison :

— Je croyais, Madame, que vous nous aviez invités à dîner ?

— Je vous demande mille fois pardon, cher Monsieur. Il se trouve que nous sommes treize convives. On est à la recherche d'un quatorzième, — car un de nos amis a le préjugé du nombre treize, ajouta-t-elle en baissant la voix.

Sur ce, Peyrat, les deux mains dans ses poches, haussant les épaules, traverse le salon et va à Victor Hugo qui trône dans un fauteuil, près de la marquise Arconati-Visconti, née Peyrat.

— Vous ne savez pas pourquoi nous ne sommes pas à table ? C'est qu'il y a ici un imbécile qui a peur du nombre 13.

— L'imbécile, c'est moi ! répond Victor Hugo, toujours solennel.

LA VÉRIFICATION DES POUVOIRS.

Interrompue par quelques propositions de députés pressés de marquer leur présence au Parlement, la vérification des pouvoirs se poursuivait.

Nous invalidions à tour de bras les élus de la candidature officielle. Pas plus que de la droite, on ne pouvait attendre de la nouvelle majorité des décisions impartiales. N'était-ce pas la République elle-même qui était l'enjeu de ces contestations ? « Dans mon département, me disait Alfred Naquet, député de Vaucluse, *qui tient les urnes, tient l'élection* », et il en concluait qu'il fallait invalider M. Du Demaine. C'est dans cette même région qu'un sous-préfet, soucieux des devoirs de sa fonction, donnait aux maires ce conseil : « Faites sauter un paquet de bulletins ; cela se fait partout. »

Le 24 mars, l'ordre du jour appelait la discussion du rapport sur l'élection du Comte Albert de Mun dans l'arrondissement de Pontivy. La Commission concluait à l'enquête.

Les débuts de l'orateur des cercles catholiques étaient

attendus avec curiosité. La distinction de sa personne, l'élévation de son esprit, l'élégance de son langage lui assuraient de nombreuses sympathies.

Après qu'il eut défendu le clergé breton plutôt que son élection et qu'il eut regagné sa place parmi les applaudissements de la droite, Gambetta se leva et demanda la parole. Comme j'étais assis près de lui, il me dit, avec un injuste dédain : « Ce n'est pas un adversaire ! »

Quelques instants après, à la tribune, par un exorde insinuant, il couvrait de fleurs l'élu de Pontivy qu'il comparait à Montalembert : « Ce n'est pas moi, disait-il, qui voudrais écarter de l'arène politique un champion qui s'annonce sous de telles couleurs, avec de telles prémisses de talent. » Puis il ajoutait : « Ce que nous voulons, ce n'est pas l'annulation de l'élection ; c'est une enquête ; car une annulation pure et simple aurait l'air d'un coup de force, tandis que nous ne demandons que la recherche de la vérité. »

L'enquête était ordonnée. Quatre mois plus tard, l'élection était annulée : le cléricalisme, c'était l'ennemi, suivant le mot que Gambetta avait cueilli à la bouche de Peyrat.

LES ORAGES PARLEMENTAIRES.

Attristés par les scènes de pugilat, précédées d'épithètes homériques, dont ils ont été les témoins ou les complices dès les premiers jours de la treizième législature, mes anciens collègues et quelques nouveaux m'ont souvent demandé si j'avais assisté à de pareils scandales au temps où les Communistes n'avaient pas encore fait leur entrée au Palais-Bourbon, et où le socialisme, avec Louis Blanc, Raspail, Greppo, Cantagrel, était une doctrine de fraternité ?

A vrai dire, notre actuelle députation a dépassé tous les précédents, l'intransigeance a envahi tous les bancs de la Chambre, et le président Painlevé fut excusable de n'avoir trouvé d'autre remède au désordre que son couvre-chef et la suspension répétée de la séance.

Cependant j'avais déjà vu les partis opposés se précipiter, le poing levé, les uns contre les autres, et les huissiers former des barrages pour empêcher des chocs inquiétants. Un député des Bouches-du-Rhône disait à son voisin : « Retiens-moi ! Retiens-moi ! Je sens que je vais faire un malheur ! »

J'ai le souvenir d'une journée où, assis derrière le banc des ministres, admirant que dans cette fourmilière humaine tant de passions pussent déchaîner de telles violences parmi tant de pauvres êtres voués comme moi à une fin prochaine et à la pourriture du tombeau, je tirai de ma poche, dans le tumulte du conflit, mon revolver ; d'ailleurs sans intention homicide, plutôt par amusement, pour voir quel serait l'effet de mon geste.

— Andrieux, me cria Rouvier, ministre des Finances, ne faites pas cela !

— Il n'est pas chargé, répondis-je.

— Ça ne fait rien, reprit Rouvier, de plus en plus ému. Ne faites pas cela !

J'entends encore, en une autre occasion, l'orage soulevé par ce propos de Gambetta : « La pourriture impériale » ; les interruptions répétées, les apostrophes véhémentes lancées par Robert Mitchell, Paul de Cassagnac, d'Ariste et quelques autres bonapartistes.

Le sang-froid, l'autorité, la haute impartialité du Président Grévy apaisaient ces violences qui étaient une exception dans nos anciennes législatures et qui semblent êtres devenues le droit commun de tous les partis.

LES DUELS. — LES TROIS MOUSQUETAIRES.

Je crois bien que l'usage du duel était aussi pour quelque chose dans la meilleure tenue des Assemblées.

Depuis la guerre, duel des peuples, il semble que la coutume des combats singuliers, reste barbare du jugement de Dieu, soit en voie de disparaître. La meilleure preuve en est dans la désertion des salles d'armes. Mais la crainte de la balle ou de l'épée au cas de rencontre, celle de passer pour poltron au cas de refus, le souvenir d'Armand Carrel et celui de Dujarier tempéraient les invectives.

J'ai déjà nommé les champions de la droite ; à leur tête Paul de Cassagnac et Robert Mitchell. A gauche Édouard Lockroy, Georges Clemenceau et Georges Perrin relevaient les défis. On les appelait les trois mousquetaires, et j'ose croire qu'ils étaient quatre, comme dans le roman d'Alexandre Dumas, où d'Artagnan n'est pas compté.

A la suite d'un incident de séance, j'envoyai à Paul de Cassagnac mes témoins : Valentin, sénateur, et Turquet, député.

Paul de Cassagnac, représenté par MM. Lenglé et Cunéo d'Ornano, réclama la qualité d'offensé et le choix des armes. Mes témoins n'ayant pas insisté, la rencontre eut lieu au pistolet dans la plaine de Montrouge, le 13 mars 1878, sous la pluie et dans la boue. Pourquoi Paul de Cassagnac avait-il opté pour le pistolet ? Indépendamment de l'expérience qu'il avait acquise dans les salles d'arme et sur le terrain et qui lui valait une réputation méritée d'escrimeur, il devait au sang mélangé de sa race une longueur de bras non moins redoutable.

J'avais moi-même quelque habitude de l'épée depuis mon premier duel au quartier latin ; mais j'étais sans expérience du pistolet. Athos, je veux dire Clemenceau, m'avait conduit la veille chez Gastine-Renette et m'avait donné ma première leçon de tir au commandement.

Il ne paraît pas que j'en aie profité ; car nous échangeâmes deux balles sans résultat. La pluie qui rompait les lignes, chassée par le vent, fut l'excuse qu'invoquèrent les deux adversaires pour expliquer leur maladresse.

Comme je regagnais avec mes témoins les voitures que nous avions laissées sur la route, Paul de Cassagnac, marchant sur nos talons, voulait engager la conversation :

— Monsieur Andrieux, me dit-il, j'ai entendu votre balle siffler près de mon oreille.

— Monsieur, lui répondis-je, je n'ai pas entendu la vôtre.

Il m'est agréable d'ajouter que, depuis cette rencontre, mes relations avec M. de Cassagnac ont été d'une irréprochable courtoisie.

Durant la dernière législature, son fils a été mon collègue, — un sage qui a renoncé à « tuer la gueuse ».

PROPOS DE COULOIR.

J'avais retrouvé à la Chambre mon ami François Viette, député du Doubs, J'avais plaidé pour son journal, *La Démocratie Francomtoise*, en cour d'Assises, après le 24 mai : il me savait gré d'avoir obtenu l'acquittement.

L'avocat général qui requérait contre Viette, au nom de l'Ordre Moral, s'appelait Guyot-Dessaignes. S'étant fait radical et *vieux républicain*, il devint Garde des Sceaux dans le ministère Floquet.

Le rédacteur en chef de *la Démocratie Francomtoise*, Beauquier, qui lui aussi fut député du Doubs, était impliqué dans la poursuite. Le Garde des Sceaux Dufaure, respectueux de l'inamovibilité de la magistrature, se refusait, malgré l'insistance des gauches, à révoquer les magistrats qui avaient siégé dans les Commissions mixtes après le

2 décembre : « Ils descendront dans leur conscience, avait dit Dufaure avec cette éloquence grave, qui lui venait du nez ; ils prendront la décision qu'elle saura leur suggérer. »

— Descendre dans leur conscience, écrivit Beauquier. Il faudrait qu'ils eussent des bottes d'égoutiers ! »

Viette était l'enfant terrible de la Chambre de 1876, en attendant qu'il devint ministre de l'Agriculture.

De banc en banc, jusqu'à l'hémicycle, il colportait ses bons mots, agrémentés de son accent comtois.

— Savez-vous, disait-il à son compatriote, le sénateur Oudet, maire de Besançon, qui dissimulait sa calvitie sous une perruque rousse ; savez-vous quelle différence il y a entre vous et Jeanne d'Arc ?

Et comme le sénateur du Doubs ne semblait pas apercevoir de différence, le joyeux Viette ajoutait :

— Jeanne d'Arc était de Vaucouleurs, et vous, Oudet, ... vous êtes couleur de veau.

Le président Grévy le grondait paternellement :

— Allons, Viette ! Retournez à votre place. Faites comme moi. Est-ce que je me promène dans l'hémicycle ?

« LE PETIT PARISIEN » ET QUELQUES JOURNAUX DE DIVERSES ENVERGURES.

Sauf de rares exceptions, MM. les journalistes, dispensateurs de la renommée, me témoignaient quelque indulgence. Ils se rappellent sans doute que je fus leur confrère et que je reste leur ami.

Je m'enorgueillis d'avoir fondé *le Petit Parisien*, « le plus fort tirage des journaux du monde entier » si j'en crois son sous-titre.

Ses débuts furent modestes. A notre entresol du faubourg Montmartre, nous n'avions pas prévu le palais de la rue d'Enghien.

Me réservant la direction générale, j'avais divisé mon journal en deux cloisons étanches, chacune ayant son rédacteur en chef.

J'avais confié la politique à Jules Roche, mon ancien confrère du Barreau de Lyon, que j'avais fait venir·de la Savoie pour être Parisien. Il rédigeait à Chambéry *le Patriote Savoisien*.

Henri Fouquier dirigeait la partie littéraire. Je n'ai pas besoin de dire aux lettrés quelle était la valeur d'un tel collaborateur.

Le premier numéro parut le 16 octobre 1876. Le titre était une trouvaille ; la rédaction semblait agréée du public. Mais quelle imprudence était la mienne d'avoir cru que je pouvais, de mes seuls deniers, fonder un journal à Paris !

Je dus bientôt passer la main, heureux d'avoir trouvé un acquéreur qui me remboursa à peu près l'engrais que m'avait coûté mon inexpérience.

Le 27 février 1877, Eugène Schnerb quittait le *XIXe siècle* d'Edmond About pour me succéder au *Petit Parisien*, où il soutînt la politique de Jules Simon. J'avais du moins la satisfaction de penser que je laissais à des mains républicaines le soin de continuer l'œuvre de propagande que j'avais entreprise.

Après plusieurs avatars, le *Petit Parisien* devint la propriété de Jean Dupuy, un habile homme que j'avais connu huissier, quand je fréquentais le Palais.

Jean Dupuy a fait la fortune du *Petit Parisien* ; par une heureuse réciprocité, le *Petit Parisien* a fait la fortune de Jean Dupuy et celle de ses héritiers.

Il y avait longtemps que je n'avais vu l'ancien huissier, devenu sénateur, puis ministre. Sur un refuge de la place de l'Opéra, j'attendais que l'interminable défilé des automobiles me permît, sans écrasement, de gagner le trottoir d'en face.

— Eh ! bonjour, Monsieur Andrieux, me dit un petit monsieur, vieillot, aux yeux éveillés.

— Bonjour, Monsieur, dis-je poliment.

— Vous ne me reconnaissez pas ?

— Point d'interrogation ?

— Nous avons fait un enfant ensemble.

— Nouveau point d'interrogation, plus intrigué ?

— *Le Petit Parisien...*

— Ah ! Monsieur Jean Dupuy. Excusez-moi. Nous avons pris des années depuis cette fornication.

Et nous parlâmes d'autres journaux auxquels j'avais attaché mon nom : la *Ligue*, où j'avais publié mes *Souvenirs d'un Préfet de Police* ; *la Petite République française*, l'ancien journal de Gambetta, toute surprise d'être tombée entre mes mains. Dans un coin de ma rédaction, Pottier Eugène, ancien membre de la Commune, le Rouget de l'Isle de l'*Internationale*, s'était spécialisé dans les *Chiens écrasés*. « Groupons-nous, et demain !... » Mais le *demain* de Pottier Eugène est comme celui du barbier.

J'avais, entre temps, donné des chroniques au *Matin*, chez Edwards ; au *Gaulois*, chez Arthur Meyer ; à *La Nation*, chez Camille Dreyfuss, au *Petit Marseillais* chez Samat ; à *la France*, chez l'ineffable Lalou.

Cet ancien marchand de charbon, qui se croyait le continuateur d'Émile de Girardin, parce qu'il avait acheté son hôtel et son journal, avait des mots invraisemblables, quand il recevait, dans son cabinet de direction, « ses collaborateurs ».

— Messieurs, *la France* est une maison de bon accueil, où chacun peut apporter sa petite pierre d'*achopement*. Mon journal me coûte cher : c'est mon tonneau d'*Adélaïde* ; mais je vais publier un roman dont j'attends un **grand** succès ; ce sera mon *rocher décisif.* »

Lalou n'en devint pas moins député, grâce à l'appui du

général Boulanger qui avait fait afficher : « Voter pour Lalou, c'est voter pour moi-même ! »

Les revues, elles aussi, ont été hospitalières à ma prose. J'en remercie *la Revue des Deux-Mondes*, *le Correspondant*, *la Grande Revue*, *la Revue Hebdomadaire*.

J'en oublie ; mais j'en ai dit assez, je pense, pour faire un nouvel appel à la confraternité bienveillante de Messeigneurs les publicistes. Le *Temps* me fera-t-il l'honneur de se souvenir que je fus l'ami d'Adrien Hébrard, l'homme le plus spirituel de sa génération ?

LE SALON DE Mme ADAM.

J'ai connu Mme Edmond Adam à Oullins, près de Lyon, chez Arlès-Dufour, un vieux Saint-Simonien, dégagé depuis longtemps des excentricités de la Secte, mais resté fidèle aux idées généreuses et humanitaires de sa jeunesse.

L'aïeule d'aujourd'hui était alors une jeune femme d'une rare beauté. Ses traits réguliers, son large front que couronnait une abondante chevelure, ses lèvres sensuelles, ses grands yeux dont j'ai oublié la couleur, mais non la douceur ni l'éclat, s'accordaient avec la distinction de sa personne et la culture de son esprit pour faire de Mme Adam une des femmes les plus séduisantes dont j'aie gardé le souvenir.

Edmond Adam était un parfait gentilhomme, intrépide, loyal, scrupuleux, fidèle à l'amitié comme à la parole donnée, digne à tous égards de l'union qu'après une longue attente, il avait enfin contractée.

Ancien collaborateur d'Armand Carrel au *National*, secrétaire général de la Préfecture de la Seine, puis Conseiller d'État en 1848, il était rentré dans la vie privée durant l'Empire et avait été l'un des fondateurs du Comptoir d'escompte en 1853.

Après Kératry et avant Cresson, en octobre 1870, Adam avait été Préfet de police pendant un mois, puis député de Paris à l'Assemblée nationale, qui venait de le nommer sénateur à vie quand mon mandat de député me ramena à Paris en 1876.

J'eus l'honneur d'être un des habitués du salon de Mme Adam, dans la maison historique du boulevard Poissonnière, — maison Sallandrouze —, encore maculée par les balles du Deux Décembre.

Les Adam, comme nous disions alors, y recevaient des républicains de la veille, de l'avant-veille, du lendemain, et d'autres dont l'orientation se tournait vers la république ou peu à peu les retenait l'aimable hospitalité de nos hôtes ; nous ne comptions plus les recrues que la grâce athénienne de Mme Adam avait conquises aux institutions nouvelles.

Gambetta, sur qui Mme Adam avait une heureuse influence, amenait à ces réunions son entourage, dont les manières s'y polissaient au contact des hommes de lettres, des financiers, des artistes, parmi lesquels j'ai rencontré Edmond About qui reprenait au profit de notre cause les traits étincelants. dont il avait autrefois criblé nos amis ; Émile de Girardin sur qui pesait encore le meurtre d'Armand Carrel, Édouard Detaille, le peintre émouvant du *Régiment qui passe*, Ferdinand de Lesseps, qui était alors « le grand Français », Paul de Saint-Victor, Bonnat, Henner, Carolus Duran, Hébrard, Cernuschi et tant d'autres disparus. Je ne dois pas omettre les parlementaires, depuis Louis Blanc jusqu'à de Marcère dont les opinions opposées et les passions contraires semblaient se fusionner dans un creuset de libéralisme et de fraternité.

Fermé en 1877, après la mort d'Edmond Adam, prématurément emporté par le diabète, peut-être consécutif au traumatisme d'un accident de chemin de fer, Mme Adam rouvrit bientôt son salon afin d'obéir aux dernières volontés de son mari et aux prières de ses amis politiques, conscients des services qu'elle pouvait rendre encore pour la consolidation définitive des institutions toujours menacées.

De la maison Sallandrouze, le salon de Mme Adam avait émigré dans la rue Juliette-Lamber, à laquelle la galanterie du Conseil municipal avait donné le nom patronymique et littéraire de Mme Adam, née Lamber.

Quand venait la belle saison, c'était à l'abbaye de Gif, en un site charmant de la vallée de Chevreuse, que Mme Adam recevait ses invités.

Peu à peu le caractère de son salon s'était transformé. Déjà du vivant de Gambetta, elle avait rompu avec la politique extérieure du parti opportuniste ou plutôt de son chef. Le mot célèbre : « Pensons-y toujours, n'en parlons jamais », n'était à ses yeux qu'une hypocrite dissimulation de l'abandon de la revanche et d'une politique de main tendue vers l'Allemagne qu'elle dénonçait avec amertume, tout en conservant à Gambetta une amitié douloureuse.

Les confidences de Spuller, qui partageait ses déceptions, l'avaient décidée à ouvrir largement sa porte à la littérature, aux beaux-arts, aux amitiés aristocratiques qui venaient à elle sans qu'elle les eût recherchées.

A la table dominicale de l'abbaye de Gif, j'ai déjeuné avec Mme la duchesse de Rohan, Pierre Loti, Saint-Saëns, et sans que je veuille pousser plus loin mon indiscrète énumération, cette trinité me paraît représenter assez exactement le salon de Mme Adam à sa dernière évolution, l'aristocratie de la naissance, des lettres et des arts.

UN AUTRE SALON. — ANATOLE FRANCE COMME CHEZ LUI.

Mme de Caillavet habitait avenue Hoche un élégant petit hôtel où des lettrés se rencontraient avec quelques parlementaires.

Je ne parle pas du mari, un mari quelconque, ni du fils, qui n'était encore qu'un enfant, et ne prévoyait ni sa collaboration avec Robert de Flers, ni l'amitié de Marcel Proust, ni « Albertine disparue ». Mme de Caillavet se distinguait par le choix de ses invités et de ses menus.

A ma première visite, un petit jeune homme imberbe, en habit noir et cravate blanche, vint à moi et me tendit la main. Quel est, me demandai-je, ce petit impertinent, aux manières trop familières ? Mais à sa voix je reconnus Mme Dieulafoy, de retour d'une lointaine exploration ; je ne l'avais pas encore vue sous son costume masculin qui la rajeunissait.

A l'hôtel de l'avenue Hoche, j'ai dîné avec Oscar Wilde, avant le scandale de l'affaire Douglas et les tristes années de Hard-Labour. Oscar Wilde était une des gloires des lettres anglaises, reçu à la Cour, honoré presqu'à l'égal de Shakespeare, dont il s'était souvent inspiré.

Le chef des Parnassiens, Leconte de Lisle, apportait dans ce salon son humeur olympienne ; il parlait peu ; son silence était l'expression de son dédain pour la politique et pour la littérature contemporaine qui faisaient l'objet des conversations. Si Mme de Caillavet eût pu réunir à sa table Homère, Eschyle et Sophocle, Leconte de Lisle se fut reconnu parmi ses pairs.

On sait que l'auteur des *Poèmes barbares* était bibliothécaire du Sénat. Il appréciait les avantages matériels de cette situation plus que les relations auxquelles elle l'obligeait avec les membres de la Haute Assemblée. Un mot du sénateur Loubet, ramassé dans les couloirs, avant la présidence de la République : « Je ne demande jamais rien à ce bibliothécaire ; c'est un monsieur qui *se croit plus qu'un sénateur !* »

Anatole France, dont l'étoile n'avait pas encore atteint son zénith, était de toutes les réceptions. Adrien Hébrard qui l'avait découvert, lui avait confié ces chroniques du *Temps* où il est question de tout à propos de rien et qui réveillent agréablement à la troisième page le lecteur endormi. Quoique son talent s'imposât déjà à l'admiration des lettrés, il s'asseyait au bout de la table, parce qu'il était comme chez lui. Je n'ai jamais su pourquoi les habitués de la maison avaient emprunté à François Coppée le surnom qu'on donnait à Mme de Caillavet : « La bonne souffrance ? »

Le souvenir que j'ai gardé de mes conversations avec Anatole France me permet de dire que si rien de ce qui est humain ne le laissait indifférent, il n'appartenait à aucune secte, et que les partis qui ont voulu le confisquer après sa mort ont méconnu son élégant scepticisme et tenté un rapt contre lequel doivent protester ceux qui l'on connu.

J'ai rencontré pour la dernière fois Anatole France, il y a quelque vingt ans. C'était au Crotoy, nous chassions l'un et l'autre les oiseaux de mer dans la baie de Somme. Immobile sur la jetée du grand bassin, s'appuyant sur un fusil démodé, il suivait du regard, sans épauler, les ailes blanches des mouettes et des goëlands, les pingouins manchots qui plongent lourdement dans les vagues et les chevaliers hurleurs qui font l'amour en volant.

Je lui parlai de la statue que les habitants du Crotoy allaient élever à Jeanne d'Arc, en souvenir de sa captivité dans leurs murs.

— Sera-ce une statue équestre ? avais-je demandé à un conseiller municipal de la cité picarde.

— Je crois bien, m'avait répondu cet honorable édile, qu'elle sera *un peu équestre.*

Ce propos ne parut pas intéresser Anatole France.

Après l'avoir quitté, quand je me retournais trois cents mètres plus loin, je le vis, toujours à la même place ; poursuivant sa rêverie, il continuait à regarder les ailes blanches des mouettes et des goëlands, les pingouins manchots qui plongent lourdement dans les vagues, et les chevaliers hurleurs qui font l'amour en volant.

DEUX PISTOLETS ÉMÉRITES.

Au temps où les nobles jeux de la boxe et du pugilat n'avaient pas encore remplacé l'épée et le pistolet pour le règlement des querelles parlementaires, la fréquentation des salles d'armes m'avait souvent désigné pour être arbitre ou témoin dans les affaires d'honneur.

C'est pourquoi mon voisin et ami, le comte Nicolas Potocki, qui m'invitait souvent à ses chasses dans la forêt de Rambouillet, croyant avoir un grief très personnel contre le comte Paul Schouvaloff, me pria de me joindre à mon collègue, le vicomte Blin de Bourdon, pour demander à ce diplomate une réparation par les armes.

Schouvaloff nous mit en rapport avec le comte Kapnist qui fut depuis ambassadeur de Russie à Vienne et un officier général russe dont le nom m'échappe.

La rencontre aura lieu en Italie, les deux parties considérant qu'elles manqueraient aux devoirs de l'hospitalité en acceptant un duel sur le territoire de la France. L'arme choisie est le pistolet ; nous redoutons une issue tragique, les deux adversaires étant réputés de première force à cette arme.

Le trajet est long de Paris à la frontière italienne, et dans le wagon où Nicolas a réuni ses témoins avec le chirurgien Pozzi qui doit l'assister, la conversation se traîne en propos mélancoliques.

Est-ce pour y apporter un peu de bonne humeur que Pozzi nous montre un trépan nouveau modèle, dont il s'est muni ; car il faut tout prévoir ? Il le démonte ; il en fait jouer l'ingénieux mécanisme dont Potocki paraît moins goûter la supériorité.

Le lendemain, nous avons franchi la frontière. Les deux adversaires sont placés à vingt-cinq pas l'un de l'autre. Je leur rappelle les conditions du combat :

Le bras allongé vers la terre ; la crosse du pistolet touchant la cuisse. *Messieurs, êtes-vous prêts ? Feu ! Un, deux trois.* Il est interdit de tirer avant *un* ou après *trois*.

Les pistolets chargés sont remis aux adversaires ; je donne le commandement.

Mais à peine ai-je dit « feu » que déjà Schouvaloff a tiré. Je me précipite vers lui, prêt à le disqualifier : « Monsieur, vous avez tiré avant le commandement ! »

En même temps les témoins de Schouvaloff s'élancent vers Potocki et l'apostrophent dans les mêmes termes, avec la même vivacité.

Sur un mouvement de Nicolas, mal interprété, Schouvaloff avait levé son bras qu'avait suivi celui de notre ami ; nous n'avions entendu qu'un coup ; mais les deux combattants avaient tiré en même temps, heureusement sans résultat.

Tant bien que mal, l'honneur était satisfait... et moi aussi. Nous reprîmes le chemin de Paris, Pozzi remportant la virginité de son trépan.

L'AMNISTIE

Après une lutte homérique, les 363, dont j'étais, avaient vaincu les hommes du 16 mai. Le dernier représentant de « l'ordre moral », le maréchal de Mac-Mahon, sans attendre la fin de son septennat, avait quitté le pouvoir avec une dignité simple qui le défendait contre tout soupçon d'arrière-pensée déloyale. Jules Grévy était président de la République ; Waddington président du Conseil des ministres. Depuis les récentes élections sénatoriales, une majorité républicaine s'était affirmée dans les deux Chambres.

Toute tentative de réaction étant désormais impossible, le centre-gauche estimait que le but était atteint et que le pays avait besoin de repos.

Tel n'était pas l'avis de la majorité nouvelle qui avait hâte de reprendre la marche en avant. Nous voulions une *République républicaine*, c'est-à-dire un Gouvernement de parti, et, pour commencer, la mise en accusation des ministres du 16 mai, l'amnistie des insurgés de la Commune, sans oublier « l'épuration du personnel ».

Tandis qu'Henri Brisson et Charles Floquet, en quête de documents et de témoignages, préparaient l'accusation des ministres du 16 mai, la Commission chargée d'examiner le projet d'amnistie me faisait l'honneur de me confier le rapport.

L'extrême-gauche, comme toujours, demandait l'amnistie intégrale. Les partis plus modérés, d'accord avec le Gouvernement, n'admettaient pas que les mesures d'oubli et de pardon pussent effacer les assassinats des Otages, les incendies des monuments publics, ni qu'elles pussent bénéficier à des récidivistes, déjà chargés de condamnations de droit commun avant la Commune.

J'imaginai d'ajouter à une amnistie générale pour les cas les moins graves, un appendice qui devait, pour le surplus, permettre l'examen des cas individuels et des circonstances atténuantes. Je suis l'inventeur, sans brevet, de la *grâce amnistiante*, cette anomalie qui s'est heurtée aux scrupules des jurisconsultes, mais dont s'est accommodée la politique [1].

---

1. J'avais soumis au Garde des Sceaux le texte que j'avais fait accepter par la Commission. Voici quelle fut sa réponse : « Monsieur le Rapporteur, le Conseil croit devoir maintenir la rédaction première de son projet de loi sur l'amnistie partielle. Toutefois la formule que vous m'avez proposée sur l'article 3 rendant mieux la pensée qui a inspiré le fond, le Conseil s'y rallie, si vous la maintenez.
Agréez, etc.
                                        E. LE ROYER. »

Louis Blanc, avec l'autorité que lui donnaient son talent, la dignité de sa vie, sa fidélité à son parti, fut à la tribune l'orateur éloquent de l'amnistie intégrale. Je défendis et fis adopter par la Chambre les conclusions de mon rapport, que le Sénat ratifia.

Dès la promulgation de la loi, le Cabinet du Garde des Sceaux fut assiégé par de nombreux parlementaires, mobilisés par leur clientèle électorale. Le bon Le Royer, incapable de résister aux sollicitations de ses collègues, examinait leurs titres plutôt que ceux de leurs protégés, si bien que l'année suivante, la grâce amnistiante ayant accompli son œuvre, quand le Gouvernement nous eut apporté un nouveau projet d'amnistie intégrale, et, je crois bien, l'approche des élections nous poussant, nous avons achevé de déchirer ce que Gambetta avait appelé « un haillon de guerre civile ».

IV

LA PRÉFECTURE DE POLICE

LA PRÉFECTURE DE POLICE. — M. WADDINGTON. —
M. LEPÈRE.

Le 4 mars 1879, M. Waddington, président du Conseil
des Ministres, me fit l'honneur de m'offrir la succession de
M. Albert Gigot à la Préfecture de police.

M. Waddington voulut bien me dire que le Gouvernement s'était rappelé quelques services que j'avais rendus à
la cause de l'ordre en 1870 et 1871, dans les heures difficiles,
alors que j'étais procureur de la République à Lyon. Il
ajouta que ses collègues et lui avaient cru reconnaître dans
le rapporteur de la loi sur l'amnistie les qualités nécessaires au fonctionnaire appelé à rétablir la discipline et la
confiance dans un personnel fort ébranlé par de récents
assauts [1].

J'acceptai. Le surlendemain, 6 mars, le *Journal Officiel*
publiait un premier décret qui nommait M. Lepère ministre
de l'Intérieur en remplacement de M. de Marcère démissionnaire, et un second décret contresigné par M. Lepère, ministre de l'Intérieur, aux termes duquel j'étais nommé préfet de police, en remplacement de M. Albert Gigot, dont la
démission était acceptée.

Je dois ajouter que M. Lepère n'était pour rien dans ma
nomination, et que, s'il fut responsable du choix de ma

[1]. Un ancien officier de paix qui a des lettres et qui s'en sert pour suivre
mon mauvais exemple, écrit dans ses *Souvenirs de Police* que j'avais « sollicité
le poste de Préfet de Police ». J'ai l'honneur de donner à M. Ernest Raynaud
l'assurance que si, par de libres démissions, j'ai quitté successivement la
magistrature, la préfecture de police et la diplomatie, je n'ai jamais sollicité
aucun emploi. Ce n'est pas sur ma tombe qu'un orateur pourra dire : « Adieu,
cher ami, cette place est la seule que tu n'aies jamais convoitée. »

personne et des actes de mon administration, ce fut par l'injuste effet des fictions constitutionnelles.

Il n'y avait pas d'incompatibilité légale entre le mandat de député et la fonction de préfet de police ; mais l'acceptation de la fonction comportait la démission du mandat avec faculté de réélection.

Je demandai à mes électeurs, avec le renouvellement de mon mandat, l'approbation du cumul qui allait en résulter. Je fus réélu par 9.658 suffrages contre 1.441 bulletins blancs. Je signais dès lors : « le député, préfet de police », comme mon collègue Hérold signait : « le sénateur, préfet de la Seine » [1].

COUP D'ŒIL RÉTROSPECTIF NÉCESSAIRE A L'INTELLIGENCE DE CE QUI VA SUIVRE. — LE CONSEIL MUNICIPAL. — LA « LANTERNE ». — M. YVES GUYOT.

De tout temps, les préfets de police ont eu à subir d'injustes attaques.

Comme j'interrompais, il y a deux ou trois ans, M. Marcel Cachin, mon honorable collègue communiste m'apostropha en ces termes :

— M. Andrieux a laissé à Paris de mauvais souvenirs.

La Chambre protesta et je répondis :

— J'avais la délicate mission de prévenir et au besoin de réprimer les crimes et les délits ; je ne suis pas surpris d'avoir laissé de mauvais souvenirs aux amis de l'honorable M. Cachin.

Quels que fussent les précédents, jamais la Préfecture de police n'avait connu les épreuves par lesquelles elle venait de passer sous l'administration de M. Albert Gigot.

---

1. J'ai sous les yeux les trop gracieuses félicitations qu'Hérold m'adressa à cette occasion : « Mon cher collègue, que je suis heureux de vous avoir à côté de moi ! C'est un bonheur pour la République. Pour votre collègue de la Seine, c'est un cadeau inespéré. A vous de tout cœur,

HÉROLD »

Obligé de demander le vote de son budget au Conseil Municipal de la ville de Paris, le Préfet avait rencontré dans cette assemblée l'hostilité de ceux qui réclamaient la suppression de la Préfecture de police et les prétentions non moins redoutables de ceux, plus modérés, qui se bornaient à vouloir subordonner cette administration à l'autorité municipale.

La presse, spéculant sur les préventions du public, secondait ce double courant d'opposition.

Parmi les rédacteurs du Journal *la Lanterne*, un ancien conseiller municipal, Yves Guyot [1], puisqu'il faut l'appeler par son nom, s'était fait une spécialité des attaques d'abord contre la police des mœurs, puis bientôt contre tous les services de la préfecture. On lui doit aussi quelques ouvrages d'économie politique, ainsi qu'un roman qu'il avait intitulé *Histoire d'un drôle*. C'était, si j'ai bon souvenir, une autobiographie.

« Pour qu'une police soit bonne, disait-il dans un rapport au Conseil municipal, il faut qu'elle se fasse désirer. »

En sévissant, la police, d'après cet amateur de statistique, multipliait les délits puisqu'elle encombrait la statistique criminelle. Sa thèse se résumait en ce couplet des garçons de café servant dans les cabinets : « Fermons les yeux ; ne gênons pas, etc... »

M. Yves Guyot, qui développa ces théories au Conseil municipal, s'en inspirait quand, s'affublant de travestissements variés, il publia successivement dans *la Lanterne*, les *Lettres d'un ex-agent des mœurs*, les *Lettres d'un médecin*, les *Lettres d'un vieux petit employé*.

---

1. Je connaissais Yves Guyot pour avoir reçu sa visite au mois de mars 1870, quand il était rédacteur en chef de l'*Indépendant du Midi*. Il venait me demander de combattre la candidature d'Alphonse Gent, après m'avoir écrit d'indignes diatribes contre ce vieux républicain.

M. ALBERT GIGOT ET M. DE MARCÈRE. — LE PROCÈS DE LA
LANTERNE. — L'EFFONDREMENT.

Quelles qu'en fussent l'habileté et la perfidie, il n'eût
pas fallu attacher à la campagne de *la Lanterne* plus d'importance que n'en doivent avoir les articles de journaux
sous un régime de liberté, si, à côté de l'œuvre du publiciste,
il n'y eût eu une entreprise d'embauchage et de corruption
dangereuse pour la discipline.

J'ai depuis acquis la preuve que trois commissaires de
police donnaient des renseignements à Yves Guyot pour la
rédaction des pamphlets rédigés contre l'administration
dont ils faisaient partie.

D'autre part *la Lanterne* s'était mise en relations avec des
agents inférieurs qui chaque jour venaient au rapport et
recevaient une rétribution pour les récits les plus fantaisistes à l'occasion de chaque arrestation de filles ou de
malfaiteurs.

M. Albert Gigot s'en émut et crut devoir provoquer des
poursuites contre le journal qui démolissait pierre à pierre
son administration.

Appelé par M. Dufaure à la préfecture de police, M. Gigot
méritait par l'élévation de son intelligence et la droiture
de son caractère le choix de l'éminent Garde des Sceaux.

C'était un jurisconsulte distingué ; il avait étudié avec
profit la législation constitutionnelle des peuples libres,
particulièrement celle de l'Angleterre, et, dans cette étude,
il s'était épris d'un sincère amour pour la liberté.

Mais il avait les défauts de ses qualités. Loyal, il croyait
trop facilement à la loyauté de ses adversaires ; il cherchait
à les convaincre en discutant avec eux, à les apaiser par des
concessions.

Au moment des plus violentes attaques dont son personnel était l'objet, M. Gigot donnait audience à Yves Guyot et prenait ses avis sur les réformes à accomplir, sur les révocations à prononcer. Et le lendemain, la *Lanterne* pouvait raconter l'entrevue en ces termes :

« M. le Préfet de police a lu une liste assez longue de révocations d'agents pour cause d'abus ; mais M. Yves Guyot a été surpris de ne pas trouver dans cette liste celle du sous-brigadier X. Il est vrai que le sous-brigadier X. a le même protecteur que MM. Y. et Z. Le préfet de police reconnaît l'impuissance de la police au point de vue de la morale publique, etc. »

On comprend quel devait être sur les agents et sur les chefs de services l'effet de semblables révélations.

Aussi, lorsque M. Albert Gigot se décida à poursuivre *la Lanterne*, le mal était fait ; j'ajoute que le remède était encore pire.

Prendre un tribunal pour juge entre la Préfecture de police et un journaliste, c'était à coup sûr le fait d'un honnête homme, qui avait confiance en son bon droit, d'un ancien avocat respectueux de la magistrature ; mais ce n'était pas le devoir d'un chef de la police, ayant le sentiment de son autorité.

Le gérant de *la Lanterne* fut condamné à trois mois de prison et 2.000 francs d'amende. Mais la défense fit entendre, en qualité de témoins, des inspecteurs de police retraités ou en activité, qui vinrent devant le tribunal comme ils allaient dans les bureaux du journal ; y apportèrent la même passion, les mêmes rancunes, les mêmes convoitises ; s'emparèrent de quelques faits isolés, inévitables dans le fonctionnement d'une administration si complexe, et les présentèrent comme un abus quotidien et comme une coutume.

M. Albert Gigot comprit combien sa victoire judiciaire était inopérante ; mais il en tira cette singulière conclusion qu'il fallait recommencer le débat devant une commission spéciale.

Sur sa demande, une enquête fut ordonnée, M. Albert Gigot ne comprit pas que, pour le maintien de son autorité, pour la dignité de sa fonction, il devait être le seul juge de ses agents, le seul enquêteur sur les abus, s'il y avait des abus. Semblable à un mari qui interrogerait ses amis sur les sentiments de sa femme, il consulta des sénateurs et des députés pour savoir si son personnel était fidèle.

On entendit d'abord le même Yves Guyot, dont la déposition ne fut qu'un réquisitoire violent contre l'institution et contre les fonctionnaires de la Préfecture de police ;puis celles des agents tarés auxquels les inspirateurs de *la Lanterne* avaient donné leurs instructions.

L'enquête ne put aboutir. Après avoir appelé les enquêteurs, on eut des pudeurs tardives ; on voulut leur interdire de lever les voiles intimes ; on prétendit limiter leurs investigations. Les enquêteurs donnèrent leur démission.

Après ce dernier scandale, une interpellation fut portée à la tribune par Clemenceau.

Le ministre de l'Intérieur, M. de Marcère, fatigué, écœuré, malade, répondit avec une indignation molle. Il dut se retirer après s'être vu refuser par la Chambre un ordre du jour de confiance. M. Albert Gigot disparaissait dans cet effondrement, après avoir refusé, avec dignité, le poste de Conseiller d'État qui lui était offert à titre de compensation et qu'il eût occupé avec profit pour cette haute assemblée.

DEUX CERBÈRES. — M. BONHOURE HABITE RUE DU
MONTHABOR, Nº 13.

Ce rapide récit était nécessaire pour expliquer les difficultés que j'allais rencontrer à la Préfecture de police.

Mon objectif n'était pas de conquérir les bonnes grâces de *la Lanterne*, ni même de nouer pour longtemps avec le Conseil municipal une entente à coup sûr désirable, mais certainement impossible. Ma préoccupation exclusive était de rétablir l'autorité préfectorale, de faire revivre la discipline, de réorganiser l'administration de la police, dont les procès, les enquêtes, les interpellations, avaient dispersé la poussière aux quatre vents.

Pour cette œuvre, j'avais besoin que la presse et le Conseil municipal ma laissassent quelque répit. J'essayai de jeter quelques gâteaux à ces deux cerbères.

La Lanterne d'abord ne me parut pas éloignée de vouloir flirter avec le nouveau préfet.

Avant même que j'eusse pris possession de mes fonctions, je vis entrer chez moi un petit homme à lunettes, que j'avais vu souvent dans les couloirs de la Chambre, fait à la fois de bonhomie, de finesse et de brusquerie, toujours affairé, souriant discrètement aux députés ses amis, adressant à quelques-uns un petit salut protecteur.

C'était M. Bonhoure, secrétaire-rédacteur à la Chambre des Députés et principal rédacteur à *la Lanterne*.

Je reçus de mon mieux M. Bonhoure. J'écoutai, sans l'interrompre, les conseils abondants qu'il voulut bien me donner. Je connus par lui ceux de mes agents que je devais révoquer et ceux auxquels une réparation était due pour les injustes vexations dont mes prédécesseurs les avaient abreuvés.

Je fus bien vite fixé sur les conditions auxquelles je pouvais avoir la protection de *la Lanterne.* Je compris fort bien que le journal de M. Mayer ne pouvait se compromettre jusqu'à soutenir ostensiblement un préfet de police, mais qu'il saurait reconnaître ma docilité par une neutralité bienveillante.

D'ailleurs, M. Bonhoure m'offrait de compléter par

d'autres entretiens ces premiers renseignements et se mettait amicalement à ma disposition.

— J'habite, me dit-il, rue du Mont-Thabor, n° 13. Vous n'avez qu'à m'écrire.

Et je vois toujours M. Bonhoure, descendant mon escalier, levant vers moi l'index avec un geste d'intelligence et de mystère en me répétant, en baissant la voix :

— Surtout, n'oubliez pas que j'habite rue du Mont-Thabor, n° 13.

COMMENT LE VICE-PRÉSIDENT DU CONSEIL MUNICIPAL ENTRA DANS LA POLICE. — M. LÉON BOURGEOIS. — M. RICHTEMBERGER.

Rassuré du côté de la *Lanterne*, je songeais au terrible Conseil municipal, et je me demandais si c'étaient des politesses que nous échangerions à l'occasion de mon installation.

Une idée se présenta, que je n'ai pas trouvée tout seul. Rendons à Antonin Dubost ce qui appartient à Antonin Dubost. Ce fut lui qui me proposa de mettre M. Caubet à la tête de la police municipale, en remplacement de M. Ansart, dont la démission avait été acceptée par M. Gigot.

M. Caubet était alors vice-président du Conseil municipal ; il me parut que sa nomination apaiserait pour quelque temps ses collègues.

Il n'était pas tout à fait étranger aux choses de la police, puisque, après le 4 septembre, il avait été chef de bureau à la Sûreté générale.

Dans le cours d'une existence déjà longue, il avait beaucoup vu et devait avoir beaucoup retenu. Il avait notamment connu « l'Acacia » ; il occupait les plus hauts grades dans une association influente. Enfin, il avait pour lui l'appui d'Antonin Dubost, en ce temps directeur du cabinet du garde des Sceaux.

J'allai chercher Caubet dans sa petite librairie de la rue de Seine, où il vendait et administrait la *Revue positive* de Littré ; il prit le temps de raccourcir ses cheveux et sa barbe et s'en fut au boulevard du Palais.

La presse conservatrice poussa des cris de pintade et déclara que je livrais la police au Conseil municipal. Lepère ne disait rien ; mais Waddington ne fut pas sans montrer quelqu'inquiétude. Je fis appel à son expérience et je réussis à le rassurer en lui rappelant que le frottement des fonctions publiques polit les intransigeances les plus rugueuses.

Du reste Caubet allait avoir près de lui un homme expérimenté qui devait lui rendre la tâche plus facile ; Je veux parler de M. Fontaine, chef-adjoint de la police municipale.

M. Léon Bourgeois s'offrit à être mon chef de cabinet. Par quel aveuglement, par quelle aberration à jamais regrettable ai-je méconnu ses mérites et suis-je allé chercher, pour tenir cet emploi, un magistrat debout dans la Seine-Inférieure ?

Pour compléter mon état-major, il me fallait un secrétaire particulier. La fortune qui manifestement me souriait, détacha du ministère des Finances M. Eugène Richtemberger et l'amitié d'un grand homme le désigna à mon choix.

J'escomptais d'ailleurs l'influence de sa mère qui, dans notre jeune République, jouait par intérim les Juliette Récamier.

A défaut de Châteaubriand, du prince Auguste et de ce mauvais sujet de Benjamin Constant, on rencontrait dans son salon Lepère, Gambetta, Spuller, des sénateurs, des députés, des artistes, des comédiens : parmi ces derniers, assidûment, les deux Coquelin. Cadet récitait plaisamment des monologues, l'aîné était l'homme d'État de la Comédie Française ; il disait « nous », quand il parlait de Gambetta ; il disait « tu » quand il lui parlait.

LE CABINET DU PRÉFET. — LE NUMÉRO 14207. — LES DOSSIERS DE POLICE.

Le 6 mars, à dix heures, je quittai ma rue de Rovigo pour entrer dans cette caserne de la Cité, immense, triste, mal bâtie, mal distribuée, mal éclairée, mal meublée, où le général Valentin dut se réfugier avec ses agents, après que l'incendie, allumé par les combattants de la Commune, eût dévoré les vieux bâtiments de la rue de Jérusalem.

M. Albert Gigot m'accueillit avec la plus gracieuse affabilité.

Il mit beaucoup d'empressement et de courtoisie à me donner tous les renseignements dont je pouvais avoir besoin ; puis, après m'avoir remis les services, il se retira discrètement, et me laissa seul dans ce cabinet préfectoral, témoin ou confesseur de tant d'intrigues, de crimes, de misères, gardien de tant de secrets.

En face de mon bureau, ornant une cheminée, l'aigle impérial étendait ses ailes sur le cadran d'une pendule.

Accrochés aux tentures de velours rouge, deux portraits, séparés par les rayons d'une bibliothèque, représentaient deux Présidents de la République, M. Thiers et le maréchal de Mac-Mahon.

Je remarquai que l'image de M. le Président Grévy était absente.

Mais je n'étais pas là pour regarder les murs.

Je reçus d'abord le chef de cabinet de mon prédécesseur.

— Monsieur le Préfet, me dit-il, en me remettant un volumineux dossier, je viens remplir auprès de vous un devoir que mon prédécesseur a rempli auprès du vôtre. Il est de tradition de remettre son dossier à tout préfet qui arrive.

Mon dossier portait le numéro 14207. Je l'ai fait relier et je le garde dans ma bibliothèque, avec toutes les calomnies et les dénonciations haineuses qui sont le fonds de ces sortes de documents, quand ils concernent un adversaire politique.

Et cependant, tels qu'ils sont, ces dossiers sont utiles pour les recherches de police, mais à la condition de n'être connus ni des particuliers, ni même de la justice, et de n'être jamais ouverts que par des chefs de service expérimentés, sachant les lire et y démêler, parmi tant d'allégations inexactes et souvent contradictoires, la part de vérité qu'ils contiennent.

L'administration a souvent intérêt à savoir ce qui a été dit ou écrit sur le compte de la personne qui a éveillé son attention. Le dossier répond à cet intérêt. Il n'a pas seulement pour but de faire connaître qui vous êtes, mais surtout ce qu'on a dit de vous. L'imputation la plus mensongère peut être une lueur, éclairer une trace, avoir un intérêt de police.

Aussi mettra-t-on dans votre dossier, sans distinguer entre le vrai et le faux, tout rapport dont vous aurez été l'objet, toute dénonciation vous concernant, tout article de journal, tout fait divers où vous aurez été nommé.

Les employés commis à cette tâche sont de simples manœuvres, chargés d'apporter des matériaux pour la construction des archives.

Jamais les dossiers ne sont communiqués ni au Parquet, ni aux juges d'instruction, ni au tribunal. Quand les magistrats demandent un rapport sur un inculpé, des renseignements sont pris avec soin pour lui être transmis ; le dossier peut faciliter les recherches ; il ne saurait y suppléer.

Tous ces dossiers sont classés par ordre alphabétique, et

cinq minutes après avoir demandé le vôtre, madame, le Préfet de police l'aura sur son bureau.

— Eh quoi ! direz-vous, ai-je donc un dossier ? La police a-t-elle eu l'indiscrétion de me cataloguer avec un numéro ?

— Certainement, madame, et je ne vous ferai pas l'injure d'en douter. Tout ce qui compte dans Paris par sa beauté, son élégance, son esprit, sa naissance, ses toilettes, *tout Paris* enfin a son dossier.

C'est une erreur de croire que les dossiers soient réservés aux criminels et à ces autres malfaiteurs qu'on appelle des hommes politiques.

Il est vrai que nous avons plusieurs sortes de dossiers et plusieurs catégories d'archives.

Il y a les dossiers bleus dont nous venons de parler. Ce sont les dossiers politiques ou mondains.

Il y a les dossiers jaunes, réservés à la criminalité.

Il y a aussi les dossiers blancs ou dossiers des mœurs. Ah ! la couleur de la couverture n'a rien de symbolique.

Dans l'intérêt de la morale, il faudrait pouvoir entr'ouvrir les dossiers blancs et montrer à la débauche combien elle s'abuse quand elle se croit protégée par les portes fermées et les fenêtres closes.

L'OFFICIER DE PAIX ATTACHÉ AU CABINET. — LA 4e BRIGADE. — LES AGENTS SECRETS.

J'enfermai mon dossier dans mon bureau, me réservant de le lire à loisir, et je fis appeler quelques chefs de service pour m'entretenir avec eux.

Combien en restait-il qui pouvaient apporter le secours d'une vieille expérience à un chef improvisé, placé par les hasards de la politique à la tête d'une administration d'où dépend la sécurité de Paris ?

M. de Bullemont, secrétaire général ;

M. Lecour, chef de la première division ;

M. Baube, chef de la seconde division ;

M. Ansart, chef de la police municipale ;

M. Jacob, chef de la Sûreté ;

M. Marseille, chef du contrôle, avaient été successivement écartés.

Leurs emplois étaient vacants ou récemment occupés par de nouveaux titulaires.

Le secrétariat général venait d'être attribué au plus distingué des jeunes préfets, à M. Jules Cambon, qui, à peine arrivé de sa préfecture de Constantine, me disait, à notre première entrevue : « J'étudie depuis huit jours la Préfecture de police, dans l'intérêt du successeur de M. Gigot. »

Il restait encore, il est vrai, un officier de paix attaché au cabinet, qui avait occupé, durant les dernières années, auprès du Préfet de police, une situation des plus importantes. C'était M. Lombard, commandant la quatrième brigade des recherches. Ayant pris en 1871 la direction du service politique, ce fonctionnaire avait servi avec un zèle égal le gouvernement de M. Thiers, celui du 24 mai et celui du 16 mai ; il eût, sans nul doute, mis le même dévouement au service de la République.

La quatrième brigade, placée directement sous la dépendance du cabinet, soustraite à la direction du chef de la police municipale, était spécialement chargée des recherches politiques.

C'est par suite d'une confusion trop répandue qu'elle fut considérée par une partie du public comme composée d'agents secrets.

Les agents secrets ne sont pas embrigadés ; ils sont payés sur les fonds de police secrète et non sur le budget de la police municipale. On ne leur demande aucun *émargement* et généralement aucune quittance ; car le préfet dispose librement des fonds secrets, n'est pas tenu d'en rendre compte, et ne s'expose pas à *brûler* ses agents secrets, c'est-à-dire à faire connaître leur participation à l'œuvre de la police, en leur demandant d'en signer l'aveu.

Les agents secrets ne cessent pas d'exercer la profession et de rester dans la condition sociale qu'ils avaient avant d'entrer en rapport avec la préfecture. Il importe même qu'ils aient un métier ou des apparences de ressources pour mieux dissimuler l'origine de leur bien-être.

L'agent secret, c'est le journaliste qui se fait remarquer par sa violence contre le gouvernement dans les feuilles d'opposition ; c'est l'orateur qui, dans les réunions, demande aux prolétaires d'en finir avec l'exploitation capitaliste ; c'est le monsieur qu'on voit, à Saint-Augustin, à tous les anniversaires bonapartistes, avec un bouquet de violettes à la boutonnière ; c'est encore celui que vous rencontrez dans les plus purs salons du faubourg Saint-Germain avec des fleurs de lys partout où il peut en mettre.

L'agent secret se recrute dans toutes les couches sociales ; c'est votre cocher, c'est votre valet de chambre, ce sera vous demain, pour peu que la vocation vous prenne, à condition toutefois que vos prétentions n'excèdent pas vos mérites, car ceux qui sont à vendre ne valent pas tous la peine d'être achetés.

Le salaire n'est pas fixé par un règlement ; il est soumis à la loi de l'offre et de la demande ; ce n'est pas toujours l'importance des services rendus qui en détermine la quotité : il n'en coûte pas cher de faire surveiller les anarchistes, les communistes et tous les apôtres de la révolution sociale ; mais les agents qui travaillent dans les salons ont des exigences généralement exagérées pour les services qu'on en tire.

L'agent secret, ne devant pas être connu, n'a pas de carte pour se faire reconnaître.

Les inspecteurs de police, dont se composent les brigades de recherche ne sont pas des agents secrets quoi qu'ils n'aient pas d'uniforme. Dans les divers milieux où ils sont envoyés, soit pour la surveillance des mœurs, soit pour la découverte des malfaiteurs, soit pour les recherches politiques, ils sont obligés de dissimuler leur qualité. Excellent quand il s'agit d'assurer l'ordre et de faire respecter la liberté de la voie publique, l'uniforme rendrait impossible les surveillances et les recherches.

Mais l'inspecteur de police, quand il en a besoin pour la protection de sa personne ou pour l'accomplissement de sa mission, montre sa carte et se fait reconnaître. Il fait partie de la police municipale ; il touche des appointements fixés par les arrêtés préfectoraux ; il émarge régulièrement et subit une retenue pour la retraite.

SUPPRESSION DE L'EMPLOI DE M. LOMBARD. — L'AFFAIRE ROUVIER. — RÉORGANISATION DE LA POLICE SECRÈTE.

J'ai dit que l'officier de paix Lombard avait sous ses ordres la brigade chargée des recherches politiques. Il avait en même temps la délicate mission de recruter et de payer les agents secrets.

Il tenait ainsi dans sa main toute la police politique. Il était l'œil et l'oreille du préfet.

Voulant voir par mes propres yeux, je résolus de me priver de ce trop important auxiliaire. A cet effet, je supprimai l'emploi d'officier de paix attaché au cabinet, ainsi que la 4e brigade des recherches, sauf à verser dans la police municipale les inspecteurs qui composaient cette brigade.

La presse me fit une ovation. Elle me félicitait d'avoir supprimé la police politique. Désormais, plus de surveillance occulte, plus de *mouchards !*

Je n'aurais point été fier de ces éloges, si je les eusse mérités ; mais je me félicitai à la pensée que ma police politique serait bien désormais une police secrète, puisque la presse en contestait même l'existence.

Je ne me dissimulais pas que j'assumais une tâche difficile, absorbante, souvent répugnante, en me mettant directement en relations avec les agents secrets ; m'occupant de des recruter, de leur donner l'impulsion, de lire moi-même leurs rapports et de les contrôler les uns par les autres.

Mais c'était la condition de mon indépendance et de ma sécurité. Quels que soient son titre et son grade, celui-là est le vrai préfet de police qui tient les agents secrets dans sa main.

Tel est le seul motif pour lequel je me suis séparé de M. Lombard. Quoi qu'on en ait dit, le rôle de cet officier de paix dans la scandaleuse affaire de M. Rouvier ne fut pour rien dans ma détermination, car l'examen du dossier ne me permettait pas de mettre en doute la loyauté de ce fonctionnaire.

LA RÉCEPTION DU PERSONNEL.

Le moment était venu de passer la revue du personnel.

La réception solennelle eut lieu le 10 mars. Entre une heure et quatre heures, je vis défiler : les officiers de la garde républicaine, les officiers des sapeurs-pompiers, les commissaires de police, les chefs des services extérieurs, les chefs de division de la préfecture, les chefs et le personnel des bureaux de la police municipale, le personnel du cabinet, les architectes, les médecins, etc.

Je voulus profiter de l'occasion qui m'était offerte pour affirmer ma volonté d'exiger de la part de mes subordonnés une discipline rigoureuse et ma résolution de ne laisser entamer mon autorité par aucune immixtion étrangère.

J'estimais qu'il importait de saisir les esprits par un contraste violént entre l'attitude du nouveau préfet et celle de son prédécesseur. J'enflai quelque peu ma voix et mon naturel ; je pris avec préméditation un ton tranchant, absolu.

Voici, d'ailleurs, mon allocution, telle qu'elle fut reproduite par la presse :

MESSIEURS,

Appelé par la confiance de M. le président de la République à la tête de la préfecture de police, je tiens à vous dire dès aujourd'hui dans quel esprit je prends la haute direction des divers services dont elle se compose.

Par le nombre des agents placés sous mes ordres, je puis dire que je commande une véritable armée. J'entends établir, dans vos rangs une discipline militaire. Notre bataille à nous, est de tous les jours, car il n'y a pas d'armistice avec les criminels. Il nous faut donc tous les jours l'obéissance que les chefs sont en droit d'exiger sur les champs de bataille.

Mais, si j'apporte ici des résolutions d'implacable sévérité à l'égard de tout agent capable de compromettre les intérêts du service, vous me trouverez également résolu à défendre mon personnel contre les attaques du dehors.

Je saurai couvrir de ma responsabilité tous les agents qui auront ma confiance. Non, jamais aucun de vous, messieurs, ne sera sacrifié à aucune pression extérieure.

Je ferai tous les jours moi-même mon enquête, et je compte absolument sur votre concours fidèle pour réformer les abus, sans être obligé de faire appel à d'autres qu'à mes auxiliaires pour savoir ce qui se passe dans ma maison.

Nous ferons ainsi, messieurs, une préfecture de police forte et disciplinée.

Cela ne suffit pas. Il faut qu'elle soit entourée de la considération publique.

Pour cela, il faut qu'elle remplisse tout son devoir, qu'elle assure le respect de toutes les lois, et tout d'abord de la loi fondamentale, de la loi constitutionnelle.

Nous sommes, messieurs, les serviteurs de la République ; il ne faut pas qu'on puisse douter de notre fidélité.

Toute manifestation incorrecte, toute parole inconvenante, serait immédiatement réprimée.

Dans mon personnel, je ne tolère la religion du passé qu'à une condition : c'est qu'elle n'ait pas de culte extérieur.

Je ferai d'ailleurs en sorte que vous n'ayez pas à regretter le passé.

Croyez, Messieurs, à toute ma bienveillance.

GAMBETTA SUR UNE FAUSSE PISTE. — LES TABLEAUX DE M. BOWES.

Je ne tardai pas à rencontrer une de ces immixtions étrangères que je déclarais ne pas vouloir souffrir.

C'était le temps où Gambetta exerçait sans responsabilité une autorité beaucoup plus grande que celle d'aucun des ministres, faisant et défaisant à son gré les magistrats, les préfets, les généraux, les ambassadeurs. Chacun connaissait cette omnipotence, et tous, pour arriver, cherchaient la protection du maître.

Les fonctionnaires qui venaient à Paris allaient prendre les instructions de Gambetta avant de demander celles de leurs ministres.

Sachant qu'on a souvent besoin d'un plus petit que soi, le « patron », comme disaient les intimes, ne dédaignait pas d'avoir des favoris jusque dans la police.

C'est ainsi qu'ayant pris sous sa protection M. Léonard Chassagne, voyageur de commerce, il l'avait fait nommer commissaire de police à Neuilly.

Ce commissaire faisait de la police pour le compte et sous la direction de Gambetta, qui, sans doute dans la fréquentation de Ranc, avait pris goût aux recherches policières. Et, comme l'arbitraire du protecteur n'avait pas de limites, le protégé sortait souvent de celles que la loi avait tracées à sa juridiction. M. Chassagne opérait volontiers à l'intérieur de Paris.

Sur une dénonciation, venue je ne sais d'où, Gambetta croyait savoir que des tableaux appartenant au musée du Louvre avaient été détournés et vendus en 1870 par d'anciens fonctionnaires de l'Empire.

Tout autre, à la place du président de la Chambre, eut transmis ses renseignements soit au Garde des Sceaux, soit au Ministre de l'Intérieur, soit au Préfet de police. Gambetta aimait mieux opérer lui-même. Il chargea M. Chassagne de procéder à une enquête.

Rue de Berlin, n° 7, à côté de la légation argentine, était situé l'hôtel de M. Bowes, ancien membre de la Chambre des Communes.

M. Bowes, qui habitait Paris depuis de longues années, avait fait usage de sa grande fortune pour acheter des chefs-d'œuvre. Tout Paris a pu les admirer dans ses salons, dont Mᵐᵉ Bowes, une aimable Parisienne, faisait les honneurs avec autant de grâce que d'esprit.

Gambetta ayant appris que M. Bowes avait en outre un grand nombre de tableaux déposés rue Blomet, 27, et rue Mansart, 7, crut avoir trouvé le recéleur des tableaux de l'État.

Continuant ses investigations à l'insu de M. Gigot, son chef, le commissaire de Neuilly fit jaser les gardiennes de ces toiles, et il arriva à préciser l'accusation : le vendeur était probablement le comte Lepic, et parmi les tableaux provenant du Louvre, M. Chassagne signalait une *Scène flamande,* un *Personnage de la cour de Louis XV* et un *Charles X* en grande tenue avec ses attributs royaux.

On en était là quand j'arrivai à la préfecture de police, et je fus averti par Edmond Turquet, alors sous-secrétaire d'État au ministère de l'Instruction publique et des Beaux-Arts.

J'allai voir Gambetta ; je lui exprimai l'espoir qu'il voudrait bien désormais ne pas disposer des agents de mon administration à l'insu de leur chef.

Le Président de la Chambre reconnut ce que son procédé

avait d'incorrect ; mais il insista pour qu'il fût donné suite aux recherches commencées, moins dans un intérêt artistique qu'au point de vue du discrédit qu'un heureux résultat pourrait jeter sur les fonctionnaires de l'Empire.

Je me décidai à ordonner des perquisitions. M. Bowes était en Angleterre ; Mme Bowes intervint et exprima avec beaucoup de vivacité la légitime irritation que lui causait une invasion aussi inattendue. Elle était accompagnée de son frère, M. Lucas, et celui-ci, chef de bureau à la sûreté générale, se réclamait de son directeur, M. Boucher-Cadard.

Les perquisitions eurent pour résultat de faire constater l'inanité des dénonciations auxquelles Gambetta avait prêté une oreille trop complaisante.

MES DÉBUTS AU CONSEIL MUNICIPAL. — SOUVENIRS ET
REGRETS D'UNE UNION TROP TÔT ROMPUE.

Le lendemain du jour où j'avais reçu et harangué le personnel de la préfecture, je me rendis pour la première fois au Conseil municipal, qui siégeait au Luxembourg.

Je connaissais quelques-uns des membres de cette assemblée :

M. Castagnary, président, rédacteur distingué du journal *Le Siècle* ; MM. Réty et Masse, avoués ; MM. Liouville et Enghelard, avocats ; le dessinateur Ulysse Parent ; le peintre d'histoire Jobbé-Duval ; le docteur Paul Dubois, qui m'avait assisté dans une rencontre avec mon honorable collègue M. Paul de Cassagnac ; M. Charles Quentin, le futur directeur de l'Assistance publique ; enfin M. Henricy, l'élément gai du Conseil municipal, où il représentait le quartier du Cloître-Saint-Méry.

Cet excellent M. Henricy ! il mérite que, par une équitable réciprocité, je lui consacre quelques lignes à part, car il m'a consacré à moi-même un certain nombre d'alexandrins, dans son poème héroï-comique en douze chants, la *Merriade.*

Son vote m'était toujours fidèle, parce qu'il savait que j'appréciais ses vers. Mais il avait une faiblesse : il était spirite.

Il croyait à la métempsychose. Il se rappelait que son âme avait habité un corps de femme dans sa précédente existence. En cette qualité, il avait eu une fille à Londres, et, quand il y songeait, il croyait ressentir encore les douleurs de l'accouchement.

Un jour, Henricy nous quitta et partit pour l'Angleterre. Ce voyage avait pour but de rechercher son enfant, qui devait être plus âgée que lui-même ; mais son absence n'eut d'autre résultat que de priver d'une voix le budget de la préfecture de police.

Aux élections suivantes, les spirites furent sans doute en minorité au quartier du Cloître-Saint-Merry ; car Henricy ne revint pas.

On voit que je n'arrivais pas comme un étranger au palais du Luxembourg.

M. Castagnary me souhaita la bienvenue en d'excellents termes :

Messieurs, dit-il, depuis notre dernière séance, il s'est accompli des événements qui ont eu leur contre-coup dans le sein du conseil. Un ministre, dont l'esprit droit et républicain nous inspire pleine confiance, a pris possession du département de l'intérieur, et sa première pensée a été de placer à la tête de la préfecture de police un préfet républicain. Celui-ci, de son côté, n'a rien eu de plus pressé que d'appeler auprès de lui, comme collaborateur, un de nos collègues les plus sympathiques et les plus estimés. Il me semble, messieurs, que ces faits parlent d'eux-mêmes et qu'ils ne sauraient souffrir des interprétations différentes. »

Je fis assaut de courtoisie avec l'honorable président du Conseil municipal. Je parlai de mon émotion, de mes amitiés, de mes espérances, des calomnies de nos ennemis communs, et j'ajoutai :

Vous voulez comme moi une préfecture forte, disciplinée, estimable et estimée. J'ose compter sur votre concours, messieurs, sur votre intelligence des difficultés administratives, sur votre esprit politique, sur votre patriotisme éclairé, pour me rendre moins lourde cette tâche de progrès, de réformes, de réorganisation, dont j'ai accepté résolument toutes les responsabilités.

Notons précieusement les : Très bien ! et les applaudissements qui accueillirent ces paroles : je ne les retrouverai plus.

Le Président annonça ensuite la démission de M. Caubet. Il se fit l'interprète des regrets de ses collègues :

En nous quittant, dit-il, notre collègue n'a fait qu'obéir à une loi qui nous est commune à tous : c'est d'aller là où nous sommes utiles et où notre dévouement est réclamé.

On eut dit que M. Castagnary connaissait ses destinées, et qu'il pressentait que bientôt le Conseil d'État « réclamerait son dévouement ».

LE « VIEUX PETIT EMPLOYÉ » REPREND SA PLUME. — DE L'INFLUENCE D'UN COUPE-FILE SUR LES DESTINÉES D'UNE GRANDE ADMINISTRATION.

Modérée dans la victoire, autant que vaillante dans le combat, *la Lanterne* avait bien voulu faire crédit au nouveau préfet.

Mais ce crédit coûtait cher à l'habile directeur du journal, qui mesurait à l'étiage du tirage l'intérêt de la campagne momentanément abandonnée.

D'ailleurs, la préfecture ne se montrait pas reconnaissante. Les employés flétris par *la Lanterne* conservaient leurs emplois, et aucun des protégés de la direction n'avait pu pénétrer dans les rangs du personnel.

Cependant, le nouveau préfet n'était-il pas l'obligé de M. Yves Guyot et de ses collaborateurs ? Sans leurs attaques contre son prédécesseur, aurait-il obtenu les hautes fonctions qu'il occupait ?

Tant d'ingratitude indigna le cœur loyal du « vieux petit employé » ; ce digne serviteur reprit sa plume et recommença l'exposé de ses griefs :

« Dernièrement, dit-il, quelques braves gens vinrent trouver le « vieux petit employé ». Ils voulaient quelque chose que je ne précise pas, pour ne pas leur nuire. Ils venaient demander mon appui. Leur naïveté me fit pitié. »

Comme on voit, sous cette prétendue pitié, percer le dépit du journaliste ! Avoir renversé un préfet qui vous admettait à l'honneur d'intimes entrevues, avoir brisé un fonctionnaire aimable et conciliant, pour se heurter à la raideur d'un successeur systématiquement dédaigneux !

Mais, d'autre part, quel n'est pas l'intérêt de cet aveu que « les braves gens » qui voulaient obtenir de la préfecture de police un emploi, un service, une faveur, allaient dans les bureaux de *la Lanterne* solliciter la protection des adversaires de cette administration ?

Après la chute d'un ministre et d'un préfet sous les coups d'un journaliste, le personnel de l'administration croyait, comme le public, à la toute-puissance du journal.

Des inspecteurs de police reprenaient le chemin des bureaux de *la Lanterne* et y portaient de nouveau leurs dénonciations contre leurs chefs. Déçus dans l'espoir de se faire payer leurs précédentes trahisons, ces agents recommencèrent sous son administration le même travail souterrain qui avait amené la chute de mon prédécesseur.

Aussi, quand M. Yves Guyot, se dissimulant de nouveau sous le masque du « vieux petit employé » annonça qu'il reprenait la série de ses lettres sur la préfecture de police, ce fut comme un effarement dans le personnel. Il sembla que les jours du préfet étaient comptés ; il lui resta tout juste l'autorité d'un fonctionnaire dont la révocation était annoncée.

Tandis que des chefs de service se tenaient sur la réserve dans la crainte de se compromettre par un zèle mal avisé, il m'arrivait, quand je sortais à pied, d'apercevoir, avec les yeux que j'ai derrière la tête, des agents de la police municipale occupés à filer leur préfet.

Pour ramener les esprits au respect et à la discipline, il fallait d'abord les ramener à la confiance.

La confiance est communicative : pour l'inspirer, il faut l'éprouver, la rendre manifeste.

De même qu'un cavalier pousse son cheval vers l'objet dont l'animal prend ombrage, de même je cherchai l'occasion de marcher sur *la Lanterne*, afin de bien constater qu'on pouvait la piétiner sans provoquer une explosion.

M. Mayer me fit le plaisir de m'offrir une première fois cette occasion en me demandant pour sa voiture une carte de circulation avec autorisation de stationnement, dite *coupe-file*.

Je refusai avec empressement.

Le lendemain, sous le titre élégant : « Plus ça change ! ! ! » *la Lanterne* relevait le gant que je lui avait jeté.

Elle expliquait que, si elle avait fait au préfet de police la demande d'une carte, c'était bien à contre-cœur et malgré ses répugnances connues ; elle s'était dévouée pour ses lecteurs. Le sacerdoce de la presse a de cruelles exigences. « Le reporter envoyé à une fête, à une cérémonie, disait *la Lanterne*, doit pouvoir retrouver facilement et rapidement sa voiture pour rentrer sans perte de temps au bureau du journal. »

Je répondis à *la Lanterne* par le *communiqué* suivant :

Dans son numéro du 23 mai, le journal *La Lanterne* sous ce titre : « Plus ça change ! ! ! » se plaint que la préfecture de police ait refusé à son directeur, M. Mayer, une carte de stationnement.

Le rédacteur reconnaîtra qu'il a mal choisi son titre, puisque le préfet de police refuse à *la Lanterne* ce que ses prédécesseurs auraient vraisemblablement accordé.

Le préfet de police ne professe aucun dédain pour l'appui que la presse peut apporter à son administration. Mais il ne lui convient pas d'acheter cet appui par des faveurs et des privilèges contraires à l'intérêt général.

Des cartes de circulation, dites coupe-file, ont été créées pour permettre à quelques privilégiés de faire circuler ou stationner leurs voitures là où la circulation ou le stationnement sont interdits au public. Ceux qui en sont porteurs sont en outre autorisés à ne pas prendre la file et à passer avant leur tour.

Depuis le 1er janvier, un nombre exagéré de cartes de stationnement avait été accordé. Il y avait là un abus qui rendait de plus en plus difficile la police des rues.

Le préfet ne pouvait supprimer les cartes de stationnement, qui d'ailleurs sont sans inconvénient quand elles sont en petit nombre. Elles ont leur raison d'être pour les ministres, pour les hauts fonctionnaires qui doivent leur temps aux affaires publiques, et aussi aux représentants des puissances étrangères, envers qui la France ne saurait exercer une trop large hospitalité.

Mais le préfet a décidé que désormais aucune carte nouvelle ne serait délivrée à d'autres personnes, sauf à apporter à cette règle telles exceptions qui lui paraîtraient commandées par des intérêts ou des convenances dont il est juge.

La Lanterne ajoute qu'elle se réserve de publier la liste des bénéficiaires des cartes de stationnement. Si *la Lanterne* donne suite à son projet, elle démontrera, ce qui n'est pas contesté, qu'il y avait un abus et qu'il était temps d'y mettre fin.

Ce *communiqué* me valut les imprécations de la presse, et de graves journaux ministériels mêlèrent leur note irritée à celle plus aiguë des feuilles de reportage qui se sentaient plus particulièrement atteintes.

— Eh ! quoi ! disaient les hauts barons de la chronique, si les fonctionnaires servent, bien ou mal, l'intérêt public, est-ce que la presse ne représente pas l'intérêt *du public ?* La voiture n'est pas pour elle un luxe ou un agrément, c'est un instrument de travail, et si nous demandons à passer avant les lecteurs, en vérité, nous n'avons en vue que leur plus grand bien.

C'est un curieux phénomène que le sentiment de solidarité qui existe entre les journalistes. Des écrivains, servant des partis opposés, échangent, dans la polémique de chaque jour, les propos les plus désobligeants ; mais si quelque profane se permet de manquer de respect à leur franc-maçonnerie, aussitôt, oubliant leurs querelles, ils se retournent contre cet ennemi commun et s'unissent pour lui faire expier son crime de lèse-majesté.

Mon communiqué à *la Lanterne* eut certainement pour conséquence de me mettre sur les bras toute la *confrérie.*

Mais j'obtins, comme compensation, parmi les agents un certain respect qu'on a toujours pour le monsieur qui entre dans la cage des fauves.

LES ATTAQUES NOCTURNES. — DIFFICULTÉ D'ASSURER LA SÉCURITÉ ET LA DÉCENCE DE LA VOIE PUBLIQUE.

Raconter tous les jours que M. Macé avait organisé le complot de Blois comme on monte une féerie ; que M. Brissaud avait envoyé des agents en province pour surveiller les candidats républicains après le 16 mai ; que l'officier de paix Jarrige était tiède pour la République, c'était chanter un air intéressant pour ceux qui l'aiment, mais à la longue un peu monotone.

Le « vieux petit employé » — en compagnie duquel je suis bien obligé de faire cheminer quelque temps le lecteur, puisque ce personnage, pendant les premiers mois de mon administration, a réussi à retenir autour de ses tréteaux l'attention du public, — le « vieux petit employé » voulut étendre son répertoire.

De là les récits fantaisistes de crimes restés impunis et d'arrestations arbitraires.

Les attaques nocturnes sont particulièrement goûtées par les lecteurs de faits divers. Elles fournissent d'ailleurs d'utiles prétextes à bien des gens dont l'imagination vient en aide à celle du journaliste :

C'est un jeune homme qui a perdu au jeu ou dépensé l'argent à lui confié ; il n'ose reparaître devant son père ou son patron ;

C'est un mari qui a l'imprudence de n'être pas d'un cercle et qui l'expie par l'embarras où il se trouve pour expliquer sa rentrée tardive ;

C'est le soldat Dumanet qui a vendu pour boire ses bottes et son képi ; il tremble en pensant au Conseil de guerre et au délit de « dissipation d'effets de petit équipement ».

A ceux-là et à bien d'autres, le journaliste tend la perche de l'attaque nocturne. Quand cette rubrique est ouverte, la copie ne manque jamais.

Je n'entends pas dire que la sécurité des rues fût parfaite. Les diffamations dont les agents étaient l'objet, leur crainte de se compromettre en agissant et de créer « des affaires » à leurs chefs, le découragement et la démoralisation de ces derniers, avaient énervé les services chargés de veiller à la sécurité des voies publiques. Les journalistes qui s'en prenaient au préfet de police en étaient les premiers responsables.

Il faut dire aussi que l'administration ne rencontrait pas du côté de la magistrature le concours qu'elle était en droit d'espérer.

De la part du Parquet de Paris, il y a toujours eu vis-à-vis de la Préfecture de police quelque chose comme une jalousie professionnelle qui, depuis quelques années surtout, se traduisait par une affectation de libéralisme en faveur de ce qu'il y a de pire dans le mauvais.

Mlle LUCIE BERNAGE. — UN ROMAN NATURALISTE.

Les mesures destinées à assurer la sécurité de tous ne vont pas sans déranger les habitudes ou léser les intérêts d'un grand nombre.

Ceux-ci, pour n'être pas les plus respectables parmi les citoyens de Paris, n'en constituent pas moins une importante clientèle avec laquelle les hommes politiques ont coutume de compter.

Cette clientèle a ses représentants dans les conseils élus : il est tout naturel qu'elle ait aussi ses tenants dans la presse.

Je ne fus donc ni surpris ni touché du concert de malédictions que j'entendis bientôt autour de moi.

Si l'action de la police semblait se ralentir, on affectait de croire que la paix publique était menacée ; si, au contraire, la police se montrait active et énergique, on parlait aussitôt de la liberté violée et du droit méconnu.

Je renonce à faire la lumière sur toutes les prétendues arrestations arbitraires à l'occasion desquelles je fus malmené dans la presse et interpellé au Conseil municipal.

Parmi les demoiselles auxquelles de prétendues méprises donnèrent un jour de célébrité, il en est peu sur les mésaventures desquelles il puisse être intéressant de revenir.

Je m'empresse de dire que le cas de Mlle Bernage doit être mis à part, et je proteste contre toute supposition que la gracieuse pensionnaire de M. Ballande se soit jamais exposée au contact des agents des mœurs.

Quel est donc le mystère de cette aventure qui a tant occupé la presse, les tribunaux, le Conseil municipal et même le Parlement ?

Le 27 juin 1879, *La Lanterne* racontait qu'un scandale odieux s'était passé la veille, place du Château-d'Eau.

Il était onze heures du matin ; il pleuvait. Modestement vêtue, marchant vite, effleurant à peine la boue du trottoir, une jeune artiste du troisième Théâtre Français, Mlle Lucie Bernage, venait de jeter au bureau de poste du boulevard Magenta une enveloppe parfumée, quand elle fut accostée par un homme vêtu d'une blouse, coiffé d'une casquette à plusieurs ponts qui lui adressa la parole :

— Vous avez un bien mauvais parapluie, mademoiselle ; vous seriez mieux en voiture ; je vous accompagnerai.

En fille bien élevée, qui sait que toute réponse, même indignée, ne peut qu'encourager un insolent, Mlle Bernage ne répondit pas.

L'inconnu continua ses offres de service en des termes singulièrement grossiers, puisque *la Lanterne* elle-même a déclaré ne pouvoir les reproduire. J'ai lieu de croire que le rédacteur exagérait ; certainement la bouche de la jeune artiste n'avait pu répéter à un journaliste des propos que la pudeur de celui-ci lui défendait de laisser couler de sa plume.

L'homme à la casquette prend le bras de Mlle Bernage ; la jeune fille se défend comme une amazone ; elle frappe l'insolent au visage.

Celui-ci appelle un gardien de la paix et lui donne l'ordre d'arrêter Mlle Bernage, prétendant qu'elle lui a fait des propositions deshonnêtes.

Ce singulier gardien de la paix accepte les ordres de l'homme à la casquette. Ni la jeunesse ni la grâce de Mlle Bernage ne le touchent. Il n'a rien vu, il n'a rien entendu ; mais l'homme à la casquette a parlé ; le gardien de la paix s'incline et obéit.

Ce front et ces yeux de jeune fille protestent contre l'accusation d'avoir voulu détourner ce majeur, dont l'aspect peu séduisant rend l'accusation plus invraisemblable encore.

La jeune artiste, d'ailleurs, explique qu'elle se rend à son théâtre pour la répétition ; elle remet sa carte au gardien de la paix ; c'est en vain que celui-ci constate l'identité de Mlle Bernage ; il persiste à vouloir l'arrêter.

On devine les larmes de la jeune fille, ses protestations indignées, l'émotion de la foule qui s'amasse.

A ce moment, un monsieur décoré intervient ; il dit quelques mots au gardien de la paix et l'invite à laisser en liberté Mlle Bernage, qu'il a immédiatement reconnue.

Décidément, le gardien de la paix accepte des ordres de tout le monde avec une étrange facilité, car il obéit aussitôt.

Quant à l'individu qui a si gravement outragé l'aimable artiste, il montre au personnage décoré une carte que Mlle Bernage prend pour une carte d'agent des mœurs. Sur ce, la blouse et la redingote, devenues camarades, s'en vont et ne reparaîtront plus.

Tout, dans ce récit, était fort invraisemblable, tout, jusqu'à la perspicacité de la jeune fille ingénue qui reconnaissait à première vue les cartes de la police des mœurs.

Je fis mon enquête et j'acquis la certitude qu'il n'était pas exact que Mlle Bernage eût été outragée par un agent dépendant de la préfecture. Je ne retrouvai même aucun indice d'une aventure quelconque arrivée à qui que ce fût au jour, au lieu et à l'heure indiqués.

J'envoyai aux journaux une note pour démentir le récit qu'ils avaient, pour la plupart, publié de bonne foi, en l'empruntant à la feuille de M. Mayer.

J'annonçai en même temps que, résolu à mettre fin à un système d'outrages, de calomnies, de fausses nouvelles, de nature à compromettre l'autorité dont j'avais besoin pour accepter les responsabilités de ma fonction, j'avais cru devoir déférer à la justice le récit de *la Lanterne*.

Le lendemain, ce journal publiait la lettre suivante :

Monsieur le Directeur de *La Lanterne,*

J'ai lu ce matin que *la Lanterne* allait être poursuivie à propos de l'article que vous avez publié à mon sujet dans votre numéro d'hier matin.

Dans cette circonstance, je crois de mon devoir de vous déclarer que le récit publié dans votre journal est exactement conforme à la déclaration que votre rédacteur a recueillie de ma bouche mercredi soir, lorsqu'il est venu me trouver à mon théâtre.

Je certifie tout spécialement que l'individu qui m'a accostée était porteur d'une carte de forme ovale et de couleur verte, sur la présentation de laquelle le gardien de la paix requis l'a laissé passer en toute liberté.

Veuillez, monsieur le Directeur, faire de cette lettre tel usage qu'il vous plaira et recevoir l'assurance de mes sentiments distingués.

14, rue de Douai.   Lucie Bernage.

Au bas de cette lettre, qui sentait à distance l'odeur du journaliste plutôt que le parfum de la femme, Mlle Bernage avait cru devoir ajouter à son nom son adresse, sans doute pour donner à son témoignage une plus grande autorité.

La pauvrette ne savait pas combien le monde est méchant !

Elle pouvait d'ailleurs se consoler des mauvais propos par le double témoignage de sa conscience et de son directeur.

Ce dernier écrivait à M. Lafont, conseiller municipal, une lettre très touchante, dans laquelle il rendait hommage à l'exactitude et à la modestie de sa jeune pensionnaire : « C'est une artiste modèle », disait en terminant M. Ballande.

La question n'était pas de décider quels étaient les mérites de Mlle Lucie Bernage. Chacun savait d'ailleurs qu'au théâtre de M. Ballande, il n'y avait que des « artistes modèles ».

Mais ce que le directeur du troisième Théâtre Français ne pouvait affirmer, c'est que sa pensionnaire ne se fût pas, dans son récit, abandonnée aux entraînements d'une imagination d'artiste.

Dès le premier jour, mon enquête m'avait mis en garde contre le roman naturaliste de Mlle Bernage. Nous verrons bientôt que mes premiers renseignements furent confirmés jusqu'à l'évidence par les faits qui devaient suivre. Mais la clarté même du récit exige que nous nous éloignions un instant de Mlle Lucie Bernage ; nous la retrouverons prochainement.

LA SAISIE DE « LA LANTERNE ». — UN HOMME A LA MER. —
L'INTERPELLATION. — LE SAUVETAGE.

La vieille institution s'en allait, comme une muraille ruinée, dont chaque jour détache une pierre jusqu'à l'écroulement.

Depuis mon arrivée au boulevard du Palais, j'avais évidemment perdu ma peine. En vain, j'avais affecté l'assurance et l'énergie. Ma confiance ne paraissait pas sincère, et, en tous cas, n'était pas partagée. Ma main se montrait avec des reflets de bronze ; mais chacun disait que c'était l'effet d'une peinture.

Convaincu qu'aussi longtemps qu'on croirait à *la Lanterne* on ne croirait pas au préfet, je me résolus à jouer le sort de ma fonction sur un acte d'autorité dont je ne pouvais me dissimuler les responsabilités.

Je fis saisir dans tous les kiosques et chez tous les libraires le journal *la Lanterne*, en vertu de l'article 10 du code d'instruction criminelle, pour délit de fausse nouvelle publiée de mauvaise foi.

On me fera l'honneur de croire que mon but n'était pas de soustraire à l'attention des lecteurs quelques appréciations peu flatteuses de ma personne et de mes actes.

Je voulais provoquer une interpellation qui me permît

de porter devant la Chambre la question de la préfecture de police.

Il fallait qu'un témoignage de confiance effaçât le souvenir du vote qui avait condamné à la retraite le précédent ministre de l'intérieur.

Il fallait que *la Lanterne* fût publiquement conspuée, aux applaudissements du Parlement, et qu'après la séance, le public et le personnel fussent certains que, fort de la confiance de ses collègues, le préfet serait désormais le chef indépendant et obéi de son administration.

Je n'ai pas besoin de dire qu'avant d'envoyer les commissaires de police exécuter des mandats de saisie, je n'avais consulté ni le garde des Sceaux, ni le président du Conseil. Je savais que je n'aurais pas rencontré un seul ministre qui ne m'eût répondu : « Ce que vous proposez là, c'est un acte de folie. »

Pour ne point avoir la tentation de désobéir aux ministres dont je dépendais, je m'abstins de prendre leur avis, et leur étonnement fut grand quand ils apprirent à Versailles, pendant la séance, que le préfet de police s'était permis ce que chacun qualifiait d'attentat contre la liberté de la presse.

C'était l'objet de toutes les conversations dans les couloirs ; les députés étaient unanimes à blâmer le préfet de police et nul, parmi mes amis, n'osait prendre ma défense. Avais-je encore des amis ?

On annonçait une interpellation. Elle fut déposée par M. Bouchet, député de Marseille, et la discussion en fut fixée au mardi 1er juillet.

Je fus appelé à donner des explications au conseil des ministres. J'y rencontrai des dispositions bienveillantes et presque paternelles, mais inquiètes et attristées. Les ministres s'attendaient à quelque fâcheux dénouement et tout en m'accordant les circonstances atténuantes, ils ne pou-

vaient s'empêcher de blâmer mon indiscipline et mon imprudence.

Cet état d'esprit changea, lorsque j'eus parlé. Les raisons
qui m'avaient déterminé ébranlaient les ministres, — peut-
être parce qu'elles étaient de nature à les consolider. Ils
prévoyaient que la Chambre ne resterait pas insensible
aux considérations que je faisais valoir.

M. Lepère voulut bien s'effacer pour me laisser l'honneur
de la discussion. Je partis pour Versailles, décidé à couvrir
mon ministre.

J'avais évité de prendre le train parlementaire, où je
sentais qu'aucun wagon ne m'ouvrirait franchement une
porte hospitalière. Ma voiture traversait les Champs-
Élysées, le bois de Boulogne, le parc de Saint-Cloud, les
bois de Ville d'Avray. Quelle route ! quelle verdure res-
plendissante sous le soleil aux premiers jours de juillet !
Mais la lecture des journaux que j'avais emportés assom-
brissait ce paysage.

J'ouvrais le *Figaro*, j'y lisais un article intitulé : « Un
homme qui tombe » ; je prenais *le Petit Parisien*, l'article
leader avait pour titre : « Un préfet qui se noie », je cher-
chais un sourire dans quelque journal ami, mes yeux tombaient sur cette rubrique : « Un homme à la mer ».

Dans toutes les conversations que j'ai entendues aujourd'hui,
disait le baron Grimm, je n'ai pas recueilli un témoignage en sa
faveur, et il paraît bien plus condamné que M. Albert Gigot quand
il tomba. On lui reproche tout ce que vous savez : d'avoir refusé
le coupe-file à *la Lanterne*, d'avoir envoyé aux journaux des communiqués trop impérieux ou trop spirituels, et surtout d'avoir
saisi cette maudite *Lanterne* qui semble porter malheur à tous
ceux qui la touchent. Pour tout dire, on le trouvait admirable
il y a deux mois, on le trouve détestable aujourd'hui, et on prédit
qu'il ne passera pas la journée de demain.

Il s'agissait de prouver que « l'homme à la mer » savait
nager.

J'allai m'asseoir au banc des ministres. M. Lepère eut le courage de prendre place à côté de moi. Non, vraiment, je ne plaisante pas ! Il fallait du courage !

Personne ne me parlait ; aucune main amie ne se tendait vers moi. Dans le va-et-vient des députés, chacun évitait de m'approcher ; la plupart faisaient semblant de ne pas me voir ; et ceux qui me saluaient passaient vite, dans la crainte sans doute que je ne les arrêtasse au passage pour demander à leur amitié quelque manifestation compromettante.

La séance est ouverte à deux heures.

M. Gambetta préside.

M. d'Ariste fait une rectification au procès-verbal. M. des Rotours parle sur un projet relatif à des travaux de chemins de fer.

Il s'agit bien de cela ! Les tribunes, et moi surtout, nous attendons autre chose.

Enfin, le président annonce que l'ordre du jour appelle l'interpellation sur la saisie du journal *la Lanterne.* La parole est à M. Bouchet.

Avoir pour adversaire M. Bouchet, c'est une chance ; il me semble qu'il se fait un trou dans le nuage qui voile mon étoile.

A vrai dire, M. Bouchet n'a pas encore été entraîné par M. Savary dans les affaires financières où sombrera son crédit politique. Il a bien déjà fait le rapport sur les réclamations de Jean Dupuis, citoyen français, domicilié à Hong-Kong ; mais, à travers cet important travail, n'apparaissent encore ni les actions ni les parts de fondateurs de la Société d'études pour l'exploitation du Tonkin.

Je ne veux faire aucune mauvaise insinuation, et quand je dis que c'est une chance d'avoir M. Bouchet pour adversaire, j'entends dire tout simplement que l'honorable député de Marseille ne s'impose à l'attention de la Chambre ni par son autorité ni par son talent.

M. Bouchet est avocat ; il a des précautions oratoires pour séparer la cause du ministre de celle du préfet ; il expose les faits, il les discute, il aborde la question de droit. Je crois qu'il me ménage. Peut-être ne le fait-il pas exprès ?

J'ai la parole pour répondre. Ah ! Je m'aperçois que j'ai eu tort de souligner les précautions oratoires de l'honorable M. Bouchet ; voilà qu'à mon tour j'en abuse ;

J'évite d'aborder de front l'objet de l'interpellation ; j'essaye d'intéresser la Chambre à la cause de la Préfecture de police ; je raconte toutes les manœuvres dirigées contre cette institution ; sans le nommer, je parle de la visite de M. Bonhoure, qui sténographie en ce moment mes paroles au bas de la tribune. Enfin, j'arrive à l'aventure de Mlle Bernage. La Chambre trouve le récit plaisant : elle rit ; elle est désarmée.

Une anecdote est écoutée avec bienveillance. La voici, d'après l'*Officiel* :

M. ANDRIEUX. — Quand il n'y avait pas d'attaques nocturnes, on en imaginait, et même on s'efforçait d'en faire naître. C'est ainsi que j'ai dans mon dossier un procès-verbal que je résume en quelques mots. Dans un quartier éloigné, deux passants, un épicier et son fils, sont suivis par un individu qui, dans l'obscurité, emboîte le pas derrière eux, s'arrête quand ils s'arrêtent, marche plus vite quand ils accélèrent leurs marche, et, de temps à autre, siffle d'un sifflet retentissant auquel, de droite et de gauche, répondent des sifflets. L'honorable épicier rencontre heureusement deux agents et les avertit.

Les agents s'emparent de l'individu qui est conduit au poste ; on trouve sur lui un revolver chargé, on trouve une lettre adressée par un employé de la préfecture de police à ce monsieur, qui n'était autre que M. Henri Sauton, rédacteur de *la Lanterne*. *(Rires et applaudissements.)*

MM. LENGLÉ et Robert MITCHELL. — L'a-t-on poursuivi ?

M. ANDRIEUX. — On me demande si on l'a poursuivi ? On a arrêté M. Henri Sauton, il y a eu une instruction le concernant

— j'ai ici le dossier — mais une ordonnance de non-lieu est intervenue, parce que les agents n'avaient pas attendu que l'attaque se fût produite, et que le fait d'effrayer les passants, de les suivre et de siffler ne constitue ni un crime ni un délit. *(Rires sur divers bancs.)*

La Chambre me soutient et m'encourage par de nombreuses marques d'approbation jusqu'à la fin de mon discours, et quand je descends de la tribune, au milieu des applaudissements, je retrouve mes amis, avec plusieurs autres.

Provoqué par quelques mots que j'avais prononcés relativement aux origines de *la Lanterne* et par l'accueil que la Chambre avait fait à mes réticences plus encore qu'à mes explications, M. Christophe, gouverneur du *Crédit Foncier*, déclare que l'argent de *la Lanterne* provient d'un heureux chantage pratiqué contre un grand établissement financier.

Les auteurs de l'interpellation comprennent que la bataille est perdue pour eux ; ils renoncent à proposer un blâme, et l'ordre du jour pur et simple, mis aux voix, est adopté à une grande majorité.

Cette journée me valut l'épître suivante de mon Président du Conseil :

Mon cher Préfet,

Je vous félicite de tout mon cœur de votre succès de bon aloi qui est un succès pour le gouvernement aussi. En marchant droit sur vos adversaires, vous avez réduit à leur juste valeur ces misérables attaques, et vous vous êtes montré ce que vous êtes, un homme de cœur, de décision, en un mot un véritable homme de gouvernement.

J'en suis pour ma part très heureux.

Waddington.

Paris, 1er juillet 1879.

Mais, sous les appplaudissements de la Chambre, je devi-

nais ses réserves, et je me rappelais la traduction libre du
Quos Ego de Virgile par Scarron :

> Pour une fois, je vous pardonne ;
> Désormais n'y revenez plus !

Pourquoi d'ailleurs y serais-je revenu ? Le résultat
cherché n'était-il pas obtenu ? J'avais affirmé mon autorité.
La Lanterne était éteinte ou de moins son lumignon ne
pouvait plus être confondu avec le soleil levant.

Aussi ne trouvais-je plus à la Préfecture que des employés empressés, respectueux, confiants. Le factionnaire lui-même semblait me présenter les armes avec plus
de conviction.

LE PROCÈS DE LA « LANTERNE». — LA CONDAMNATION. —
LA VÉRITÉ SUR LE CAS DE Mlle BERNAGE.

Après l'interpellation de M. Bouchet et ses heureux
résultats, j'aurais volontiers renoncé au procès intenté,
pour fausses nouvelles, au journal *la Lanterne*.

Mais les poursuites ne dépendaient plus de moi ; la
justice était saisie.

D'ailleurs il n'était pas sans intérêt de mettre *la Lanterne* en demeure d'apporter les preuves de ses allégations.

Les témoins furent entendus à l'audience du 23 juillet ;

Mlle Lucie BERNAGE (18 ans, artiste dramatique, rue de Douai,
14) reproduit, sauf de légères variantes, le récit de *la Lanterne*.
Elle insiste sur la forme et la couleur de la carte qu'aurait montrée
l'homme à la casquette. C'était bien une carte ovale, verte des
deux côtés.

Me DELATTRE, avocat. — A combien de personnes évaluez-
vous le rassemblement qui s'était formé ?

Réponse. — A cent personnes au moins.

M. LE PROCUREUR DE LA RÉPUBLIQUE. — Le témoin a dit dans

l'instruction que l'agresseur avait présenté la carte des deux côtés pour la faire bien voir. Persiste-t-il dans cette déclaration ?

Réponse. — Oui, monsieur.

M. CUCHE, officier de paix, a fait une enquête administrative. Mlle Bernage avait indiqué le lieu exact de la scène ; le nombre des personnes ayant formé le rassemblement, environ cent cinquante. M. Cuche n'a pu retrouver un seul témoin de ce rassemblement.

M. RABASSE, sous-brigadier à la police municipale, déclare que le service des mœurs n'envoie jamais dans la rue des gens en casquette ni en blouse. Il a fait une enquête, et il affirme que Mlle Bernage n'a point été insultée par un agent de la préfecture.

— Du reste, ajoute-t-il, de onze heures à midi, tous les agents des mœurs sont dans les bureaux, venant y prendre des ordres ou y apporter des notes.

M. LE PRÉSIDENT. — Lorsque les agents sont venus dans les bureaux, de onze heures à midi, vous n'avez pas constaté d'absence ?

Réponse. — Non, monsieur le Président.

M. MARLOZ, gardien de la paix. Ce témoin était de planton, place de la République. Comme il pleuvait, il s'était réfugié sous une porte, en face du lieu où la scène se serait passée. Il était là, à l'heure du prétendu attroupement ; il aurait certainement vu un rassemblement de cent à cent cinquante personnes. Il affirme qu'il n'a rien aperçu.

Sur ce, M. Delattre, avocat, conseiller municipal, plaide pour *la Lanterne,* avec tout l'esprit dont il est capable. L'honorable organe du ministère public met en doute la sincérité de Mlle Bernage et s'attacha à démontrer que, dans tous les cas, les agents de la Préfecture de police étaient étrangers à son aventure.

Le tribunal prononça une condamnation sévère à quatre mois de prison et 4.000 francs d'amende, manifestant par la gravité de la peine la fermeté de sa conviction.

Pour le tribunal, comme pour le ministère public, le fait même d'une arrestation quelconque de Mlle Bernage, et par qui que ce fût, était invraisemblable : « Attendu, dit le jugement, que, même en admettant la réalité des faits racontés par Mlle Lucie Bernage, bien *qu'aucun témoin de la scène n'ait été retrouvé...* »

« Attendu que la mauvaise foi de *la Lanterne* est évidente ; qu'elle a commis le délit de fausse nouvelle, etc... »

Avant de quitter définitivement *la Lanterne*, et de brûler des parfums, j'ai tenu à résumer fidèlement les débats.

Je demande s'il est possible qu'une scène scandaleuse dont une intéressante jeune fille aurait été victime, à Paris, à onze heures du matin, dans un quartier fréquenté, ait pu passer inaperçue ? Je demande s'il est admissible qu'un rassemblement de cent à cent cinquante personnes, provoqué par un incident aussi émouvant que celui raconté par Mlle Bernage, ne puisse être attesté par personne ?

Je comprendrais que le faux agent des mœurs, s'il eût jamais existé, ne se fût pas présenté quand nous faisions appel aux témoignages. Il pouvait craindre des poursuites. Mais le père noble, le monsieur décoré dont l'intervention ne méritait que des éloges, peut-être même une médaille de sauvetage, pourquoi s'est-il soustrait à la reconnaissance de la jeune fille et de l'administration ?

Quant aux passants, quant à ce public frondeur de Paris, qui ne craint rien et qui est toujours prêt à prendre parti contre la police, pourquoi s'abstient-il ?

Aucune affaire n'a eu plus de retentissement. Elle a fait tapage dans la presse ; elle a été portée à la tribune de la Chambre des députés ; à celle du Conseil municipal ; elle a donné lieu à d'importants débats devant les tribunaux. De nombreuses années se sont écoulées depuis lors et aucun témoin ne s'est présenté pour dire : « J'étais là. J'ai vu l'homme à la casquette, j'ai vu Mlle Bernage, j'ai vu le monsieur décoré ; j'ai fait partie des cent cinquante personnes que l'émotion de ce petit drame avait rassemblées. »

Eh bien ! il n'y a qu'un mot pour qualifier le récit qui

se heurte à de telles invraisemblances ; mais ce mot, la galanterie française ne me permet pas de le prononcer.

ATTRIBUTIONS DU PRÉFET DE POLICE. — JUGES D'INS-
TRUCTIONS ET COMMISSAIRES.

La mission du préfet de police est singulièrement complexe.

On pourrait croire que la politique accapare le temps et les soins de ce fonctionnaire ; mais si l'on prend la peine de parcourir l'arrêté du 12 messidor an VIII, on est effrayé des responsabilités qu'engendrent la multiplicité et la variété de ses attributions.

Il est chargé de la police des prisons ; il veille à l'exécution des lois concernant les débits de boissons, les maisons de jeu et celles de débauche ; il est chargé de la police des théâtres ; il délivre les permis de chasse ; il doit assurer la salubrité de la ville et s'occuper de tout ce qui concerne les épidémies et les épizooties ; il prend les mesures propres à prévenir et à arrêter les incendies, les débordements, les débâcles ; il a la police de la Bourse ; il fait vérifier les poids et mesures et fait inspecter les marques des matières d'or et d'argent ; il surveille à la fois les cochers, les revendeuses, les nourrices, etc...

Mais j'en passe ; j'en passe, car tout un chapitre suffirait à peine à la simple énonciation des attributions préfectorales.

En dehors de celles qui, touchant à la politique, assurent la sécurité de l'État, la plus importante consiste à rechercher les auteurs des crimes et délits pour les livrer aux tribunaux.

Dans les villes de province, ce sont les chefs des parquets et les juges d'instruction qui ont la responsabilité de ces recherches.

A Paris, ces magistrats ne font guère que donner la forme de la sanction judiciaire aux actes de police.

Quant un crime à été commis, personne ne songe à porter plainte au parquet. On s'adresse au préfet de police, jour et nuit à son poste et toujours accessible au public, par lui-même ou par les fonctionnaires qui le remplacent.

La première instruction est faite, lorsque le lendemain, après son déjeuner, le chef du Parquet est mis en possession du dossier. Ce magistrat l'examine, et signe ses réquisitions, en attendant qu'il le puisse transmettre au juge d'instruction, qui arrivera plus tard à son cabinet.

Celui-ci confie l'affaire à un commissaire aux délégations judiciaires, c'est-à-dire à un fonctionnaire de la police, et tandis que ce commissaire prépare les solutions qu'il proposera au magistrat, le chef de la sûreté continue ses investigations sous la direction du préfet de police.

Avez-vous jamais eu quelque litige devant le tribunal de commerce de la Seine ? Les juges consulaires vous auront renvoyé devant un expert, sur le rapport duquel vous aurez gagné ou perdu votre procès.

Je ne crois pas faire une équation inexacte en disant que les commissaires aux délégations sont aux juges d'instruction ce que les experts en matière commerciale sont à nos juges consulaires.

Jamais, à Paris, juge d'instruction n'a trouvé les traces d'un criminel, si ce n'est en suivant celles de la police, qui quêtait pour le compte de la justice.

Ceux qui parlent d'attribuer au Parquet la police de sûreté sont aveuglés ou par l'esprit de parti, ou par l'esprit de corps, qui est peut-être pire.

Ils oublient que tous les services de police se touchent et se prêtent, sous une même direction, un mutuel appui ; que la surveillance des mœurs, que celle des garnis, celle des voitures, celles des bals publics, des maisons de jeu, des débits de boissons, amènent le plus souvent la découverte de criminels. Ils ne se rendent compte ni des habitudes, ni des aptitudes du Parquet, et s'ils veulent mettre entre les mains des magistrats tous les instruments de recherche que possède la Préfecture de police, ils n'auront fait que changer le nom du fonctionnaire ; la fonction aura traversé le boulevard du Palais ; elle sera abritée par le Palais de Justice, au lieu de l'être par la Caserne de la Cité.

LA RENTRÉE DES AMNISTIÉS

Depuis l'amnistie, le gouvernement n'attendait pas sans inquiétude l'arrivée des navires qui devaient ramener les condamnés de la Commune.

On annonçait des manifestations pouvant dégénérer en désordres.

Deux comités concurrents, destinés à venir en aide aux amnistiés, semblaient se disputer leur clientèle.

L'un, ayant à sa tête Victor Hugo et Louis Blanc, paraissait surtout poursuivre un but d'assistance et de fraternité.

L'autre, sous la dénomination de *Comité socialiste de secours aux amnistiés*, n'ayant pu réunir que quelques centaines de francs, s'attachait surtout à glorifier l'insurrection de 1871, et à grossir les rangs du parti révolutionnaire en attirant tous les malheureux qui, laissés à eux-mêmes, à leurs familles, au souvenir de leurs déceptions et de leurs souffrances, eussent cherché dans une vie de travail la réparation et l'oubli du passé.

Je m'entendis avec le directeur de la Sûreté générale pour que les arrivées à Paris eussent lieu durant la nuit. J'avais ainsi la certitude que les manifestants seraient moins nombreux et l'ordre public moins menacé.

L'arrivée du premier convoi eut lieu le 3 septembre à quatre heures du matin à la gare d'Orléans.

Me promenant, durant la nuit, aux environs de la gare et me mêlant à la foule, j'avais pu juger, de mes propres yeux, l'effet des mesures que nous avions prises.

La foule était considérable, et je crois qu'on pouvait l'évaluer à quarante mille personnes. Les parents, les amis, les camarades d'atelier en formaient le noyau ; il s'y était joint un grand nombre d'ouvriers qui avaient répondu à l'appel des journaux ; il fallait y ajouter beaucoup de noctambules, encouragés par une nuit splendide, un doux clair de lune : *Per amica silencia lunæ.*

Je reconnus des journalistes, des conseillers municipaux, des membres des comités de secours.

A quatre heures du matin, massée sous la galerie couverte de la gare d'Orléans, et dans une partie de la salle d'attente, la foule fit aux arrivants une réception chaleureuse, qui parut attendrir quelques-uns d'entre eux, mais ne provoqua de leur part aucune manifestation bruyante.

L'expression des visages était faite de résignation, de crainte et d'indicible lassitude ; l'attitude était celle d'une bande de prisonniers.

Non seulement il ne semblait exister entre les amnistiés aucun concert pour répondre par des cris politiques aux acclamations de la foule, mais nul d'entre eux ne paraissait avoir médité une manifestation individuelle.

J'aurais voulu en conclure, avec la presse radicale, que l'amnistie c'était l'oubli, l'apaisement, la sécurité, le véritable ordre moral, qui désarme les haines, efface les souvenirs farouches, éteint toute ardeur de revanche.

Mais les échos des réunions ne me permettaient pas ces illusions.

Le jour même de l'arrivée des passagers du *Var* avait lieu une réunion organisée par le « Comité socialiste d'aide

aux amnistiés et non amnistiés ». Le socialiste Maria lut
d'abord un long rapport qu'il résumait en ces termes :

Disons-nous bien que nous sommes des millions d'exploités
contre quelques milliers d'exploiteurs, et qu'en nous groupant,
nous pourrons nous dresser contre cette bourgeoisie et lui dire :
« Vois, nous sommes organisés ; nous venons recommencer contre
l'exploitation la lutte dans laquelle ont péri nos aînés ; mais cette
fois nous sommes sûrs du succès. Il nous faut la possession de
l'instrument de travail et celle du capital ; il faut que celui-là
consomme qui produit. Et si la bourgeoisie ne veut pas céder,
nous la ferons disparaître.

Après une quête au profit des amnistiés, Jules Guesde
prit la parole :

Que reproche-t-on, dit-il, au Comité central ? L'assassinat, moi
je dis l'exécution des généraux Clément Thomas et Lecomte. Ce
ne fut pas l'œuvre du Comité Central. Mais en eût-il la responsabilité, je l'en approuverais. L'exécution était juste pour ce
Lecomte qui fusillait les femmes et les enfants ; pour ce Thomas
qui, en juin 1848, faisait tirer sur les passants par les soupiraux de
l'Hôtel de Ville. On peut m'accuser de faire l'apologie de crimes ;
je m'en fais gloire et je demanderai à ces Versaillais quels n'étaient
pas leurs cris de joie lorsque nos glorieux vaincus étaient entre les
mains de leurs soldats... Nous voulons remplacer le vote par la
révolution ; préparons-nous-y ; et, comme le christianisme, la
torche à la main, renversons le vieil état de choses, pour faire
régner le socialisme.

Nous sommes accoutumés aujourd'hui à ce langage de
réunions publiques, dont l'écho se fait entendre même à la
Chambre. Nous avons pris notre parti de la révolution sociale, comme on prend son parti de la fin du monde, espérant seulement qu'elle arrivera le plus tard possible.

Mais, à cette époque, il y avait encore une illusion de
République conservatrice. Quand ils lisaient mes rapports, les ministres d'alors, qui avaient cru à l'efficacité
de l'amnistie, s'indignaient de l'ingratitude des hommes.

INTERPELLATIONS MUNICIPALES. — LA DÉCENCE DES RUES.
— LE BONNET PHRYGIEN. — LES DÉBITS DE BOISSON. —
LES THÉATRES.

On reproche à nos députés d'entraver la marche des
affaires par la multiplicité des interpellations, et ce reproche
leur est adressé le plus souvent par les partisans les plus
convaincus du système parlementaire, qui font, sans s'en
douter, le procès du parlementarisme, quand ils en critiquent
les conséquences inévitables.

Mais si le droit d'interpeller est l'attribut nécessaire
d'une Chambre qui gouverne par l'intermédiaire d'un cabinet responsable, c'est par une méconnaissance de toutes les
lois et de tous les principes que le conseil municipal de
Paris prétendait s'ériger en Parlement, appeler devant lui,
comme des ministres responsables, le préfet de police et le
préfet de la Seine, leur demander compte de leurs actes
administratifs et leur infliger ses blâmes, sous forme d'ordres du jour motivés.

Les deux préfets représentent, dans la limite de leurs
fonctions, le gouvernement de la France ; ils ne relèvent
que du ministre de l'Intérieur, responsable lui-même
devant les Chambres.

Cette législation est-elle bonne ou défectueuse ? Nous
aurons plus tard à nous en expliquer.

Mais tant qu'on n'aura pas supprimé la préfecture de
police, le devoir du préfet sera de faire respecter sa fonction et de maintenir intacts les droits qu'elle lui confère.

J'eus la dure obligation de résister lorsque les élus des
quartiers de Paris voulurent ériger leur assemblée en petit
Parlement, et soumettre le préfet de police à la condition
précaire et subordonnée de ministre municipal.

Toutefois le conflit ne surgit que lorsque cette prétention

se manifesta nettement — et aussi longtemps qu'il me fut permis de le faire sans abdiquer l'autorité dont j'avais le dépôt — je mis beaucoup d'empressement à répondre aux questions des honorables conseillers, même quand elles étaient qualifiées interpellations et qu'elles se terminaient par un ordre du jour où je ne voulais voir que l'expression d'un vœu.

— Pourquoi, demandait le vénérable M. Morin, la police n'a-t-elle pas pris de mesures énergiques pour nous débarrasser des filles qui, par leurs provocations, blessent la décence publique ?

— Enchanté, monsieur le conseiller, de vous trouver dans de bonnes dispositions ; mais il faudrait vous entendre avec vos collègues qui demandent la suppression de la police des mœurs. Cependant l'honorable M. Morin apprendra sans doute avec satisfaction qu'un récent arrêté vient de supprimer les « promeneuses » qui arrêtaient les passants à la porte de certaines maisons, et même les duègnes qui, avec plus de discrétion, remplissaient le même office.

— Le 14 juillet dernier, disait M. Henry Maret, tandis que nous fêtions la prise de la Bastille, un habitant de la rue des Épinettes ayant arboré un drapeau tricolore, paré du bonnet phrygien, le commissaire de police du quartier a fait enlever, comme séditieux, cet emblême républicain.

Ah ça ! il y a donc encore des controverses sur la coiffure de la République ? Nous pensions en avoir fini avec ces subtilités byzantines. Le Seize-Mai triomphant avait fait saisir tous les bonnets phrygiens rencontrés dans Paris. Le gouvernement actuel a-t-il donné les mêmes ordres ?

— Monsieur le représentant du quartier des Épinettes, je ne puis blâmer le commissaire de police, car il a obéi à d'anciennes circulaires datant de 1872, et qui n'avaient pas été expressément rapportées. Cette question des emblèmes séditieux est des plus délicates, puisqu'elle varie suivant les temps et les ministères. Mes prédécesseurs servaient une République qui portait une étoile au front et des épis dans les cheveux. Mais je dois reconnaître que notre République a coiffé le bonnet phrygien, et que cette coiffure ne saurait plus être considérée comme séditieuse.

— Pourquoi, dit M. Jules Roche, avez-vous pris un arrêté autorisant les débits de boisson à rester ouverts jusqu'à deux heures du matin ?

— Mon Dieu, monsieur Roche, c'est parce que je suis un préfet libéral. Oh ! la liberté n'est pas, à mes yeux, le droit. de provoquer à la violation des lois, d'attenter à la conscience d'autrui, de troubler la paix publique. Mais, sans parler de toutes les libertés nécessaires, j'attache la plus grande importance à ne pas vexer les citoyens par des réglementations inutiles. L'ouverture facultative des débits jusqu'à deux heures est une expérience que je tente. Je désire pouvoir supprimer toute réglementation en ces matières. Je crois que la sécurité des rues y est intéressée. Plus nous aurons de lumière et de mouvement dans les rues, moins nous aurons d'attaques nocturnes.

Avant mon arrêté, bien que la fermeture fût fixée à une heure du matin, on faisait dans la pratique de nombreuses exceptions, dictées trop souvent par des considérations personnelles. J'ai voulu, par une règle générale, mettre un terme à des abus qui soulevaient contre l'administration de regrettables suspicions. Vous savez, monsieur Roche, quelles sont les obligations de la femme de César.

— Et votre arrêté qui autorise les directeurs de théâtres à ne finir leurs spectacles qu'à minuit et demi, comment le justifiez-vous ?

— Messieurs, il y a plusieurs Parisiens au Conseil municipal de la ville de Paris. Ils savent que le public a changé ses heures de repas, et qu'il a pris l'habitude d'arriver tard au théâtre. Au dix-huitième siècle, les spectacles devaient

être terminés à cinq heures de l'après-midi. Depuis longtemps déjà l'heure extrême était minuit, et cette heure
était presque toujours dépassée. Je ne puis me résoudre
à faire payer aux directeurs, sous forme de double garde,
une véritable amende, quand il est évident qu'ils ont tout
simplement suivi le public, notre maître à tous.

AU PAVILLON DE FLORE. — M. BENJAMIN RASPAIL.

Nous avions quitté la salle du Luxembourg, qu'il avait
fallu rendre au Sénat.

Nous étions au pavillon de Flore. Là, plus d'emblêmes
impériaux ; mais des toiles de maîtres, représentant la
prise de la Bastille, la Révolution triomphante sur les
barricades, les hommes du peuple, aux bras nus, fraterni-
sant avec les soldats, — du sang sur les pavés, de sombres
lueurs de haine dans les yeux. Il semblait que le décorateur
de cette salle se fût attaché à rappeler aux élus de la commune de Paris qu'il y avait encore des bastilles à prendre,
et que la Révolution n'était point achevée.

Dans la plupart des assemblées parlementaires les orateurs parlent de leur place. Mais les conseillers municipaux
de Paris ont de la tenue ; ils laissent aux Anglais, aux
Belges, aux Espagnols, ces manières trop familières.

C'est de la tribune que s'envolent les paroles ailées que
des sténographes fixent sur le papier, tandis que le président agite gravement la sonnette, symbole et instrument
de son autorité.

Comment, avec de tels décors et une telle mise en scène,
persuader à l'assemblée municipale qu'elle ne doit pas
jouer le rôle d'un Parlement ?

Pour que l'égalité avec les députés fût manifeste, les
conseillers avaient des insignes destinés à être accrochés
à la boutonnière.

Le Conseil voulut, en outre, avoir des médailles où seraient gravés les noms des honorables membres, seul moyen peut-être de les transmettre à la postérité.

A quel métal donnerait-on la préférence ?

La question fut portée à la tribune. Les plus modestes opinaient pour la médaille d'argent, semblable à celle des députés.

D'autres, trompés par les apparences de la médaille sénatoriale, qui est en vermeil, déclaraient vouloir des médailles en or, comme les sénateurs :

— Eh ! messieurs, quand nos droits sont contestés, quand chaque jour l'État marque son dédain pour les élus de la commune, nous ne saurions affirmer notre autorité par des signes trop éclatants !

— C'est vrai, dit un autre membre. Mais, en cherchant à défendre notre dignité, prenons garde de la compromettre. Les représentants de la démocratie ne sont pas riches ; les temps sont durs ; le mont de piété n'est pas loin. Croyez-moi, messieurs, contentons-nous d'une médaille d'argent.

Tandis que ces discours se tenaient au pavillon de Flore, M. Benjamin Raspail s'apprêtait à m'adresser, à la prochaine séance du Conseil général de la Seine, une interpellation.

Le conseil général de la Seine n'est qu'une seconde édition du conseil municipal de Paris, non corrigée, mais augmentée d'un certain nombre de notabilités suburbaines.

Parmi ces dernières, M. Benjamin Raspail occupait un rang distingué.

Le voici à la tribune ; il étale ses dossiers et ses notes. Sa parole est celle d'un justicier ; on l'écoute avec le respect qu'on doit au représentant de Gentilly et d'une dynastie.

« Je suis député comme le préfet de police, dit à peu près M. Raspail.

» Je vais faire une interpellation politique. J'aurais pu la porter à la tribune de la Chambre ; j'ai préféré la réserver pour le Conseil général, où je suis mieux écouté. »

Et M. Benjamin Raspail passe la revue des agents. Il veut que je balaye « les écuries d'Augias ».

Le député de Gentilly n'ignore pas sans doute que c'est un travail d'Hercule qu'il exige du Préfet. Encore, lorsqu'il confia au fils d'Alcmène le soin de nettoyer ses étables, le nommé Augias n'y avait-il que trois mille bœufs. M. Benjamin Raspail s'en prend aux dix mille agents de la Préfecture de police.

Il réédite, sans les rajeunir, toutes les vieilles histoires de *la Lanterne*. Tel agent a, par son témoignage devant les Conseils de guerre, fait condamner un combattant de la Commune ; tel autre a des opinions bonapartistes ; celui-ci va à confesse ; celui-là a servi sous le 16 mai. Épurons, épurons, épurons !

De plus, M. Benjamin Raspail affirme qu'on ne pourrait citer un seul agent qui ait reçu de l'avancement en qualité de républicain.

Je réponds à l'honorable député-conseiller général. Le mot « calomnieux » appliqué à ses renseignements, met le feu aux poudres ; mais l'explosion se produit et le dégât devient irréparable lorsque j'expose ma théorie sur le personnel de la police :

L'agent de police, tel que je le comprends, ne doit pas être un homme de parti, un politicien, fût-il un républicain de la veille ; celui-ci sera peut-être un excellent citoyen, mais il sera un mauvais agent, car il n'aura pas l'esprit d'obéissance.

Plusieurs membres. — C'est trop fort.

Le Préfet de police. — Je préfère pour agents les hommes du devoir et de la discipline. J'ajoute que, lorsqu'à la tête d'une administration se trouve un fonctionnaire républicain, si ceux qui sont placés sous ses ordres lui obéissent d'une façon absolue, l'administration est suffisamment républicaine.

Après ces paroles, il ne me restait plus qu'à subir l'ordre du jour de blâme.

La lune de miel n'était plus qu'une vieille lune.

Un décret du Président de la République annula, comme illégal, l'ordre du jour de blâme ; mais le journal de Gambetta marqua par son silence sa haute désapprobation, et son inquiétude de savoir ce qu'en pourront penser les électeurs de Belleville.

CI-GIT LE CABINET WADDINGTON. — M. DE FREYCINET CONTINUE LES AFFAIRES.

Tandis que je recevais, au Conseil municipal, le choc inoffensif de Benjamin Raspail, de plus rudes coups atteignaient le ministère à la Chambre des députés.

« Il faut aboutir », avait dit Gambetta, président le 27 novembre, la séance de rentrée.

Mais ce sage conseil, qui répondait aux vœux du pays, devait rester sans écho.

La Constitution de 1875, suivant les lois de laquelle se meut, dans le vide, notre grande machine parlementaire, c'est la Constitution qui n'aboutit pas.

Nous devions rester en proie aux agitations stériles et aux récriminations sans fin.

On reprochait à M. Waddington de n'avoir pas assez « épuré ».

Il se tira à son honneur des interpellations qui lui furent adressées. Mais, en dépit de ses succès apparents, son Cabinet allait se désagréger et tomber comme de lui-même au lendemain des ordres du jour de confiance qui semblaient lui assurer une longue existence.

En face de cette majorité sans esprit politique, absorbé par le souvenir de la lutte du 16 mai, incapable de dominer sans rancunes, se méfiant de l'initiative des ministres, les harcelant par de perpétuelles attaques, — tous ceux qui, dans le cabinet, avaient quelque souci de leur dignité, quelque sentiment de leur responsabilité, se sentaient envahis par le découragement, la lassitude et le dégoût.

Le Garde des Sceaux Le Royer se retira le premier, alléguant l'état de sa santé. Le général Gresley, ministre de la Guerre, le suivit. Enfin, Waddington remit sa démission à M. le Président de la République, qui fit de vains efforts pour décider le premier ministre à ne pas persister dans sa résolution.

M. de Freycinet accepta le mandat de constituer un ministère, et, le 28 décembre, il se présenta devant les Chambres avec un nouveau cabinet.

MM. Lepère, Jules Ferry, Cochery, Jauréguiberry et Tirard conservaient leurs portefeuilles. M. de Freycinet prenait celui des affaires étrangères ; Cazot était à la Justice ; Magnin aux Finances ; le général Farre à la Guerre.

LE KULTURKAMPF.

Les Chefs de l'opportunisme avaient fondé leur popularité et leur fortune politique sur des promesses imprudentes faites aux populations ouvrières des grandes villes.

Sans doute, le tribun qui avait mis sa signature au bas du programme de Belleville disait qu'il n'avait accepté ce programme qu'en tant qu'indication générale et pour se prêter à une manifestation électorale. Mais les électeurs n'avaient point à tenir compte des réserves restées secrètes, et, pour eux, le succès du parti dont Gambetta était le chef devait entraîner l'exécution des promesses et mettre fin à toutes les misères sociales.

Depuis longtemps, Gambetta avait pris à tâche de préparer graduellement aux déceptions nécessaires cette importante fraction de la démocratie, que, suivant les circonstances, on appelle la queue, la tête ou le cœur du parti.

Pour rayer du programme de Belleville la suppression des armées permanentes, il avait invoqué l'expérience des dernières années ; — pour biffer la séparation de l'Église et de l'État, il avait objecté l'impossibilité de briser, par un effort unilatéral, les liens synallagmatiques créés par le Concordat ; — pour calmer les espérances chimériques qu'il avait autrefois entretenues, il avait été jusqu'à nier qu'il y eût une question sociale.

« L'esprit de Gouvernement », comme on disait, pouvait commander ces amputations successives, mais la démocratie militante ne s'accommodait pas de les subir, et sa protestation s'affirmait par les progrès incessants du radicalisme dissident ou « intransigeance ».

A cet afflux de la sève intransigeante, Gambetta opposa comme dérivatif l'appel aux passions antireligieuses : « Le cléricalisme, voilà l'ennemi ! » avait-il dit ; et ce fut à ce cri que se firent les élections législatives de 1877.

Pendant longtemps, les affamés se contentèrent de « manger du prêtre » ; la question religieuse domina la question sociale.

Pour le succès de cette politique, Gambetta et ceux qui recevaient de lui l'inspiration trouvaient un soutien assuré dans la majorité des Chambres.

Un Kulturkampf bourgeois n'excédait pas la hauteur de vue de ces députés pour lesquels le chef de l'opportunisme professait un dédain bien connu.

Les occasions n'avaient pas manqué d'assurer à la république parlementaire l'équilibre nécessaire à la sûreté de sa marche. Il fallait permettre, faciliter, favoriser la formation d'un parti républicain conservateur, d'une droite républicaine. La première condition du régime parlementaire, c'est l'existence des whigs et des tories se partageant la représentation nationale, luttant avec *loyalisme* sur le terrain constitutionnel et se succédant au pouvoir suivant les fluctuations de l'opinion.

Mais l'opportunisme rêvait une sorte de parlementarisme jacobin, une représentation nationale sans minorité ; l'ordre assuré par l'oppression ; le combat qui finit faute de combattants.

Les élections de 1877 avaient été une lutte ardente, dans laquelle le clergé s'était imprudemment engagé. Les vainqueurs ne songèrent qu'à s'établir en maîtres dans la République, et à creuser autour d'elle un fossé infranchissable. On pouvait faire le gouvernement de tous ; on s'attacha à faire le gouvernement d'un parti ; bientôt on réussit à faire le gouvernement d'une coterie.

La liberté paya les frais de la guerre. « Il n'y a pas de liberté pour les ennemis de toute liberté ». avait dit Paul Bert, et sous prétexte d'appliquer aux cléricaux les doctrines cléricales, les libéraux se firent oppresseurs ; ils oublièrent qu'ils avaient dans leurs programmes la liberté de croire, de penser, d'écrire, d'enseigner, de se réunir, de s'associer.

Les lois d'enseignement servirent d'abord de prétexte aux représailles. Jules Ferry, ministre de l'Instruction publique, déposa le projet de loi qui contenait un article 7 devenu célèbre :

« Nul n'est admis à participer à l'enseignement public, ou libre, ni à diriger un établissement d'enseignement de quelque ordre que ce soit, s'il appartient à une congrégation religieuse non autorisée. »

Les républicains libéraux acceptaient les autres dispositions du projet de loi ; mais tout en protestant contre la pensée d'abandonner les écoles de l'État, ils s'élevaient contre l'article 7, contraire à la liberté d'enseignement,

LES DÉCRETS. — AVANT L'EXÉCUTION. — M. CONSTANS
SUCCÈDE A M. LEPÈRE.

En exécution des engagements qu'il venait de prendre
vis-à-vis de la Chambre des députés, le Gouvernement,
à la date du 27 mars 1880, proposa à la signature de M. le
Président de la République deux décrets qui furent contre-
signés par M. Jules Cazot, garde des Sceaux, et par M. Lepère, ministre de l'Intérieur et des cultes.

Le premier décret accordait un délai de trois mois « à
l'agrégation ou association non autorisée dite de Jésus,
pour se dissoudre et évacuer les établissements qu'elle
occupait sur le territoire de la République. »

Ce délai était prorogé jusqu'au 31 août 1880 pour les
établissements d'enseignement, afin de ne pas interrompre
les études avant le terme ordinaire de l'année scolaire.

Le second décret mettait en demeure toutes les congrégations non autorisées de produire leurs statuts et de
demander la reconnaissance légale dans le délai de trois
mois.

M. Lepère, qui avait mis sa signature au bas des décrets,
n'eut pas la responsabilité de l'exécution.

Deux fois en minorité, au cours de la discussion du projet
de loi relatif à la liberté de réunion, le ministre de l'Intérieur fut considéré comme seul atteint par ces votes.

Depuis quelque temps, d'ailleurs, la majorité paraissait
résolue à lui retirer son portefeuille ; on lui reprochait
« de ne pas faire assez sentir la main du gouvernement ».

On cherchait un autoritaire ; n'ayant pas encore découvert M. Waldeck-Rousseau, on crut l'avoir trouvé en la
personne de M. Constans, déjà sous-secrétaire d'État au
ministère de l'Intérieur.

Je perdis, en l'aimable auteur du *Vieux Quartier Latin*,

un ministre avec lequel je fus rarement d'accord, mais qui fut toujours bienveillant.

Les difficultés d'application, les résistances prévues, la nécessité d'une action violente contre des personnes qui n'opposeraient que la force d'inertie, la perspective d'employer les commissaires de police et les gardiens de la paix pour ouvrir des chapelles et des cellules, et pour en arracher des vieillards en prière, en un mot, les actes de brutalité qu'allait m'imposer ma fonction, m'inspiraient une répugnance qui devenait plus vive à mesure que l'exécution des décrets devenait plus prochaine.

J'en avait plusieurs fois parlé à Gambetta qui seul avait sur la Chambre et sur le cabinet l'autorité nécessaire pour les amener à s'arrêter sur une pente au bout de laquelle il n'y avait que de la déconsidération à rencontrer, sans aucun profit, sans aucun résultat pratique pour le parti républicain.

Il ne s'agissait point, en effet, lui disais-je, d'expulser, comme à d'autres dates, les religieux du territoire français. Une telle expulsion, qui eût été contraire aux principes d'une politique libérale, aurait eu du moins pour explication, sinon pour excuse, l'efficacité des mesures qu'elle eût comportées ; elle fût rentrée dans la « politique des résultats ».

Mais on allait se livrer à des actes dont l'apparence grossière et tyrannique devait aliéner aux institutions nouvelles bien des sympathies, sans aucune compensation.

L'action de la police aurait pour effet d'expulser de leurs domiciles des religieux qui iraient vivre dans le voisinage, à l'hôtel ou chez des particuliers, entre lesquels subsisterait le lien moral créé par les vœux, par la règle commune et par l'acceptation d'une même direction.

Ils allaient gagner les sympathies et le respect qu'engendre toujours la persécution ; ils devaient conserver la propriété de leurs immeubles, puisqu'on était d'accord pour respecter le droit de propriété ; il était même convenu qu'on laisserait dans ces immeubles quelques religieux autorisés à y rester comme gardiens ; il fallait prévoir que les expulsés ne tarderaient pas à y rentrer peu à peu, ne fût-ce que comme visiteurs, la force publique ne pouvant être immobilisée à la porte des couvents, ni y tenir garnison.

En vérité, quel bénéfice, espérait donc le Gouvernement ? N'allait-on pas, dans les conditions les plus défavorables, substituer la politique des manifestations stériles à la politique des résultats ?

Gambetta ne méconnut pas la gravité de ces observations. Il ne s'abusait point sur les conséquences des décrets. Mais il me répondit « qu'il attachait de l'importance à leur exécution, en tant *qu'indication d'une politique* ».

Ce serait se tromper qu'attribuer à je ne sais quelle haine irrésistible et aveugle l'attitude que prit dans cette question le Président de la Chambre. Assez souvent, il avait sacrifié aux exigences de la politique ses engagements et ses principes, pour sacrifier également ses aversions aux nécessités de Gouvernement.

M. Gambetta savait bien que la politique dont l'affirmation lui paraissait importante aurait pour conséquence d'éloigner définitivement de la république une fraction considérable de la nation ; mais il s'attachait avant tout à maintenir dans son orbite les grandes villes. Il était député de Belleville ; ses principaux sous-ordres représentaient les populations des grands centres ouvriers.

« On ne gouverne pas contre Paris ; on ne gouverne pas sans Paris », avait dit Gambetta.

Cette formule, bien frappée, commençait à passer à l'état d'axiome. Dans son exagération même, elle exprimait énergiquement l'idée de la supériorité antidémocratique que prennent les populations agglomérées des grandes villes sur les populations plus nombreuses, mais dispersées des campagnes.

Gambetta redoutait que les grands centres industriels échappassent à son influence, et ne pouvant, sans cesser d'être un homme d'État, flatter les rêveries dont se bercent les travailleurs de l'usine et de l'atelier, il cherchait à retenir leurs sympathies et leur confiance par l'affirmation d'une politique résolument hostile à l'influence du clergé. Déjà l'anticléricalisme conduisait l'enterrement des réformes sociales.

J'essayai de voir quelques-uns des membres les plus influents des congrégations menacées par les décrets. Des amis me facilitèrent ces entrevues, destinées à éviter les solutions violentes auxquelles les religieux paraissaient résignés.

Il s'agissait d'obtenir que les congrégations non autorisées se décidassent à faire le dépôt de leurs statuts et à demander la reconnaissance légale. Il fallait d'abord que les PP. Jésuites consentissent à se disperser, car leur refus d'obéir aux décrets devait, par l'effet d'un sentiment de solidarité, entraîner la résistance de toutes les congrégations.

Je ne pus longtemps m'abuser sur les chances de mes essais de diplomatie. Les congrégations se fussent peut-être décidées à demander l'autorisation, si elle eût pu leur être accordée par un décret du pouvoir exécutif ; mais une loi discutée et votée dans les deux Chambres était nécessaire.

Il eut fallu se faire une bien naïve illusion sur l'état des esprits dans la majorité, pour croire que les procédures en autorisation, en admettant que le gouvernement jugeât à propos de les porter devant le Parlement, aboutiraient à un autre résultat qu'à des violences de langage et à des scrutins connus d'avance.

L'intérêt d'un débat sans mesure et sans équité ne pouvait déterminer les congrégations à annexer, suivant les termes des décrets, à la demande d'autorisation : « 1º la liste nominative de tous les membres de l'association ; 2º l'état de l'actif et du passif, ainsi que des revenus et charges de l'association et de chacun de ses établissements ; 3º un exemplaire des statuts et réglements. »

Parmi les religieux avec lesquels je fus en rapport pour ces tentatives de négociation, je dois un souvenir particulier au P. Dulac, qui dirigeait alors l'école de la rue des Postes. Si le bon vouloir et l'intelligence d'une situation difficile eussent suffi pour rendre possibles les solutions transactionnelles, elles eussent certainement prévalu par son heureuse intervention.

LA PREMIÈRE EXÉCUTION DES DÉCRETS. — LES GANTS GRIS PERLE CHEZ LES JÉSUITES.

Il ne me restait plus qu'à choisir entre l'exécution des décrets et ma démission. J'ai cédé à l'intérêt de la lutte engagée contre les prétentions autonomistes du Conseil municipal et au désir de ne pas me séparer d'un personnel qui me donnait chaque jour des témoignages de sa confiance et de son attachement. Il me semblait que j'avais la garde d'une forteresse et que ma retraite eût été une désertion.

Ma résolution prise, je donnai mes instructions à M. Caubet, chef de la police municipale, à MM. Clément et Dulac, commissaires de police, pour la première exécution des décrets.

Conformément aux ordres du Ministre de l'Intérieur, les scellés furent apposés, le 29 juin à neuf heures du soir, sur les portes de la chapelle des jésuites, rue de Sèvres : *Ad majorem gloriam Dei.*

Je ne pensais pas que la journée du lendemain dût exiger mon intervention personnelle.

Les instructions avaient été données pour que, dès les premières lueurs du jour, l'arrêté pris en exécution des décrets fut notifié aux Jésuites.

J'avais espéré, par cette précaution, diminuer l'importance de la manifestation projetée, et, dans tous les cas, éviter une contre-manifestation qui eût pu donner lieu à des désordres graves.

J'étais rentré à la Préfecture de police à une heure avancée de la nuit, et j'étais à peine endormi, lorsqu'on vint me réveiller pour me remettre une dépêche urgente de M. Clément.

Le commissaire de police aux délégations judiciaires me faisait connaître qu'il y avait rue de Sèvres une foule nombreuse et fort excitée, que des agents avaient été outragés et qu'il craignait des difficultés pour l'accomplissement de sa mission.

Je connaissais assez M. Clément pour ne pas supposer qu'il ne s'alarmât sans motifs, et je jugeai ma présence nécessaire, autant pour assurer le respect de mes agents que pour empêcher toute brutalité dans l'exécution des décrets.

Je m'habillai en toute hâte, prenant les vêtements que j'avais quittés une heure avant, et je montai dans un coupé, en donnant l'ordre d'aller en hâte rue de Sèvres.

Qu'allais-je trouver à mon arrivée ? Que signifiait la dépêche laconique de M. Clément ? Quelle serait l'attitude de la foule ?

Ces questions m'assiégeaient, et j'entrai machinalement mes doigts, sans y regarder, dans les gants de la veille.

Et voilà comment j'arrivai devant la maison des jésuites avec ces gants gris perle qui ont fourni tant de copie aux journalistes et dont on parlera peut-être encore quand mon nom sera tombé dans l'oubli.

Je ne crois pas qu'à mon arrivée il y eut plus de cinq à six cents personnes aux abords de l'établissement de la rue de Sèvres. Il me parut que M. Clément avait été plus ému par la qualité que par le nombre des manifestants.

C'étaient, pour la plupart, des étudiants, témoignant avec vivacité, mais sans la grossièreté habituelle des foules, les sentiments dont ils étaient animés.

Au milieu des groupes circulaient plusieurs membres du Parlement, qui suivaient pas à pas les commissaires de police et intervenaient à chaque instant pour protester contre les actes des agents, sans tenir compte du devoir d'obéissance passive qui s'imposait à ces derniers.

J'avais oublié mes hésitations de la veille. Je ne voyais plus qu'une chose : mes agents rencontraient des résistances dans l'exécution des ordres que j'avais donnés, comme je les avais reçus. Je ne connaissais plus d'autre considération que le devoir de faire respecter l'écharpe des commissaires de police et l'uniforme des gardiens de la paix ; je fis arrêter et conduire au poste, comme de simples perturbateurs de la paix publique, des personnes pour lesquelles j'avais d'ailleurs la plus parfaite estime ; parmi eux le marquis de Dion, mon futur collègue et ami, qui ne me garde pas rancune de l'avoir envoyé à Mazas, car il n'a pas oublié mon empressement à donner des autorisations de visites à tant de nobles dames qui brûlaient d'apporter quelques adoucissements à sa captivité.

L'évacuation de la maison fut longue ; le spectacle en fut douloureux et humiliant pour ceux qui avaient la responsabilité de l'exécution.

Les agents se heurtèrent à une résistance passive : il fallait pousser à la rue des prêtres sans défense ; leur attitude de prière, leurs physionomies méditatives et résignées, et jusqu'à la bénédiction donnée en sortant aux fidèles agenouillés, contrastaient péniblement avec l'emploi de la force publique.

Il n'était pas nécessaire d'avoir la foi catholique pour éprouver l'impression que je décris ; et quelles que fussent leurs croyances particulières, ce n'était pas pour de pareilles besognes que tant de vieux soldats avaient revêtu l'uniforme des gardiens de la paix.

Quand tout fut fini, j'allai porter au ministre de l'Intérieur le bulletin de cette peu glorieuse victoire.

GAMBETTA SOUS LA SURVEILLANCE DE LA POLICE.

Depuis la rentrée des amnistiés, les orateurs des réunions publiques ou privées avaient souvent fait entendre des menaces de mort contre Gambetta.

Il y a plus loin de la menace à l'action que de la coupe aux lèvres ; néanmoins, les amis de Gambetta étaient inquiets. Ils se préoccupaient particulièrement des dangers que pouvait courir l'hôte des Jardies pendant son séjour à Ville-d'Avray.

Ses promenades solitaires dans les environs de sa propriété et jusque dans la forêt de Saint-Cucufa pouvaient enhardir ses ennemis en leur offrant à la fois des occasions faciles d'exécuter leurs menaces et des chances d'impunité.

M. Constans, ministre de l'Intérieur, ayant reçu la confidence des craintes que le séjour de Ville-d'Avray inspirait aux amis de Gambetta, et les partageant d'ailleurs, me pria d'exercer dans le voisinage des Jardies une surveillance assidue.

En conséquence, dès le milieu de juin, deux de mes agents s'installèrent à Ville-d'Avray, comme deux bourgeois de Paris, tous deux célibataires, retirés des affaires après y avoir acquis une modeste aisance, et désireux de trouver à la campagne les plaisirs champêtres, l'air pur et l'ombre des grands arbres.

Ils y avaient devancé l'arrivée de Gambetta, qu'on attendait prochainement. La propriété était gardée, en son absence, par un cantonnier du pays et sa femme ; mais ce ménage devait quitter la maison dès l'installation du maître, pour n'en reprendre possession qu'après son départ.

La surveillance de mes agents fut d'ailleurs inutile. Gambetta ne courut aucun danger. Les révolutionnaires, à la salle Graffard et ailleurs, continuèrent à faire l'apologie du régicide et à désigner au poignard des assassins « l'empereur du Palais-Bourbon », mais aucun d'eux ne prit la peine de faire le voyage de Ville-d'Avray pour supprimer le tyran.

Je ne parlerais pas dès lors de cette surveillance si le rôle historique de Gambetta et l'importance de sa personnalité ne donnaient quelque intérêt aux moindres détails qui le concernent.

A ce titre, j'extrais des notes envoyées par mes agents quelques passages qui peuvent être publiés sans inconvénient :

18 *juin* 1880. — Chaque fois qu'il vient à Ville-d'Avray, M. Gambetta amène un domestique, un sieur Trompette, mais celui-ci descend, avec sa femme, dans la maison où le service est installé.

M. Gambetta semble vouloir faire le vidé autour de lui.

On dit le sieur Trompette bon garçon et communicatif. Il sera facile de le faire parler.

20 *juin*. — M. Gambetta est arrivé ce matin vers onze heures et demie de Paris, en voiture, accompagné de Mme L... et d'un jeune garçon, âgé d'environ quatorze ans, qu'on dit être son neveu.

22 *juin*. — Les domestiques, c'est-à-dire le cuisinier et

sa femme, l'aide de cuisine et le valet de chambre, sont arrivés par le train de trois heures quinze minutes.

La maison est silencieuse au point qu'on croirait qu'elle est déserte.

27 juin. — Vers neuf heures, ce matin, M. Gambetta a fait une promenade d'une demi-heure.

Il a déjeuné à onze heures et demie, dans son jardin, en compagnie de la dame et du jeune homme dont on a parlé.

A deux heures un quart, ils sont montés en voiture et se sont dirigés vers Sèvres.

M. Gambetta est revenu vers cinq heures et demie, en compagnie de M. le Ministre des Finances, et s'est rendu avec lui directement chez M. Fréville, où ils ont dîné.

On a vu arriver par tous les trains venant de Paris beaucoup de vieux messieurs en frac, en cravate blanche et décorés de la Légion d'honneur ; ils demandaient tous leur chemin pour se rendre chez M. Fréville.

M. le Ministre des Finances s'était excusé hier par lettre et son arrivée inopinée a obligé M. Fréville à changer, à la dernière heure, la distribution des places.

28 juin. — M. Gambetta est parti ce matin, en voiture découverte, avec Mme L...

Il n'a pas fait de promenade et n'a pas non plus tiré au pistolet [1].

On n'a vu aucune figure suspecte aux abords de la propriété.

1er juillet. — Le cuisinier Trompette cause volontiers. Ce matin, il a dit :

« Le Président du Conseil viendrait lui-même qu'il ne serait pas reçu. Il y a peu de temps, M. Gambetta a refusé de recevoir son secrétaire. Je crois qu'il refuserait de recevoir son père, s'il se présentait ; et cela se comprend :

1. Depuis son duel avec M. de Fourtou, Gambetta s'exerçait à tirer au pistolet.

M. Gambetta est un homme et il n'est pas marié. Je puis bien vous le dire entre nous, cette personne qui est ici et qui passe pour sa parente, n'est pas sa parente. Donc, vous voyez bien qu'il ne peut recevoir personne, et il se moque un peu de ce qu'on peut dire de lui.

« Du reste, la position qu'il occupe, il ne la tient que pour la gloire ; il n'y fait pas des bénéfices ; il reçoit 62.000 francs, et, moi seul, je lui en dépense 60.000.

« Si ce n'était son journal qui lui rapporte beaucoup, il ne pourrait se suffire. Sa fortune personnelle n'est pas si grande qu'on le croit ; il a beaucoup d'ordre et vérifie soigneusement ses comptes de dépenses. »

2 *juillet*. — M. Gambetta a tiré ce matin, à six heures cinquante-cinq minutes, une seule balle de pistolet dans sa cible, et s'est retiré, parce qu'à la suite du violent orage d'hier soir il trouvait le terrain trop humide.

A dix heures, il est revenu et a tiré une dizaine de balles.

Le cuisinier de M. Gambetta, quoique un peu épais, n'est pas un imbécile ; il parle généralement par paraboles ; la contagion du maître qu'il sert le fait se prendre lui-même pour un personnage : ainsi, il disait avant-hier, avec suffisance, en parlant des sénateurs et des députés royalistes : « Avant peu, nous leur donnerons sur les doigts. »

8 *juillet*. — M. Gambetta et tout son monde étant absent, on n'a rien à signaler.

Les maçons continuent d'approprier la petite maisonnette rustique située au fond du jardin, où M. Gambetta paraît vouloir faire un retiro.

12 *juillet*. — M. Gambetta a fait son apparition dans son jardin, ce matin, à dix heures et demie ; il a tiré onze balles sous les yeux de sa compagne habituelle.

13 *juillet*. — Depuis lundi, M. Gambetta n'est pas revenu ; il est même probable qu'il ne reviendra pas de quelques

temps, car on croit savoir qu'après les fêtes officielles, il fera un voyage en province.

On ne paraît prendre aucune disposition pour pavoiser la façade de sa propriété. Cela fait un peu jaser.

14 *juillet*. — Abstention complète de décoration dans la propriété de M. Gambetta : pas un drapeau, pas un lampion. Cela fait l'objet de bien des commentaires.

19 *juillet*. — M. Gambetta et Mme L... sont arrivés aujourd'hui, vers cinq heures du soir. De cinq heures cinquante à six heures dix, M. Gambetta s'est livré au tir au pistolet : il a tiré dix balles et, après chaque balle, il vérifiait son tir.

Après le tir, il s'est assis sur un banc, dans son jardin, et a lu ses journaux jusqu'à l'heure de son dîner.

Madame se promenait seule dans la propriété et venait de temps en temps prendre place à côté de lui, sur le même banc.

Il était plus de sept heures et demie, quand ils se sont mis à table en tête à tête.

On a appris, par le cuisinier, que M. Gambetta venait s'installer à Ville-d'Avray pour deux mois et demi, avec madame. Il n'y a rien de plus à signaler.

20 *juillet*. — Ce matin, à onze heures trente, M. Gambetta s'est promené dans son jardin avec sa compagne ; celle-ci en robe rose, à garnitures noires, coiffée d'un chapeau en jonc de garçonnet. Ils ont visité ensemble quelques travaux de terrassement qu'on exécute du côté de la façade donnant sur l'avenue du Chemin-de-Fer.

Au moment où ils se trouvaient en ce lieu, on a entendu des propriétaires du pays, qui les voyaient, parler d'eux avec des gestes méprisants.

...... M. Gambetta, qui a dû entendre quelques-uns de ces propos, a paru faire la sourde oreille.

21 *juillet*. — Rien à signaler, si ce n'est les chuchotements

moqueurs des dames en villégiature, au passage de M. Gambetta et de sa compagne, partant en promenade.

23 *juillet*. — M. Gambetta est allé à la chasse aux lapins à Saint-Cucufa, chez M. Guichard.

A en croire son valet de chambre, M. Gambetta travaille tous les soirs dans son cabinet jusqu'à une heure et même deux heures du matin, et se lève ensuite à six heures.

Ce valet se vante de gronder paternellement son maître sur ces excès de travail, et M. Gambetta lui répondrait :

— Mon bon ami, tu vois bien que je ne me fatigue pas trop, puisque je grossis toujours.

28 *juillet*. — M. Gambetta a pénétré, par un treillage mal fermé, dans la prairie contiguë à sa propriété ; il convoite, paraît-il, l'acquisition de ce terrain, Mais Mme Delessert, qui en est propriétaire, a dit que jamais elle ne le céderait à M. Gambetta, dût-il le couvrir d'or. M. Gambetta songe à acheter cette prairie par l'intermédiaire d'un homme de paille.

29 *juillet*. — Le séjour de la propriété a été rendu bien désagréable par la fumée infecte venant de chez Mme Delessert, où l'on incendiait les mauvaises herbes placées, comme à dessein, en bordure le long du domaine de M. Gambetta.

Il fut facile de remarquer que les domestiques de la baronne paraissaient jubiler en attisant le feu ; ils savaient jouer un vilain tour au voisin.

30 *juillet*. — M. Gambetta, sans doute pour éviter la fumée qui envahissait sa propriété, est allé hier à la pêche à l'étang de Saint-Cucufa. Cet étang appartient à l'État.

Au dire de son cuisinier, la pêche a été très fructueuse ; M. Gambetta a rapporté des tanches et des carpes.

1er *août*. — M. Gambetta, madame et le neveu sont montés en victoria à deux heures trente ; le neveu toujours à côté du cocher.

A six heures quinze, M. Gambetta s'est livré au tir du pistolet. Son cuisinier affirme qu'il place généralement onze balles sur treize, à une distance de 20 mètres ; il le dit aussi très fort bâtonniste.

9 *août*. — On a appris que le jeune homme dont on a fréquemment parlé est bien le fils de la sœur de M. Gambetta.

L'année dernière, il était élève au petit collège Sainte-Barbe, où il avait été placé comme interne ; mais, au bout de deux mois, il se plaignit à son oncle que l'internat le fatiguait, qu'il fallait se lever de trop grand matin.

M. Gambetta traita son neveu de paresseux, lui prédisant qu'il ne ferait rien qui vaille. Le jeune homme promit de travailler ; il paraît qu'il a tenu parole. Il se destine à la carrière d'ingénieur [1].

Dans le courant de septembre, je mis fin à la villégiature de mes agents, et je fis cesser cette surveillance qui devenait sans intérêt.

LES FÊTES DE BRUXELLES. — MM. HATTAT ET CERNESSON.
LE ROI DES BELGES.

La Belgique allait fêter le cinquantième anniversaire de son indépendance.

Le bourgmestre et la municipalité de Bruxelles avaient invité les représentants de toutes les grandes municipalités à assister aux fêtes qui devaient avoir lieu à l'occasion du cinquantenaire.

Le préfet de la Seine et le préfet de police, en leur qualité de maires de Paris, le président et le bureau du conseil municipal, avaient reçu des invitations.

---

1. Ce neveu est devenu le général de cavalerie Jouinot-Gambetta, décédé après une brillante carrière.

Le conseil municipal décida qu'il se ferait représenter par son président, M. Cernesson, et par M. Hattat, son syndic.

Le gouvernement français ne voyait pas sans inquiétude les ambassadeurs extraordinaires de la municipalité parisienne s'apprêter à jouer un rôle dans ce congrès des maires de toutes les capitales.

Quels toasts allait porter Cernesson, et qu'allait dire Hattat ? La Commune de Paris aurait-elle du tact et du maintien à l'hôtel de ville de Bruxelles ? Allait-elle prêcher l'évangile de la République universelle dans ce pays de monarchie constitutionnelle ?

Le Ministre de l'Intérieur décida que le préfet de police accepterait, lui aussi, l'invitation du bourgmestre ; qu'il surveillerait les municipaux parisiens ; qu'au besoin il atténuerait, par quelques paroles accommodées aux circonstances, les thèses politiques ou sociales que pourraient développer les délégués du Conseil municipal.

Ces craintes étaient sans fondement.

M. Cernesson (Léopold-Camille), né à Jully (Yonne), en 1831, était un ancien élève de l'École des Beaux-Arts, où il avait obtenu plusieurs médailles pour ses talents d'architecture.

Dès 1854, il avait été attaché au service municipal de la ville de Paris. Il avait collaboré à des travaux importants ; la nouvelle Morgue lui faisait honneur. Ce que je ne lui pardonnais pas, c'est cette affreuse caserne de la Cité, où est emprisonné le préfet de police.

M. Frédéric Hattat, négociant, représentait au conseil municipal le quartier de la Porte Saint-Denis. Il était d'opinion modérée, comme ses électeurs. Sa joviale humeur devait donner aux gens de Bruxelles la meilleure idée du caractère parisien ; sa haute stature et sa belle prestance étaient faites pour compenser ce que le président Cernesson avait peut-être d'insuffisant, quant au prestige physique, pour représenter deux millions d'habitants.

Au Conseil municipal, nous nous étions souvent regardés, Cernesson, Hattat et moi, comme trois chiens de faïence ; mais, en voyage, la faïence fut bien vite rompue ! Ils m'ont rendu cette justice que je n'eus pas trop l'air d'un pion chargé de surveiller des écoliers en vacances.

M. Cernesson apportait deux exemplaires, luxueusement reliés, de l'*Atlas des anciens plans de Paris*.

Un exemplaire de cet ouvrage était destiné à la municipalité de Bruxelles, l'autre au roi Léopold II.

Et dire que j'étais venu pour empêcher Hattat et Cernesson de chanter sous les fenêtres du palais :

> Les peuples sont pour nous des frères,
> Et les tyrans des ennemis !

Leurs ambassadeurs respectifs avaient accompagné au palais du roi les délégués des diverses municipalités. Nous étions rangés tout autour d'un salon, attendant l'arrivée de Leurs Majestés.

Étaient présents : le lord-maire et le grand shérif de la cité de Londres, le maire de Saint-Pétersbourg, les délégués des villes de Berlin, Vienne, de Stockholm, de Budapest, de Bucarest, de Madrid et de Genève. C'était fort imposant.

Ce lord-maire de Londres nuisait un peu à notre prestige. Il avait à son cou un bijou de grande valeur qui détournait l'attention à son profit, et sa qualité de lord, pour temporaire qu'elle fût, donnait aux pierres précieuses dont il était décoré comme un éclat nouveau.

Nous n'avions jamais mieux compris l'importance de la mairie centrale.

Toutefois, nous comptions un peu sur les Plans de Paris pour battre le lord-maire.

Le roi et la reine entrèrent, accompagnés par le comte et la comtesse de Flandre. Leurs Majestés et Leurs Altesses Royales se firent successivement présenter les délégués des diverses villes et adressèrent à chacun quelques paroles bienveillantes.

Nous fûmes présentés par M. Decrais, ministre de France, un ancien camarade de la conférence La Bruyère. Leurs Majestés nous parlèrent de la France et de Paris en des termes qui nous touchèrent ; le comte et la comtesse de Flandre nous exprimèrent pour notre pays les mêmes sympathies.

Puis l'Atlas eut son succès. Le roi, qui s'intéressait à la géographie, voulut parcourir les plans avec nous. Il s'arrêta au plan du cordelier allemand Sébastien Munster, représentant Paris vers 1530 ; il remarqua qu'il y avait peu d'exactitude dans les proportions, dans la direction des rues, dans la distance respective et la représentation des édifices. L'abbaye Saint-Germain y était figurée par une tour ronde, au milieu d'un clos, et Notre-Dame par deux colombiers.

Pendant ce temps, le lord-maire jetait du côté de notre Atlas un regard dédaigneux, avec l'air d'un poète incompris.

Il n'y a pas à le dissimuler, et la modestie ici serait déplacée : nos conseillers municipaux eurent les honneurs de la soirée. Le roi prenait plaisir aux hommages de la démocratie parisienne. Il nous adressa de nouveau la parole dans la salle où était le buffet ; après un échange de compliments, où Cernesson représenta brillamment l'esprit français, le roi resta un instant silencieux.

— Sire, dit Hattat en saluant, et sans doute pour tirer Sa Majesté d'embarras, nous ne voulons pas abuser de votre bienveillante attention.

— Je ne voudrais pas, dit le roi en souriant, empêcher ces messieurs de s'approcher du buffet.

Pourquoi M. Mollard, notre introducteur des ambassadeurs, ne nous avait-il pas avertis qu'il faut toujours attendre un signe ou une parole du roi qui mette fin à l'entretien ?

Nous autres, dans la démocratie, nous avons coutume de donner congé aux rois. C'est même pourquoi cette petite incorrection fit assez bien : elle prouva que nous savions allier aux usages des cours les traditions de la démocratie.

Sa Majesté montra qu'elle nous avait compris et appréciés : elle envoya à Cernesson la croix de commandeur de l'ordre de Léopold et celle d'officier à Hattat.

Le préfet de police reçut la croix de grand officier, ce qui prouve que le Mollard de sa cour n'avait pas non plus mis le roi Léopold au courant de l'étiquette autonomiste.

Les fêtes se multiplièrent pendant notre séjour. Nous assistâmes à une cavalcade historique des plus intéressantes.

La municipalité bruxelloise offrit un banquet aux délégués des capitales européennes. La grande salle gothique de l'hôtel de ville était magnifiquement décorée.

Le commandeur Cernesson prononça un discours correct et sage qui tourna à la confusion des détracteurs de notre Conseil municipal.

Après avoir rempli notre mission officielle, nous fîmes un petit voyage d'exploration à travers la Belgique ; nous visitâmes Bruges, Anvers. Dans cette dernière ville, nos édiles à la recherche des importations dont pourraient profiter leurs commettants, eurent l'occasion de constater que la police des mœurs n'y laissait rien à désirer à celle de Paris... Mais je dus quitter mes aimables compagnons pour rentrer à Paris, où j'étais rappelé par les devoirs de ma fonction.

LES NIHILISTES RUSSES A PARIS. — LAVROFF.
L'AFFAIRE HARTMANN.

Vers la fin de l'Empire et les premières années de notre République, les nihilistes russes résidant à Paris ne formaient qu'une colonie peu importante, vivant à l'écart, sans relations avec les révolutionnaires français ou allemands. Ils semblaient plus préoccupés de leurs plaisirs que des réformes sociales. Mais depuis 1876 leur nombre et leur activité révolutionnaire s'étaient sensiblement accrus.

Au courant de tous les complots fomentés dans leur pays, en rapports suivis avec leurs compatriotes disséminés en Suisse, en Belgique, en Angleterre, ainsi qu'avec les socialistes allemands et français, aux réunions desquels ils étaient assidus, les nihilistes réfugiés à Paris étaient dirigés par des chefs intelligents, instruits et résolus.

C'étaient, pour la plupart, des étudiants en médecine ou en chimie, suivant les cours de nos professeurs les plus distingués, peu d'ouvriers, et parmi ceux-ci, plutôt des mécaniciens.

Pierre Lavroff était leur chef le plus considéré pour la parfaite honorabilité de sa vie privée, sa probité, son dévouement à ses compatriotes. Je retrouve de lui une lettre intéressante qu'on lira plus loin.

On n'a pas oublié l'attentat qui, sur la ligne de Saint-Pétersbourg à Moscou, avait failli coûter la vie à l'empereur Alexandre II.

Une agence anglaise, la *Central News Agency*, en a publié le récit suivant, qu'elle disait tenir de la bouche même d'Hartmann :

Après avoir fait de la propagande, aurait dit Hartmann, dans plusieurs parties de la Russie, ce qui me fit arrêter et incarcérer à Kiev, d'où je m'échappai, grâce à l'énergie du Comité de Saint-

Pétersbourg, je fus chargé d'exécuter le czar. J'ai des connaissances pratiques sur les choses militaires et sur les substances explosibles et je suppose que je fus choisi pour ce motif.

Arrivé à Moscou, je louai une petite maison à quelques milles de la ville. La maison était en mauvais état. Je portais un costume d'ouvrier ; je vivais tranquillement, et pendant quelque temps je fis comme si j'arrangeais ma maison.

Lorsque je fus convaincu que tous les soupçons étaient écartés, je me mis à l'œuvre, aidé de deux compagnons. La maison la plus proche était hors de la portée de la vue et, le soir, tandis que deux d'entre nous faisaient le guet, le troisième creusait, avec une bêche, une petite tranchée dans le sol glacé.

La tranchée allait de la voie de fer à une petite maison dépendant de l'habitation. Le sol était dur et, comme nous devions prendre des précautions, le travail dura plusieurs jours ; nous posions, à mesure, quatre fils métalliques isolés, et chaque soir, après avoir terminé notre travail, nous remplissions la tranchée ouverte dans la journée, en effaçant avec soin toute trace d'excavation. La tranchée était creusée le long d'un sillon, en plein champ.

Nous fabriquâmes nous-mêmes la dynamite dans la maison ; elle fut renfermée dans quatre fortes poudrières en fer, dont chacune contenait un peu plus d'une livre anglaise de cette substance.

Tout était presque en état, lorsque notre plan faillit échouer parce que l'électricien de Moscou, dont les soupçons étaient éveillés, refusa de livrer les batteries qui devaient faire jouer la mine. Mes camarades et moi, nous désespérâmes presque, nous qui, peu d'heures auparavant, nous félicitions d'avoir achevé notre travail.

Les poudrières contenant la dynamite avaient été posées avec soin dans un grand trou creusé entre les rails et sous des traverses en bois. Ma résolution fut bientôt prise. J'envoyai mes camarades chez un paysan de nos amis à quelques milles au sud, et je m'occupai moi-même de me procurer des batteries électriques. Avec quelques difficultés je persuadai l'électricien de me les confier, et je retournai passer la nuit tout seul dans ma maison. Je mis les fils en communication, et tout fut prêt pour le train qui allait passer.

On m'avait averti que le czar voyagerait par le train de marchandises ; vous voyez donc que je n'ai pas commis une bévue quant au choix du train. Mon explication est fort simple. Nous étions tenus fort au courant, par des fonctionnaires de nos amis, de tous les mouvements du czar. Nous avions été avertis que, suivant la coutume, il quitterait le train officiel dans lequel une figure, représentant le czar, serait assise à la fenêtre du wagon-salon, tandis que le czar lui-même, espérant échapper ainsi à tout danger, voyagerait déguisé en employé du chemin de fer.

Un télégramme m'apprit que tout était bien et que le train arrivait. Lorsque le train passa, je mis le feu à la mine, avec l'espoir de voir l'empereur sauter. Les débris du train furent lancés loin de la maison ; mais bientôt j'appris avec chagrin que le czar, ne croyant pas qu'il y eût danger, avait changé de train à quelques mille de là, afin d'entrer à Moscou avec apparat.

Je partis aussitôt en traîneau et je rejoignis mes amis. Nous restâmes tranquillement pendant une semaine à trente mille plus loin, et alors nous allâmes à Kerson, et de là chez des amis près d'Odessa. Là, nous nous embarquâmes tous les trois sur le vapeur italien *Florentina* où je fus employé comme mécanicien. De Constantinople nous allâmes en France.

La Russie avait à Paris des agents secrets. Aussi n'avait-elle pas tardé à connaître la présence d'Hartmann. Elle attachait la plus grande importance à l'arrestation et à l'extradition de l'homme qui avait habilement et longtemps déjoué les recherches de la police russe.

Il s'agissait de démontrer aux nihilistes que leurs attentats étaient considérés à l'étranger, même par un État républicain, comme des crimes de droit commun, à la responsabilité desquels l'éloignement ne pouvait les soustraire.

Le 15 février 1880, le prince Orloff, ambassadeur de Russie, m'avisa que ses agents secrets suivaient Hartmann ; il me demandait de le faire arrêter.

Il ne me vint pas à la pensée qu'un préfet de police, en de telles circonstances, pût se demander quel était son devoir, ou hésiter à l'accomplir.

Je n'avais pas à me prononcer sur la question d'extradition, que le Gouvernement seul pouvait trancher. Je prenais en quelque sorte une mesure conservatoire, en mettant sous la main de mon gouvernement l'homme sur le sort duquel il aurait à statuer.

Si j'avais refusé de procéder à l'arrestation ; si prétendant avoir besoin d'en conférer avec les ministres, j'avais laissé à l'auteur de l'attentat de Moscou le temps de se soustraire aux recherches, n'est-ce pas alors que j'aurais tranché moi-même, en rendant l'extradition impossible, la question qui échappait à ma compétence ? N'aurais-je pas gravement engagé, avec la mienne, la responsabilité de mon gouvernement ?

L'émotion qui se produisit dès le lendemain parmi mes collègues de la Chambre s'expliquait surtout par l'ignorance des règles constamment suivies en matière d'extradition pour crimes commis à l'étranger.

Tous les jours, les polices étrangères, sur un simple télégramme du préfet de police, mettent en état d'arrestation provisoire ceux de nos nationaux qui leur sont signalés comme ayant commis un crime sur le territoire français.

Les pièces justificatives, les mandats de justice, les arrêts de condamnation sont transmis plus tard, lorsque, dans les formes régulières, l'extradition est demandée.

Mais l'arrestation provisoire n'est jamais refusée, même par les nations les plus jalouses de leurs droits. L'Angleterre, la Belgique, la Suisse procèdent constamment ainsi sur de simples dépêches de la police française, et elles rencontrent chez nous une juste réciprocité.

Un pays continental comme la France, mis en rapports si faciles et si prompts, par ses chemins de fer, avec les frontières voisines, est le premier intéressé à maintenir, au profit de la sécurité commune, la tradition dont se prévalut la Russie pour obtenir l'arrestation d'Hartmann.

L'auteur de l'attentat de Moscou se promenait aux Champs-Élysées, avec plusieurs de ses compatriotes, parmi lesquels se trouvait au moins un agent de la police russe, quand il fut arrêté par les inspecteurs que j'avais envoyés à sa recherche.

Après une courte lutte, il fut emmené au poste le plus voisin, et de là au Dépôt de la Préfecture de police. Il déclara s'appeler Edouard Meyer et être originaire de Berlin.

Les résultats de la perquisition faite à son domicile, son interrogatoire, la comparaison de sa personne avec les photographies que je possédais, ne pouvaient me laisser aucun doute sur l'identité du prisonnier. Je m'étais rendu moi-même dans sa cellule, et mes observations personnelles avaient pleinement confirmé celles du chef de la Sûreté.

Le Gouvernement hésita sur la résolution à prendre. Il n'osa pas examiner franchement la question de savoir si le crime d'Hartmann devait donner lieu à l'extradition ; il préféra saisir le Parquet de la question d'identité, et se couvrir de l'autorité de la magistrature pour décider qu'Édouard Meyer pouvait bien n'être pas Hartmann.

Cette petite habileté de procureur ne trompa personne, ni en France, ni à l'étranger.

C'est se faire une singulière idée des droits et des devoirs d'un pays, que de considérer que son honneur l'engage à couvrir de sa protection les auteurs de tous les crimes connexes à la politique. En face des moyens employés par la révolution internationale, au mépris de la vie humaine, pour renverser toute autorité, les républiques et les monarchies ont un intérêt commun ; elles se doivent un mutuel et loyal concours.

Les préjugés de la majorité prévalurent ; je fus chargé de faire conduire le faux Édouard Meyer en Angleterre.

J'entrai de nouveau dans la cellule d'Hartmann ; il était assis près d'une table, sur un escabeau fixé au mur par une chaîne. Il prenait son repas, attendant d'heure en heure une décision qui vraisemblablement devait l'envoyer à la potence.

Ce ne fut pas sans émotion que je lui notifiai l'ordre de sa mise en liberté. J'admets pour le crime politique les mêmes expiations que pour le crime de droit commun. La société a le même devoir de protéger la vie humaine, quel que soit le mobile de l'assassin. S'il y avait une distinction à faire, c'est contre l'assassinat politique que la justice devrait être armée des pénalités les plus graves, car, plus que le crime de droit commun, il met la société en péril et l'oblige à se défendre.

Mais le sentiment n'a pas l'inflexibilité de la justice. Mon devoir accompli, je ne pouvais considérer avec la même sécheresse le vulgaire assassin et le fanatique qui a donné sa vie pour le succès d'une idée ou d'un parti.

Après trois semaines de détention au Dépôt de la Préfecture de police, Hartmann partit pour Dieppe et de là pour Londres, sous la surveillance d'un agent.

Il écrivit d'Angleterre à divers journaux des lettres qui étaient autant d'aveux de son identité.

Je dois dire qu'Hartmann et ses amis paraissaient beaucoup moins animés que certains journalistes français contre le préfet de police. J'en trouve le témoignage dans la lettre suivante que j'ai reçue de Lavroff : « Monsieur le Préfet, le jour où vous m'avez annoncé la mise en liberté de mon ami Hartmann et la nécessité de son départ immédiat, je n'avais que fort peu d'argent sur moi et je ne savais guère si ses amis pourraient réunir, dans le temps fort court qui restait jusqu'au moment de son départ, la somme qui lui était nécessaire pour les premiers jours de son existence à Londres. Aussi ai-je accepté, à titre de prêt, les cent francs que vous avez désiré lui remettre, en suivant exactement vos instructions de lui cacher leur provenance pour ne pas blesser sa susceptibilité. Il ne sait pas jusqu'à présent qu'ils venaient de vous. Mais il vient de me les renvoyer de Londres par l'ami qui l'y avait accompagné, car ses amis ont eu le temps de lui fournir le nécessaire, Je ne puis donc que vous retourner cet argent que vous destiniez à l'aide d'Hart-

mann, en vous exprimant ma reconnaissance pour la bonne
intention qui vous a poussé à venir spontanément à l'aide
de mon ami dans un moment difficile.

« Agréez, Monsieur le Préfet, l'expression de ma haute
considération.

« PIERRE LAVROFF,
328, rue Saint-Jacques. »

LES SUITES DES DÉCRETS. — DÉMISSION DE M. DE FREY-CINET. — FORMATION DU CABINET JULES FERRY.

Mon rapport du 5 juillet 1880, adressé à M. le Ministre
de l'Intérieur, contenait le passage suivant :

L'acte dirigé contre les seuls noviciats de jésuites ne permet
pas encore de se rendre un compte exact de l'état de l'opinion.
Personne ne saurait prévoir quels courants pourra suivre cette
opinion, si les congrégations populaires et les communautés de
femmes sont expulsées manu militari. De tous côtés j'ai recueilli
cette impression : si le gouvernement, éclairé sur les dangers de la
route suivie, ne fait pas à temps machine en arrière, il s'aliénera
toutes les classes de la société et ne profitera pas de l'appui des
faubourgs, qui déjà ne lui appartiennent plus.

Un certain désordre moral existe ; mais il peut n'être que très
superficiel si le gouvernement s'arrête aux seuls établissements
des jésuites. Les classes populaires elles-mêmes ne sont pas unanimes, croyez-le, sur la question du renvoi des congrégations.
Quant à l'opinion des étrangers habitant Paris, je ne vous appren-
drai rien en vous disant que les décrets comme leur exécution
sont unanimement désapprouvés par eux.

Le Président du Conseil ne paraissait pas éloigné de partager les appréciations dont ce rapport était l'écho, et le
30 juillet, au banquet de Montauban, exposant la politique
du cabinet, il s'exprima en ces termes :

On nous dépeint comme des ennemis de la religion. Je ne crois
pas, pour ma part, avoir à protester contre cette accusation ; j'ai
toujours respecté, je respecte profondément la religion. Au sur-

plus, personne ne la menace sérieusement et, s'il en était besoin, le gouvernement que j'ai l'honneur de présider saurait, croyez-le bien, la protéger et la défendre. Mais il ne faut pas que, sous prétexte de religion, des associations prétendent se placer au-dessus des lois. C'est au moment où les entreprises de ces associations dans le domaine de l'enseignement excitaient de vives appréhensions, que nous avons été mis en demeure par l'un des pouvoirs publics d'appliquer les lois.

Nous avons fait cette application sur la plus puissante et la plus célèbre de toutes, sur la Compagnie de Jésus. Nous l'avons dissoute. Nous avons ainsi donné une satisfaction immédiate au sentiment de la Chambre des Députés, en même temps que nous avons fourni une preuve indiscutable de la force du gouvernement et de l'autorité des lois qu'on avait osé contester. Quant aux autres congrégations, le décret spécial qui les vise n'a pas fixé la date de leur dissolution ; il nous a laissés maîtres de choisir notre heure. Nous nous règlerons à leur égard sur les nécessités que fera naître leur attitude, et, sans rien abandonner des droits de l'État, il dépendra d'elles de se priver du bénéfice de la loi nouvelle que nous préparons, et qui déterminera, d'une manière générale, les conditions de toutes les associations laïques aussi bien que religieuses.

Ces paroles conciliantes surprirent l'opinion. M. de Freycinet renonçait évidemment à l'application des « lois existantes », puisqu'il en préparait de plus libérales.

Aux avances du Président du Conseil, les congrégations répondirent par une déclaration dans laquelle on lisait :

Pour faire cesser tout malentendu, les congrégations ne font pas difficulté de protester de leur respect et de leur soumission à l'égard des institutions du pays.

La dépendance qu'elles professent envers l'Église, de qui elles tiennent l'existence, ne les constitue pas dans un état d'indépendance à l'endroit de la puissance séculière.

Le but moral et spirituel qu'elles poursuivent ne leur permet pas de se lier exclusivement à aucun régime politique ou d'en exclure aucun. Elles n'ont d'autre drapeau que celui de la charité chrétienne et elles croiraient le compromettre en le mettant au service de causes changeantes et d'intérêts humains. Elles rejettent donc toute solidarité avec les partis et les passions politiques. Enfin, elles ne s'occupent des choses qui regardent le gouvernement temporel que pour enseigner, par la parole et par l'exemple, l'obéissance et le respect qui sont dus à l'autorité dont Dieu est la source.

Aussi ne peuvent-elles s'empêcher de nourrir l'espoir que le gouvernement accueillera avec bienveillance les déclarations sincères et loyales dont elles prennent ici l'initiative, et que, pleinement rassuré sur les sentiments qui les animent, il les laissera continuer librement les œuvres de prière, d'instruction et de charité auxquelles elles ont dévoué leur vie.

Cette déclaration, rapprochée du discours de Montauban, laissait entrevoir une entente entre M. de Freycinet et les représentants de l'Église.

Des négociations avaient eu lieu, en effet. M. Desprez, notre ambassadeur auprès du Saint-Siège, n'y avait pas été étranger. D'autre part, le cardinal Guibert, archevêque de Paris, et le cardinal de Bonnechose, archevêque de Rouen, s'étaient prêtés à un rapprochement.

J'ai eu l'honneur d'être présenté à l'archevêque de Rouen, à Aix-les-Bains, au commencement de septembre 1880, par mon distingué collègue, M. Limbourg, préfet de la Seine-Inférieure. De longues conversations avec l'éminent prélat me permirent d'apprécier son sincère désir d'apaisement.

Les événements auxquels sa vie avait été mêlée, la confiance qu'avaient en lui l'Église de France et la Papauté donnaient un vif intérêt à ses entretiens avec le Préfet de police.

Comme Mgr Guibert, Mgr de Bonnechose se faisait l'illusion de croire qu'une déclaration loyale, désavouant toute idée d'hostilité et de parti-pris contre le gouvernement de la République, amènerait le Cabinet à renoncer aux demandes d'autorisation. Les deux archevêques signèrent en commun une circulaire qui invitait les supérieurs des congrégations à accepter la déclaration ci-dessus.

Mais M. de Freycinet n'avait parlé qu'en son nom. Les

sentiments libéraux qui l'animaient, sa répugnance pour le renouvellement des actes de violence et de brutalité n'étaient pas partagés par la majorité de ses collègues.

Des dissentiments se manifestèrent dans le cabinet ; ils aboutirent le 19 septembre à la démission de M. de Freycinet.

La politique du ministre de l'Instruction publique allait recevoir son couronnement. Je me rappelle avoir entendu dire par Jules Ferry, après la chute de Waddington, alors que déjà quelques amis songeaient à lui pour la présidence du Conseil :

« Non ; je n'ai pas la notoriété nécessaire. Pour être président du Conseil, il faut avoir un nom connu jusque dans le dernier des villages de France. »

Sous le ministère de Freycinet, M. Jules Ferry avait conquis la grande notoriété. Il avait beaucoup voyagé, beaucoup harangué, et partout s'était fait annoncer par les cent un coups de pétards de l'article 7 et des décrets.

> On parlera de sa gloire
> Sous le chaume bien longtemps.

Il était prêt pour la Présidence du Conseil qui tomba dans sa main comme un fruit mûr.

L'amiral Cloué succéda à l'amiral Jauréguiberry ; Sadi-Carnot remplaça Varroy ; Barthélemy Saint-Hilaire, pour rassurer l'Europe, prit les affaires étrangères ; tous les autres ministres conservèrent leurs portefeuilles (23 septembre 1880).

DERNIÈRE EXÉCUTION DES DÉCRETS.

Le premier soin du Cabinet que présidait Jules Ferry fut d'assurer l'entière exécution des décrets.

A la fin d'octobre, l'action fut engagée en province ;

l'expression dont je me sers ne paraîtra point exagérée à ceux qui se rappellent les résistances opposées dans quelques villes par les congréganistes et surtout par les laïques qui les assistaient : on trouva des portes murées qu'il fallut enfoncer, des barricades intérieures qu'on dut renverser ; à Lyon, on eut à déplorer des rixes sanglantes ; à Tarascon, la force publique fit, durant plusieurs jours, le siège ridicule d'un couvent.

On pouvait craindre à Paris des désordres plus graves, car tous les agents annonçaient des préparatifs de résistance.

Voici quelques extraits des rapports que je recevais ; je m'empresse d'ajouter que je ne garantis que l'exacte reproduction des textes et non la vérité des récits que m'adressaient les agents :

27 octobre. — A la veille de son départ pour la Vendée, le général Charette racontait qu'à Cholet plus de deux cents jeunes gens, armés de fusils et bien approvisionnés de munitions, montaient la garde chez les religieux, prêts à faire feu sur quiconque tâcherait de pénétrer de force dans le couvent. Il ajoutait qu'un mouvement légitimiste ne tarderait pas à éclater, et que, peut-être, l'exécution des décrets en donnerait le signal.

Les dernières nouvelles de Frohsdorff sont bonnes, disait-il ; nous allons bientôt marcher. Je vais chauffer ça en Vendée. Nous avons tous les atouts en mains ; la magistrature, l'armée et le clergé. Cissey et Ducrot sont pour nous ; Mac-Mahon lui-même se déclarera.

28 octobre. — J'ai passé la nuit dernière rue de la Santé, 15. La société que j'y ai rencontrée était peu nombreuse ; seize personnes environ, parmi lesquelles M. de Mun. J'ai eu un long entretien avec le père Stanislas, gardien de la maison. Voici le résumé de ce qu'il m'a dit :

Nous nous attendons tous les jours à la visite de ces gens et, dans cette attente, nous ne restons jamais seuls. Notre caractère religieux nous défend de résister autrement que par la protestation ; on enfoncera nos portes, on nous jettera dehors ; nous laisserons faire, c'est à nos amis d'agir.

Les femmes que vous voyez à toute heure à la chapelle, et qui, presque toutes, appartiennent au grand monde, viennent le matin à cinq heures et ne s'en vont que le soir : on leur apporte à déjeuner. Ces dames sont décidées à ne sortir de la chapelle que si on les traîne dehors.

Quoi qu'il arrive, que ce soit chez nous ou ailleurs, tout cela ne peut finir que dans le sang.

29 octobre. — Les religieux prennent à Paris de nombreuses précautions en vue de la résistance.

Les maristes de la rue de Vaugirard auraient muni leurs portes de verrous, de chaînes, de coins en fer dans les angles. Des individus seraient en vedette nuit et jour pour signaler l'arrivée des agents de l'autorité.

Il en serait de même des pères de Picpus, des dominicains, des oratoriens.

Quant aux capucins, voici ce que M. de Laurentie disait hier à leur sujet, dans les bureaux du journal l'Union.

Je viens de chez les capucins, ils se sont séquestrés. Pour les approcher, les commissaires de police seront obligés de livrer un véritable assaut.

Pendant toute la journée, des groupes ont stationné rue de la Santé, devant le couvent des capucins, rue du faubourg-Saint-Honoré, rue de Saint-Pétersbourg, chez les oblats, et près de la maison mariste, rue de Vaugirard. Quelques coups de canne ont été échangés entre des ouvriers mégissiers et des amis des capucins ; le commissaire de police s'est rendu sur les lieux, et tout est rentré dans l'ordre.

C'est aux alentours de la maison des dominicains de la rue Jean-de-Beauvais que l'animation et l'affluence ont été les plus grandes.

Cette après-midi, la rue des Écoles a été le théâtre d'une contre-manifestation à l'adresse des amis des dominicains. Des cris ont été proférés contre des prêtres qui entraient dans la maison.

2 novembre. — Extrait de mon rapport au Ministre de l'Intérieur : Les amis des congréganistes sont déconcertés du retard apporté à l'exécution des décrets en ce qui concerne Paris. On se lasse de passer la nuit chez les capucins, chez les maristes, chez les rédemptoristes.

Le clergé séculier désapprouve hautement le système des barricades ; il trouve les mesures prises inutiles et même dangereuses, en ce qu'elles peuvent surexciter les passions antireligieuses.

Nous arrivons au 4 novembre. Nous étions à la veille de la dernière exécution des décrets.

Surprendre les congréganistes afin d'éviter les résistances, échapper au ridicule d'un siège prolongé, telles étaient les instructions du ministère de l'Intérieur.

A cet effet, il fut décidé que les expulsions auraient lieu à la première heure du jour, et pour éviter toute indiscrétion, personne à la Préfecture de police ne fut averti avant onze heures du soir.

Tous les commissaires de police de Paris et leurs secrétaires reçurent, à leur domicile, entre onze heures et minuit, l'ordre d'être à une heure du matin dans le cabinet du préfet de police.

Depuis le coup d'État du 2 décembre, jamais pareilles précautions n'avaient été prises.

Tous les commissaires furent exacts ; un seul secrétaire ne fut pas trouvé à son domicile.

Je fis connaître à mes auxiliaires le but de leur convocation, et je donnai à chacun ses instructions. Aucune protestation ne se fit entendre ; aucune démission ne fut offerte ; aucune hésitation ne se manifesta.

La plupart de ces hommes avaient le plus profond respect pour la religion et pour ses ministres; quelques-uns se faisaient remarquer par leur assiduité aux exercices du culte ; mais le sentiment de la discipline imposait silence à toute révolte.

Le colonel des pompiers avait été averti dans la journée que les hommes de son régiment seraient requis pour la prompte destruction des obstacles qui s'opposeraient à l'entrée de la police dans les couvents.

Le 5 novembre, à cinq heures du matin, les commissaires de police, accompagnés par les officiers de paix, les agents, les officiers et soldats du régiment des sapeurs-pompiers, se présentaient simultanément dans onze couvents de Paris.

A neuf heures du matin, tout était terminé, sans que, nulle part, l'ordre eût été troublé.

DIFFAMATION ET CHANTAGE.

Un des plus utiles services que puisse rendre le préfet de police, c'est d'intervenir dans les délicates circonstances où l'honneur des familles peut être compromis par les menaces de révélations sous conditions.

A qui porter plainte en cas de *chantage*, puisque l'action judiciaire, par le scandale de sa publicité, est plus préjudiciable au plaignant que répressive à l'inculpé.

Le plaignant s'adressera au préfet de police, et celui-ci, sous sa responsabilité, usera des moyens dont il dispose pour mettre fin, sans publicité, à une persécution déshonnête.

Mais, à l'audition de ces mots : « Les moyens dont il dispose », je vois se hérisser les scrupules des ennemis de l'arbitraire.

L'arbitraire, chose odieuse s'il s'agit de la politique ; — l'arbitraire, nécessité de police, dans les questions et dans la mesure où l'honneur des personnes est engagé.

En ces matières, il faut voir autre chose que le procédé ; il faut peser les considérations morales qui ont déterminé le fonctionnaire, et ne pas se hâter de le condamner, si d'ailleurs, l'arbitraire dont il a usé mérite l'approbation des honnêtes gens.

J'ai eu à intervenir souvent dans ces questions si difficiles où la limite entre le devoir et l'abus apparaît parfois comme une ligne confuse et mal tracée.

Avant de parler de quelques-unes des interventions qui me furent personnelles, je voudrais rappeler un fait qui appartient à l'un de mes prédécesseurs et qu'une presse mal informée m'a plusieurs fois attribué.

Vous rappelez-vous le romancier Fervacques, qui eut quelque notoriété dans la presse parisienne, il y a cinquante et quelques années ?

Fervacques affectait de ne connaître que les salons les plus aristocratiques ; il écrivait pour le *high life,* ou plutôt pour ceux qui, n'y pouvant pénétrer, étudient au rez-de-chaussée d'un journal les mœurs, le langage et les belles manières du grand monde.

Le moindre personnage de ses romans était comte ou baron ; — princesses, duchesses ou chanoinesses, les femmes y étaient toutes de très grandes dames.

Fervacques, c'était M. Léon Duchemin, un bourgeois égaré dans la bohème parisienne.

Léon Duchemin ne se contentait pas d'intéresser à des héros de fantaisie l'imagination des lecteurs ; il avait réussi à se faire héros lui-même et à transplanter le roman dans la réalité de son existence.

Celle qui avait écouté ses aveux n'était pourtant point une duchesse ; mais, à défaut d'une couronne et d'un blason, elle avait pour le romancier les séductions de la fortune.

Quand le roman fut terminé, Léon Duchemin voulut être payé à la ligne.

La belle dame, qui s'était laissé prendre à ses allures de parfait gentilhomme, se vit brutalement arracher ses chères illusions par le plus grossier chantage qui se puisse imaginer.

L'expérience des autres ne profite jamais ; elle avait eu l'imprudence d'écrire ; elle avait confié au papier les plus tendres égarements de son cœur, les plus folles ardeurs de ses sens.

Fervacques écrivit à son tour et, de sa plume positive, il expliqua qu'il avait perdu beaucoup d'argent.

« Vos lettres, dit-il, sont une fortune ; le style en est charmant ; les publier, c'est obtenir un grand succès de librairie ; un éditeur de mes amis m'en offre la somme dont j'ai besoin ; mais je préfère la tenir de vous-même, et n'en être pas réduit à la douloureuse extrémité de livrer à la profanation du public des aveux dont je désire garder toujours le secret. »

Que faire ? Acheter le silence de cet homme ? Mais si la dame était riche, elle était mariée, et on conviendra qu'elle ne pouvait songer à demander l'autorisation maritale pour disposer d'une partie de sa dot en faveur de son amant.

Quel ange protecteur lui donna le conseil d'aller frapper à la porte du préfet de police ?

Le conseil était sage ; la porte s'ouvrit, et quand l'aimable victime d'un imprudent amour eut confessé son secret, le préfet mit fin à ses angoisses par la promesse d'une énergique intervention.

Dire que Mme X... avait eu l'heureuse fortune de s'adresser à l'un de mes plus aimables prédécesseurs, ce n'est pas, à coup sûr, être indiscret envers l'un d'eux, car cette épithète convient également, sinon pour les désigner tous, du moins pour en qualifier plusieurs.

Le lendemain, Fervacques était aux courses à Longchamp, lorsqu'un commissaire de police s'approcha discrètement et, se faisant connaître, l'invita à le suivre jusqu'à son cabinet, où il lui fit subir un interrogatoire sommaire :

— Vous êtes M. Léon Duchemin ? interrogea le commissaire.

— Oui, monsieur.

— Quelle décoration portez-vous à votre boutonnière ? Vous n'êtes pas chevalier de la Légion d'honneur ?

— Monsieur, je porte le ruban de l'ordre du Christ. Je suis chevalier de cet ordre, ainsi qu'il résulte du diplôme que j'ai chez moi.

— Je n'ignore pas, en effet, monsieur, que vous avez obtenu l'ordre du Christ de Portugal. Mais la chancellerie de la Légion d'honneur ne vous a point autorisé à porter en France le ruban de cet ordre. Vous avez commis un délit, et je dois vous mettre à la disposition de M. le Préfet de police, auquel vous pourrez donner vos explications.

Sans plus d'égards pour ses protestations, Léon Duchemin fut conduit au dépôt de la Préfecture de police.

Il passa quarante-huit heures dans une cellule, ne soupçonnant guère le vrai motif de son arrestation, et s'estima fort heureux quand il fut remis en liberté ; mais, dans l'intervalle, une perquisition avait été faite à son domicile ; Mme X... avait à la fois retrouvé ses lettres, son honneur et sa tranquillité d'esprit.

De tels procédés ne peuvent convenir aux magistrats de l'ordre judiciaire. La rigidité de leurs devoirs ne saurait se plier à certaines exigences de la vie sociale, avec lesquelles doit compter un préfet de police.

Je ne puis, quant à moi, m'associer à ceux qui blâmeront mon honorable prédécesseur : le résultat qu'il obtint ne permet pas de lui tenir rigueur pour les moyens qu'il employa.

En une occasion semblable, je n'ai pas hésité à délivrer un mandat d'arrêt en vertu de l'article 10 du Code d'instruction criminelle.

Le Code pénal ayant prévu et puni le chantage, j'ai motivé

mon ordre d'arrestation par le fait même que je voulais atteindre.

Il s'agissait aussi de l'honneur d'une femme. Celle-ci portait un nom des plus illustres et tout à fait digne de figurer dans un roman de Fervacques. Elle était jeune, elle était belle ; elle pouvait choisir parmi les hommes de son rang.

Je n'ai point à rechercher par quelle aberration elle s'abaissa jusqu'au plus indigne.

Elle se donna tout entière, et mit dans ses lettres toute sa passion.

Et quand il eut assez de la femme, l'amant, comme une fille publique, réclama le prix de ses baisers.

Il demandait 100.000 francs pour rendre les lettres ; il donnait un délai de huit jours, et, ce délai passé, il menaçait d'envoyer toute la correspondance au mari.

Ce fut un diplomate étranger, accrédité auprès du Gouvernement français, qui me pria d'intervenir pour éviter la fatalité d'un dénouement tragique.

Je fis arrêter l'amant. Il fut conduit au dépôt de la Préfecture de police, tandis qu'une perquisition minutieuse était faite à son domicile.

La perquisition fut infructueuse ; cet homme avait prévu l'éventualité de nos recherches ; il avait mis en lieu sûr ces lettres d'amour qu'il entendait transformer en billets de Banque.

A son premier interrogatoire, il répondit par des menaces.

— Qu'on me traduise en police correctionnelle, disait-il, et toutes les Cours d'Europe retentiront du scandale qui se passera à l'audience, et je traînerai dans la boue les pages déchirées de l'Almanach de Gotha.

Quand je le fis enfermer de nouveau dans sa cellule, il fut en proie à une violente crise de nerfs, provoquée autant par les excès auxquels il se livrait d'habitude que par les mesures dont il était l'objet.

Ayant depuis longtemps abusé de la morphine, il ne pouvait plus s'en passer.

« Faites de moi ce que vous voudrez, m'écrivait-il, mais ne me privez pas de morphine ; mon médecin m'a averti que si j'en cessais tout à coup l'usage, je deviendrais fou. »

Je fis venir cet homme dans mon cabinet et je l'interrogeai moi-même.

En vain, je lui représentai l'indignité de son action.

— Monsieur le Préfet, me dit-il, je suis prêt à rendre les lettres contre les cent mille francs dont j'ai besoin ; mais si cette somme m'est refusée, personne ne m'empêchera d'envoyer au mari l'intéressante correspondance que votre police ne retrouvera pas.

Oh ! je sais bien que je commets un délit, je sais par cœur votre article 400 du Code pénal. Mais je sais aussi que vous ne me ferez pas poursuivre, parce que vous reculerez devant la publicité des débats.

Eh bien ! monsieur le Préfet, vous ne pouvez pas me laisser plus longtemps en prison ; la loi vous le défend ; déjà j'aurais dû être interrogé par un juge d'instruction.

Et votre responsabilité est d'autant plus grave que, en me privant de morphine, vous allez me rendre fou, comme j'ai eu l'honneur de vous l'écrire. Je demande que vous preniez l'avis d'un médecin.

— Monsieur, répondis-je, vous vous trompez sur l'étendue des droits du préfet. J'empêcherai l'odieuse action que vous voulez commettre, et pour cela, — regardez-moi bien, — je suis prêt à assumer toutes les responsabilités.

Vous avez indiqué vous-même une solution : huit jours de cellule sans morphine feront mieux que deux ans de prison.

Quel que soit d'ailleurs le résultat de cette expérience, vous ne sortirez du dépôt de la préfecture que pour être conduit dans une maison d'aliénés, où vous subirez un traitement approprié à l'état de votre santé.

Quand vous aurez restitué les lettres, et donné par là un gage certain d'amélioration dans votre état mental, je mettrai fin à votre traitement.

Deux heures plus tard, la passion de la morphine me venant en aide, les lettres étaient dans mon cabinet.

MADEMOISELLE LOUISE MICHEL ET LA RÉVOLUTION SOCIALE.

Depuis longtemps attendue par ses amis politiques, la Vierge Rouge, Mlle Louise Michel n'arriva à Paris que le 9 novembre 1880.

A midi, elle descendit à la gare Saint-Lazare, accompagnée de cinq ou six amnistiés.

Groupés dans la rue d'Amsterdam et sur la place du Havre, six ou sept mille personnes la saluèrent par les cris répétés de : « Vive Louise Michel ! »

Henri Rochefort, après l'avoir embrassée, lui donna le bras pour sortir de la gare.

Pendant les cinquante mètres qu'elle dut parcourir pour gagner la voiture qui l'attendait au coin de la rue de Londres, celle qu'on appelait la « grande citoyenne » fut l'objet d'une ovation enthousiaste.

Quelques exaltés voulurent dételer les chevaux de la voiture dans laquelle elle était montée. Les gardiens de la paix s'interposèrent et firent prendre aux chevaux une allure accélérée.

A partir de ce jour, Mlle Louise Michel prit une part importante au mouvement socialiste, et son nom revint souvent dans les rapports de mes agents.

Quelques citations permettent d'apprécier l'accueil

qui lui fut fait dans le parti révolutionnaire et le rôle qu'elle y joua :

14 *novembre* 1880. — La première réunion-conférence dans laquelle Louise Michel doit faire sa rentrée aura lieu dimanche 21 novembre.

Il y aura énormément de monde ; cependant les honneurs qui lui ont été rendus ont déjà éveillé des jalousies ; d'autre part, les vrais révolutionnaires lui reprochent la sympathie qu'elle affiche pour M. Clemenceau.

Les socialistes regardent en effet le député de Montmartre comme un bourgeois, et les condamnés de la Commune le tiennent pour un modéré.

Le but poursuivi par les rédacteurs de la *Marseillaise*, c'est de procurer à leur journal le bénéfice de la première conférence de la grande citoyenne. Pour cela MM. Vésinier, Gauthier, Protot, voudraient être chargés de tous les détails d'organisation et de publicité. S'ils y réussissent, les autres organes de l'intransigeance seront mécontents et les accuseront d'avoir accaparé une bonne affaire.

La conférencière n'échappera pas à leurs critiques ; elle sera attaquée sournoisement par les femmes de la Commune, dont la renommée pâlit à côté de la sienne.

21 *novembre*. — Aujourd'hui, à une heure, a eu lieu, à l'Élysée-Montmartre, la première conférence en l'honneur de Louise Michel.

A une heure et demie, Louise Michel monte à la tribune et crie tout d'abord : « Vive la Révolution sociale ! »

L'assistance répond par les cris de : « Vive Louise Michel ! Vive la Révolution ! »

On apporte à l'héroïne plusieurs bouquets.

Gambon affirme que la Commune est plus vivace que jamais, et que la France sera toujours à la tête des révolutions.

LE FONDS DES REPTILES. — LES COLLABORATEURS INCON-
SCIENTS DU PRÉFET DE POLICE.

On sait que les auteurs des crimes politiques, quand ils
restent inconnus, sont toujours des agents provocateurs,
et que c'est toujours la police qui a commencé. Les publicistes « d'avant-garde » ont cru trouver la justification de
leur thèse favorite dans le récit suivant que je n'hésite pas
à reproduire pour que le lecteur de bonne foi ne confonde
pas, avec un nid de frelons, une souricière établie dans l'intérêt de la sécurité publique.

Les socialistes révolutionnaires et les anarchistes ne se
bornaient plus à des déclarations dans les réunions publiques. La dynamite des nihilistes les empêchait de dormir ;
ils se proposaient de faire entendre la grande voix des
explosions.

Il était question de faire sauter. le Palais-Bourbon ;
Gambetta en avait été avisé, et quelques précautions
avaient été prises. Les attentats commis en Russie ne nous
permettaient pas de dédaigner comme invraisemblables
les renseignements de police qui nous dénonçaient ce complot.

Mais en même temps qu'ils se proposaient d'étonner le
monde par la destruction de mes honorables collègues,
les anarchistes voulaient avoir un journal pour propager la
bonne parole.

Si j'ai combattu leurs projets de « propagande par le
fait », j'ai du moins favorisé la divulgation de leurs doctrines
par la voie de la presse, et je n'ai pas de raisons pour me
soustraire à leur reconnaissance.

Les compagnons cherchaient un bailleur de fonds ; mais
l'infâme capital ne mettait aucun empressement à répondre
à leur appel.

Je poussai par les épaules l'infâme capital, et je parvins à lui persuader qu'il était de son intérêt de favoriser la publication d'un journal anarchiste.

On ne supprime pas les doctrines en les empêchant de se produire, et celles dont il s'agit ne gagnent pas à être connues.

Donner un journal aux anarchistes, c'était placer un téléphone entre la salle des conspirations et le cabinet du préfet de police.

On n'a pas de secrets pour un bailleur de fonds, et j'allais connaître, jour par jour, les plus mystérieux desseins. Le Palais-Bourbon serait sauvé ; les représentants du peuple pouvaient délibérer en paix.

Ne croyez pas, d'ailleurs, que j'offris brutalement les encouragements du préfet de police.

J'envoyai un bourgeois, bien vêtu, trouver un des plus actifs et des plus intelligents d'entre eux. Mon agent expliqua qu'ayant acquis quelque fortune dans le commerce de la droguerie, il désirait consacrer une partie de ses revenus à favoriser la propagande anarchiste.

Ce bourgeois qui voulait être mangé n'inspira aucune suspicion aux compagnons. Par ses mains, je déposai un cautionnement dans les caisses de l'État, et le journal *la Révolution sociale* fit son apparition.

C'était un journal hebdomadaire, ma générosité n'allant pas jusqu'à faire les frais d'un journal quotidien.

Mᴵˡᵉ Louise Michel était l'étoile de ma rédaction. Je n'ai pas besoin de dire que « la grande citoyenne » était inconsciente du rôle que je lui faisais jouer, et je n'avoue pas sans quelque confusion le piège que j'avais tendu à l'innocence de quelques compagnons des deux sexes.

Tous les jours, autour d'une table de rédaction, se réunissaient les représentants les plus autorisés du parti de l'action ; on dépouillait en commun la correspondance internationale ; on délibérait sur les mesures à prendre pour en finir avec « l'exploitation de l'homme par l'homme » ; on se communiquait les recettes que la science met au service de la révolution.

J'étais toujours représenté dans les conseils, et je donnais au besoin mon avis, qui plus d'une fois remplit l'office de paratonnerre.

LA STATUE DE M. THIERS. — L'EXPLOSION
DE SAINT-GERMAIN.

Les compagnons avaient décidé en principe que le Palais-Bourbon devait sauter.

Mais les hommes qui mettent leurs actes d'accord avec leurs principes se font de plus en plus rares, et personne ne se proposait pour porter les cartouches de dynamite dans les caves du palais législatif.

Dame ! l'aventure n'était pas sans péril ; on veut bien préparer un meilleur avenir social ; mais on veut en profiter ; être à la bataille, c'est très bien ; être au partage du butin, c'est mieux.

On délibéra sur la question de savoir s'il ne conviendrait pas de commencer par quelque monument plus accessible : la Banque de France, le palais de l'Élysée, la Préfecture de police, le ministère de l'Intérieur furent tour à tour discutés, puis abandonnés à raison de la surveillance trop active dont ils sont l'objet, et dont mon représentant signalait le danger.

La destruction d'une église semblait plus facile ; il fut aussi question du monument expiatoire, qui n'eût pas laissé beaucoup de regrets aux amis de l'art, et dont le pauvre Jules Roche, dans l'un de ses avatars, par une proposition de loi, avait demandé la suppression.

Enfin, on convint que, pour se faire la main, on s'attaquerait d'abord — je vous le donne en mille — à la statue de M. Thiers, récemment inaugurée à Saint-Germain.

Les compagnons partirent pour Saint-Germain, emportant l'infernale machine ; c'était une boîte à sardines, remplie de fulmicoton et soigneusement enveloppée dans un mouchoir.

Je connaissais ce complot plein d'horreur ; je savais l'heure du départ pour Saint-Germain ; je connaissais l'heure du crime projeté.

Qu'allais-je faire ?

Il fallait que l'acte fût consommé pour que la répression fut possible.

Je n'hésitai point à sacrifier le libérateur du territoire pour sauver le Palais-Bourbon.

Quand la nuit fut venue, les compagnons se glissèrent dans l'ombre à travers les arbres séculaires ; ils suivirent la rue de la République jusqu'à la rue de Poissy, où sur une petite place, s'élève la statue plus grande et plus lourde que nature.

La pâle lueur de la lune éclairait le visage du vieillard de bronze qui regardait d'un air narquois les conspirateurs.

L'un d'eux hissa la boîte à sardines sur le socle de la statue, entre les pieds du fauteuil où M. Thiers assis déploie sur sa cuisse gauche quelque chose qui doit être une carte de géographie.

Une longue mèche pendait le long du piédestal. L'un des compagnons y mit le feu, tandis que ses camarades parsemaient le sol de proclamations révolutionnaires ; puis, quand le feu commença à monter lentement le long de la mèche, les compagnons s'enfuirent à toutes jambes, jusqu'au bas de la colline ; et continuant leur course à travers la plaine, ils escaladèrent les barrières du chemin de fer

Quand ils rentrèrent à Paris, ils attendirent avec impatience les nouvelles de Saint-Germain. Ils n'avaient pas assisté au spectacle des ruines qu'ils avaient faites ; ils n'en savaient pas l'étendue.

Quelle ne fut pas leur déception, lorsqu'ils apprirent qu'ils avaient tout au plus réussi à réveiller quelques paisibles habitants de la silencieuse cité de Saint-Germain.

La statue était intacte ; le fulmicoton n'avait pas mordu sur le bronze ; une large tache noire était la seule trace de l'attentat.

Je connaissais les noms des conspirateurs ; j'avais voyagé avec eux, du moins par procuration, j'avais tout vu, tout entendu ; l'occasion me paraissait bonne pour mettre la main ou le pied sur ce nid de dynamiteurs. J'examinai la question de droit. J'ouvris mon code pénal ; la disposition applicable devait être celle de l'article 257 : « Quiconque aura détruit, abattu, mutilé ou dégradé des monuments, statues et autres objets destinés à l'utilité ou à la décoration publique, et élevés par l'autorité publique ou avec son autorisation, sera puni d'un emprisonnement d'un mois à deux ans et d'une amende de 100 francs à 500 francs. »

Les compagnons n'avaient ni détruit ni dégradé le libérateur du territoire, « destiné à la décoration publique », ils s'étaient bornés à faire une tache sous son fauteuil et j'avais beau relire l'article 257, ce cas n'était pas prévu par le Code pénal.

— Il y avait du moins la tentative, me direz-vous.

Oui, mais le maximum de la peine n'étant que de deux ans d'emprisonnement, nous étions en matière correctionnelle et la tentative n'était punissable que si la loi l'eût dit formellement.

Les compagnons ne pouvaient être inquiétés ; tout au plus aurais-je pu les faire condamner à 15 francs d'amende pour tapage nocturne.

J'estimai qu'il était préférable de ne pas leur montrer l'œil de la police et de continuer à les surveiller jusqu'au

moment où il conviendrait d'abaisser la trappe de la souricière.

Mais cet avortement du grand complot amollit les courages ; les tentatives ne furent pas renouvelées.

LE DOYEN DES ÉTUDIANTS.

Pour les réceptions du jour de l'an, j'avais l'honneur
d'être mêlé au cortège des ministres qui entouraient le
Président de la République. J'assistais au défilé des uniformes et à la banalité des compliments.

Une allocution se distinguait des autres par son originalité, c'était celle du vénérable M. Chevreul, professeur de
chimie au Museum d'histoire naturelle. Comme il appro-
chait de la centième année, il ne faisait plus son cours ;
mais il se plaisait à assister de temps en temps aux leçons
de son suppléant.

Nous savions ce qu'il allait dire pour l'avoir plusieurs
fois entendu. D'autres radotent qui sont moins âgés.

Le vénérable Chevreul arrivait seul.

Son visage parcheminé, le creux de ses rides, ses flasques
bajoues accusaient un grand âge ; mais quand il s'arrêtait
à cinq pas du cortège officiel, il redressait sa petite taille
et d'une voix forte, il disait :

— Monsieur le Président, j'ai l'honneur de vous présenter
le doyen des étudiants de France.

Il aimait à ajouter : « C'est le plus beau de mes titres. »

Chevreul est mort à l'âge de 103 ans.

Faut-il envier une telle longévité ? La vie est une course
fatigante qui aboutit à l'inévitable fossé, où se décompose
toute forme humaine. Pour ceux-là même à qui elle fut
indulgente, la vie vaut-elle la peine d'être vécue jusqu'aux
déchéances de la vieillesse et aux angoisses qui volent

comme des hiboux autour d'une fin depuis trop longtemps prévue.

Heu ! fugaces labuntur anni. Ceux-là ne craignent pas la mort qui ont vécu dans le mépris de la vie.

LE SUICIDE DU GÉNÉRAL NEY.

La fin mystérieuse et tragique du général Ney, duc d'Elchingen, avait ému profondément l'opinion publique et donnait lieu aux suppositions les plus fantaisistes de la presse.

Le lundi 21 février, dans la soirée, un landau s'arrêtait à la porte de M. Duvivier, officier d'ordonnance du général. Un inconnu montait chez cet officier et lui disait que le général l'attendait à la porte de la maison. M. Duvivier trouva le général en compagnie de deux messieurs : « Veuillez prévenir la duchesse, dit le général d'un ton fébrile, que je ne rentrerai pas ce soir, ni peut-être demain. Je suis retenu à Versailles par mon service. »

Le landau s'éloigna rapidement ; M. Duvivier rentra chez lui, très préoccupé de l'air inquiet et agité du duc d'Elchingen et des allures suspectes de ses trois compagnons.

Le duc ne reparut pas ; il fut vainement cherché par la police.

Des lettres anonymes furent adressées à la famille ; des mesures furent prises pour surprendre l'auteur de ces lettres au rendez-vous qu'il avait donné place du Château-d'Eau. Mais personne ne se présenta à l'heure indiquée pour recevoir la réponse que ces lettres exigeaient.

Les conjectures de la Préfecture de police n'avaient pas fait fausse route, et dès que la première lettre me fut connue, j'exprimai à la famille du duc d'Elchingen une opinion que les faits ne tardèrent pas à justifier.

Le 23 février seulement, M. Duvivier se décida à faire connaître que le général avait loué une cave dans une maison située à Bagneux et qu'il avait coutume de s'y exercer au tir au pistolet.

M. Duvivier se rendit à Bagneux avec M. Macé, chef de la Sûreté. Ils durent passer devant la statue élevée au maréchal Ney, prince de la Moskowa, près de l'Observatoire, à la place où il fut fusillé le 7 décembre 1815.

Arrivé à Bagneux, le chef de la Sûreté et l'officier d'ordonnance descendirent à la cave en s'éclairant d'une bougie. La porte était fermée intérieurement ; nul doute n'était possible, le duc d'Elchingen était là.

La porte fut enfoncée ; le courant d'air éteignit la bougie ; M. Duvivier qui faisait un pas en avant dans l'obscurité se heurta au corps ensanglanté de son général.

Cette circonstance que la porte se trouvait fermée avec la clef restée dans la serrure à l'intérieur ne permettait pas de douter du suicide du général. Mais quelle était la cause de cette résolution de désespoir que rien ne faisait prévoir ?

Le duc d'Elchingen, il est vrai, avait laissé paraître quelque tristesse. Il avait été appelé récemment à déposer dans une affaire correctionnelle. Un mot d'esprit malheureux lui avait attiré les railleries de la presse ; il en avait été affecté. D'autre part, il avait été question d'un duel avec un journaliste. On a dit que, pour s'y préparer, le général avait loué discrètement la cave de Bagneux, dont les orifices étaient soigneusement bouchés, de manière à étouffer le bruit ; de longs fils à plomb tombaient verticalement de la voûte et permettaient de suivre la ligne en levant le bras au commandement.

Mais les railleries de la presse et l'éventualité d'un duel ne sont heureusement pas une cause de suicide. Aussi les journaux se livrèrent-ils aux conjectures les plus fâcheuses.

Pour couper court à ces suppositions, il eut fallu peut-être livrer à l'opinion publique les faits tels qu'ils s'étaient passés. La mémoire du duc d'Elchingen n'avait rien à y perdre et la police y eut gagné d'être délivrée des sommations d'une presse indiscrète qui prétend que dans une démocratie les autorités n'ont pas le droit de rien cacher à la curiosité du public.

Mais la famille, qui est le meilleur juge de ce qui touche à la considération des siens, crut devoir se renfermer dans une extrême réserve. Il ne m'appartient pas d'en sortir moi-même ; aujourd'hui encore, je dois me borner à dire que tous les détails de ce drame d'argent et de sang m'ont été connus, qu'aucune affaire de mœurs n'y a été mêlée, et que, malgré de trompeuses apparences qui ont pu égarer l'opinion, les faits n'ont été à aucun moment de nature à exiger l'intervention de la justice.

Le 23 février au soir, lorsque M. Duvivier et M. Macé vinrent me faire connaître le résultat de leurs recherches à Bagneux, je partai pour le ministère de la Guerre, où il y avait réception. Je fis part au Ministre de ce que je venais d'apprendre. La nouvelle s'en répandit bien vite dans les salons du ministère et fut douloureusement accueillie dans ce milieu où le général ne comptait que des sympathies et des amitiés.

L'ENQUÊTE SUR LES ACTES DU GÉNÉRAL DE CISSEY.
LA BARONNE DE KAULLA.

Un autre officier supérieur était depuis quelque temps l'objet des plus violentes attaques dans la presse radicale.

Ancien ministre de la Guerre, le général de Cissey, malgré l'éclat de ses services, était accusé d'avoir dilapidé les deniers de l'État et d'avoir livré à l'ennemi les secrets de la défense nationale. Concussion et trahison, tels étaient les deux chefs de l'accusation invraisemblable que le patriotisme inquiet d'un député de l'extrême-gauche consentit à porter devant le Parlement.

Une enquête fut ordonnée par la Chambre ; de nombreux témoins furent entendus.

L'accusation reposait principalement sur les relations du général de Cissey avec la baronne de Kaulla qu'on supposait être une espionne de l'Allemagne.

Depuis la guerre de 1870, on avait beaucoup abusé de l'accusation d'espionnage, et d'autres femmes en avaient été l'objet qu'une situation plus indépendante et plus régulière semblait devoir protéger.

Baronne autrichienne, Mme de Kaulla, qui avait épousé le colonel Yung, vivait séparée de son mari, dans un élégant petit hôtel de l'avenue d'Iéna, où elle s'entourait d'un luxe que l'amitié du général suffisait à expliquer.

La commission d'enquête, présidée par Georges Perrin, appela comme témoins trois préfets, ou anciens préfets de police pour avoir sur la baronne l'opinion de la préfecture et surtout pour savoir s'il était vrai, comme on l'avait prétendu, que des perquisitions eussent été faites à son hôtel pour y chercher la preuve de sa culpabilité.

M. Léon Renault, toujours correct, voulut d'abord se retrancher derrière le secret professionnel. Cependant il nia avoir jamais dit que « Mme de Kaulla était dangereuse pour le pays. » Interrogé sur la perquisition qu'on disait avoir été faite, sans qu'on eût précisé la date : « Je déclare, répondit-il, que je n'ai jamais fait opérer de perquisition chez Mme de Kaulla, et même que jamais la pensée n'en est venue à la préfecture de police à l'époque où j'étais en fonction. »

A son tour, M. Voisin nia avoir jamais ordonné pareille visite domiciliaire, et il ajouta : « Après avoir fait des recherches, je n'ai acquis en aucune façon la preuve que Mme de Kaulla fût un agent de l'étranger. C'est une femme

cherchant à avoir un salon, à réunir autour d'elle des notabilités parisiennes. Je le répète, je n'ai jamais rien découvert qui permit de dire que Mme de Kaulla fût un agent
de l'étranger. »

Appelé enfin à déposer, j'avais fait faire les plus minu-
tieuses recherches, et je dus affirmer qu'il n'existait ni
dans les registres de la préfecture, ni dans les répertoires
des commissaires de police, aucune trace de perquisition
opérée chez la baronne de Kaulla ; que d'ailleurs je n'avais
aucune raison d'ajouter foi à la rumeur qui l'accusait
d'être au service de l'Allemagne.

Un incident fut soulevé par plusieurs membres de la
Commission à l'occasion de mon témoignage. Ces honorables membres demandaient que les dossiers de police
concernant Mme de Kaulla et le général de Cissey fussent
remis à la commission.

J'expliquai à mes collègues ce que j'ai déjà dit à mes
lecteurs, que les dossiers de police ne sont pas faits pour
les profanes, ceux-ci fussent-ils représentants du peuple ;
qu'ils contiennent plus d'allégations inexactes ou douteuses
que d'affirmations conformes à la vérité ; qu'ils sont utiles
pour aider l'administration dans ses recherches, mais non
pour éclairer la conscience des juges.

La Commission eut la sagesse de ne pas insister. Après le
dépôt de son rapport, un débat sur l'enquête s'engagea
devant la Chambre, et ne laissa rien subsister des diffamations qui ont attristé les dernières années du général de
Cissey.

LE LABORATOIRE MUNICIPAL. — LES CHIENS A LA FOURRIÈRE.

Les marchands de vin de Paris s'étaient réunis au nombre
de 4.000, au Cirque d'Hiver, sous la présidence de Tony
Révillon.

Ah ! les marchands de vin ne sont pas une quantité négligeable ! Non seulement ils sont nombreux, mais encore ils sont influents. Gambetta le savait bien, et durant l'année 1881, consacrée à la préparation des élections législatives, après avoir réuni les voyageurs de commerce, pour les charger d'évangéliser les départements, lui aussi il avait présidé une assemblée des marchands de vin, leur promettant la liberté du mouillage, à défaut de la séparation de l'Église et de l'État.

La liberté du mouillage, pour les débitants, c'est cette liberté-là qui n'est pas une guitare ! Habile à trouver ces mots heureux qui résument une thèse et l'imposent aux esprits simples, Gambetta avait imaginé à l'usage des marchands de vin la distinction entre la *falsification* et la *dénaturation*. Il n'y a falsification, suivant l'éminent homme d'État, que si le marchand introduit dans le vin des substances chimiques colorantes dont l'effet peut être nuisible à la santé. Quant au mouillage qui consiste en une addition d'eau, Gambetta n'y voyait qu'un acte de dénaturation licite et moral.

Mettre de l'eau dans son vin, ce n'est point un mélange que l'opportunisme seul doive encourager ; mais le mouillage va plus loin ; il consiste à mettre de l'eau dans le vin d'autrui et à tromper le public sur la nature de la marchandise vendue.

N'acceptant pas le *distinguo* de Gambetta, je crus devoir donner aux consommateurs de nouvelles garanties, non seulement contre les fraudes des débitants de vin, mais encore contre celles de tous les marchands.

L'Angleterre, l'Allemagne, la Belgique, s'étaient occupées longtemps avant nous des questions relatives à l'hygiène et à l'alimentation. Je me fis adresser des rapports sur les mesures prises à l'étranger, et l'étude qui en fut faite, sous ma direction, avec le concours de MM. Jules Cambon et

Girard, me permit d'installer, à peu de frais, dans les bâtiments de la Préfecture de police le *Laboratoire municipal.*

En lui donnant cette dénomination, j'avais moins pour
but d'affirmer mes sympathies que de mettre sur le nouvel
établissement une sorte de paratonnerre, en intéressant à sa
conservation et à sa prospérité les parrains que je lui
donnais.

J'estime que ce laboratoire a rendu les plus utiles services à la santé publique ; mais les révélations de l'analyse
chimique ont soulevé plus de colères contre le préfet qu'elles
ne lui ont valu de sympathies.

Je m'occupais en même temps de répondre à un vœu
émis par le Conseil municipal, en faisant construire des
voitures pour le transport des personnes atteintes de
maladies épidémiques ou contagieuses. L'étoffe des voitures
ordinaires garde facilement et transmet le germe des maladies. C'est une des causes de la propagation des épidémies.
Pour y obvier, les villes de Londres et de Bruxelles em-
ployaient depuis longtemps des véhicules spéciaux faciles
à laver et à désinfecter. Je n'eus qu'à suivre les exemples
que je rencontrais chez nos voisins.

Une autre innovation à signaler fut la réforme du procédé barbare employé à la fourrière pour la destruction
des chiens.

Parmi les êtres nuisibles dont la société est forcée de
requérir le trépas, dans un intérêt de sécurité publique, il
n'en est pas de plus dignes de compassion que les chiens
errants. Sauf de rares exceptions, ce sont les parias de la
race canine : laids, étiques, boueux, personne ne songe à les
recueillir. Sans maîtres, sans abri, sous la bise et la pluie,
cherchant de carrefour en carrefour quelqu'informe détritus
pour soutenir leur vie austère, jusqu'à ce que l'administration les tire de leur détresse en les plongeant dans l'infini.

Est-ce leur faute, à ces déclassés, si la nature leur refusa

les avantages de la forme, la parure d'une élégante fourrure,
ou si le destin négligea de les pourvoir d'un gîte légal et
d'un protecteur responsable ? Telles sont les réflexions qui
m'amenèrent à remplacer la pendaison des chiens par
l'anesthésie.

Livrée à son cours naturel, l'agonie des chiens se fût
quelques fois prolongée au delà de trente minutes, tant la
cohésion de leurs vertèbres supérieures est rebelle à la rup-
ture ; c'est pourquoi les bourreaux de ces malheureuses
victimes des règlements municipaux s'efforçaient par de
vigoureux coups de marteau appliqués sur le crâne, d'y
déterminer une prompte congestion.

Ce fut le docteur Poggiale, membre du Conseil d'hygiène,
qui proposa un procédé nouveau pour remplacer cette
répugnante méthode de destruction.

Placés dans une caisse hermétiquement fermée, les chiens
sont asphyxiés par le gaz d'éclairage arrivant au moyen
d'un tuyau muni d'un robinet. Une lucarne vitrée prati-
quée dans la couverture de la caisse permet de suivre les
progrès de l'anesthésie ; la sensibilité cérébrale s'évanouit
avec la vie. Il se produit un rapide empoisonnement qui ne
dure que quelques minutes et ne cause aucune souffrance.

Ce n'est pas seulement sur la foi des savants que nous
pouvons affirmer la douceur de ce genre de trépas. Nous
avons des témoignages ; plusieurs ouvriers de la Compagnie
du gaz ont subi un commencement d'asphyxie par cet
agent délétère ; ils racontent qu'ils ont éprouvé une sensa-
tion semblable à celle que produisent les excès de boisson,
une sorte d'ivresse hilare, suivie d'hébêtement et d'une
inertie radicale des fonctions cérébrales. Un de ces ouvriers
me racontant l'accident auquel il avait heureusement
échappé, me disait : « Je me sentais comme si j'avais bu
trop de vin de Champagne. »

Une réflexion s'est naturellement présentée à l'esprit

de tous ceux qui ont assisté à ces destructions nécessaires :
pourquoi ne ferait-on pas profiter les bipèdes des moyens
par lesquels l'administration compatissante s'efforce
d'adoucir les derniers instants des contribuables appartenant à la race canine ? Pourquoi ne pas remplacer par
l'anesthésie la répugnante machine du docteur Guillotin ?

POLICE EXTÉRIEURE. — QUESTION TUNISIENNE.

La juridiction du préfet de police est limitée au département de la Seine et à quelques communes de Seine-et-
Oise ; mais sa mission de renseigner le Gouvernement sur
toutes choses l'oblige à étendre ses recherches bien au delà
du territoire dans les limites duquel la loi enferme son autorité.

Les fonds secrets dont il dispose, quoiqu'on les ait souvent déclarés insuffisants, semblent d'ailleurs l'inviter à
entretenir des agents dans les départements et même à
l'étranger.

Il est fort délicat pour un ministre des Affaires étrangères
d'exercer, par des intermédiaires non accrédités, une surveillance occulte ; il risque de froisser les susceptibilités,
de provoquer des incidents diplomatiques. L'action du
préfet de police n'a pas les mêmes inconvénients ; outre
qu'elle est censée avoir pour objet des recherches intéressant la sûreté intérieure, elle peut toujours être désavouée
quand elle se laisse surprendre.

J'ai eu des agents dans toutes les capitales de l'Europe.
Cependant je dois dire que j'ai été peu encouragé dans mes
essais de diplomatie occulte, malgré que j'aie pu donner au
Gouvernement et surtout au ministre de la Guerre des
renseignements dont l'utilité n'a pas été méconnue.

Quelques extraits de mes rapports sur la question tuni-
sienne permettront d'en apprécier l'intérêt.

La Compagnie Rubbatino, grâce à l'appui du ministre Cairoli et à la garantie du Parlement italien, venait de se rendre adjudicataire de la ligne de Tunis à La Goulette et d'évincer la Compagnie française du Chemin de fer de Bône à Guelma. L'intervention du Gouvernement italien dans cette adjudication, l'enthousiasme avec lequel la garantie d'intérêt avait été votée, ne permettait pas au Quai d'Orsay de rester indifférent à ces actes d'hostilité manifestement dirigés contre l'influence française.

J'écrivais le 17 juillet 1880 :

Les lettres que je reçois de Tunis, émanant de musulmans, envisagent la situation sous un point de vue différent du nôtre. On est très irrité contre le bey et son entourage, mais encore plus contre la France, sur le protectorat de laquelle comptaient les Arabes. Ils ne croient plus en nous. L'inquiétude est extrême dans les tribus, elle est habilement entretenue par Kheredine, le général Hussein, l'ancien cheick-ul-islam Rirem et tout l'élément fanatique.

Ce n'est pas encore la révolte ; mais on songe à déposer le bey au profit de son frère l'émir du Camp.

Le promoteur de ce mouvement habite l'Italie, où il a su se créer de puissants alliés, c'est le général Hussein.

Ce personnage est un mameluk, comme Keredine ; il a la haine de la France. Depuis une dizaine d'années, il habite alternativement Livourne, Florence et Rome, intriguant, dilapidant au détriment du bey les millions de la succession Nessim. Il subventionne les journaux italiens qui écrivent contre la France.

Rapport du 29 août :

... L'envoi de nos deux cuirassés dans les eaux tunisiennes a été comme une douche qui a calmé les Italiens. Si l'énergie déployée par M. de Freycinet pouvait faire comprendre aux Italiens que toute tentative inopportune serait résolument combattue, on pourrait affirmer que l'acquisition de la ligne Goulette-Tunis est devenue par le fait un heureux événement.

7 septembre :

Les journaux de Rome mettent une sourdine à leurs polémiques. La plupart se contentent de reproduire mélancoliquement les articles platoniques des feuilles de Vienne ou de Berlin... Le roi Humbert n'aime pas la France ; il ne faut pas nous faire d'illusion à cet égard ; il trouve que son ministère a trop de sympathie pour nous et pour le régime républicain.

Nous arrivons au mois de décembre 1880. Jules Ferry est président du Conseil ; Barthélemy Saint-Hilaire a succédé à M. de Freycinet au ministère des Affaires étrangères.

J'écris le 18 décembre :

L'influence de la France domine et M. Roustan, dont l'habileté est incontestable n'est plus écouté avec la même déférence au Bardo... Le cri d'alarme a été jeté par les schérifs de la Mecque ; ce n'est pas encore la proclamation de la *guerre sainte,* mais l'invitation aux musulmans de se recueillir et de s'unir contre la Chrétienté. Tous les pèlerins qui reviennent de la Mecque l'annoncent... l'agitation grandit aussi bien parmi les tribus de la Tunisie que parmi celles de l'Algérie et notamment dans le Sud de la province de Constantine.

A la fin de mars 1881, un fait nouveau se produit qui va permettre au Cabinet français de substituer l'action militaire à l'action diplomatique. Les tribus tunisiennes de la frontière, connues sous le nom générique de Kroumirs, ont pénétré dans la province de Constantine, et dans un engagement de plusieurs heures avec un détachement des troupes françaises, cinq de nos soldats ont été tués et cinq autres blessés.

Le 7 avril, je fais connaître l'état de l'opinion en Italie :

On est presque résigné à l'occupation, et s'il n'y a à craindre que des embarras venant de l'Italie, il n'y a rien à craindre... Il y aura peut-être une explosion dans la presse le jour où les bataillons français entreront en Tunisie ; on menacera de l'Allemagne ; on rapellera Mentana ; on maudira la prépotence française ; ce sera tout.

A la fin d'avril, je rencontrai Gambetta ; avec une visible satisfaction, se frottant les mains, il me dit :

— Nous allons donc manger du Kroumir !

Après trois semaines de préparation, les troupes françaises entrèrent sans résistance en Tunisie et occupèrent progressivement le pays sans rencontrer les fameux Kroumirs.

Les déclarations de désintéressement portées à la tribune par Jules Ferry n'abusaient personne à l'étranger, et j'écrivais le 6 mai :

Les journaux gallophobes d'Italie travaillent à persuader au public que la France ne limitera pas son action au châtiment des Kroumirs ; qu'elle s'emparera de la Régence. Le gros public croit les journaux, et quant au monde politique, les gens qui le composent sont trop habitués à considérer la politique comme un jeu où la tricherie est le premier des devoirs, pour supposer que la France ne soit pas décidée à pousser jusqu'au bout ses avantages... Dans le monde officiel, on est absolument résigné.

A Berlin, où notre politique coloniale fut toujours encouragée comme un dérivatif, on voyait notre expédition avec faveur et l'on se bornait à critiquer l'éclat dont notre gouvernement l'avait entourée.

Mon correspondant de Berlin m'écrivait le 2 mai :

J'ai vu M. Rudolphe Lindau. Il m'a dit qu'il évitait avec le plus grand soin de se moquer des Français *qu'il aimait tant !* Mais qu'il était pourtant difficile de s'abstenir de toute plaisanterie en apprenant les faits d'armes du corps expéditionnaire. Selon lui le résultat est hors de proportion avec la mise en scène qui prête à rire...

M. Lindau reflète exactement les idées que le prince de Bismarck permet à ses subalternes du ministère des affaires étrangères.

N'ayant pas la prétention de faire, à l'aide de mes rapports, l'histoire de l'établissement de notre protectorat en Tunisie, je borne là mes citations. Elles auront suffi, j'espère, à démontrer que la Préfecture de police peut avoir un rôle utile d'information pour les relations extérieures.

AUTOUR DU BEY. — KÉRÉDINE. — LE BARON ROBERT DE BILLING. — MUSTAPHA BEN ISMAIL. — ELIAS MUSSALI.

Il y aurait quelques pages intéressantes à écrire sur le bey Mohamed Sadock, sur les personnalités qui s'agitaient autour de lui, sur les intrigues qui l'obsédaient. Mais, pour aborder ce sujet, il faudrait avoir vécu à Tunis, comme le baron Robert de Billing, qui fut notre consul général dans la Régence en 1874 et 1875.

Je n'ai vu l'entourage du bey qu'à travers les rapports de mes agents et je n'ai personnellement connu que Mustapha ben Ismaïl et le général Elias.

Les vieux Parisiens n'ont pas oublié Kérédine, qui fut Parisien autant qu'eux sans cesser d'être un musulman fanatique. On le rencontrait aussi souvent au Cercle impérial qu'au Quai d'Orsay ; mais en quittant le tapis vert à une heure du matin, il allait faire ses dévotions suivant la loi du Prophète.

A Tunis, le bey l'avait pris en horreur et voulut un jour le faire étrangler. A cet effet le vieux Mohammed-Sadock ordonna à Mustapha-ben-Ismaïl de se rendre chez Kérédine avec les hommes nécessaires pour cette petite opération qui n'était pas sans précédents. Notre consul, étant présent, fit tous ses efforts pour ramener Son Altesse à des sentiments plus chrétiens.

Mohammed Sadock restait inflexible. Mustapha sortit avec ses hommes pour accomplir les ordres de son maître ; mais il était visiblement troublé, et, tandis qu'il traversait le jardin, il tremblait de tous ses membres, au point que Billing en put faire la remarque et dire au bey : Vous voyez en quel état est votre fils ; il ne peut se résoudre à accomplir cet acte inhumain. »

L'insistance du consul général de France, aidée par l'affection de Mohammed pour son fils adoptif, finit par l'emporter sur la colère du bey et Kérédine eut la vie sauve.

Voici le portrait qu'un de mes agents me traçait de Mustapha-ben-Ismaïl en 1881 :

« Il est Arabe dans toute l'acception du mot ; toujours guidé par son intérêt, il se soumet s'il est contraint par la force ou par les événements, prêt à reprendre la lutte si l'occasion se présente.

» Il ne nous trahira pas ; mais il nous laissera trahir sans nous prévenir ; pour le moment il s'est mis du côté du plus fort, tout en conservant des relations avec les fanatiques de Tunis. Il n'a d'autre but que de conserver sa fortune et celle de son maître.

« C'est un esprit très fin ; ce n'est point un homme à grandes vues politiques ; Mustapha est un faiseur d'affaires, aimant l'argent et les plaisirs, timide avec nous en ce moment, peut-être audacieux demain. Son ambition à l'heure présente est d'obtenir la grand'croix de la Légion d'honneur.

« Comme homme privé, il est charmant, ne manque pas d'esprit. Sa personne est sympathique. Le général Elias Mussali, qu'on lui a donné comme second chef de mission, est un levantin sans caractère et sans personnalité. Il est inspiré par le comte de Sancy, qui joue un rôle occulte, mais important, dans toutes les intrigues tunisiennes. »

J'eus l'honneur de connaître le premier ministre du bey lorsqu'il vint à Paris au mois de juin 1881.

Son Excellence Mustapha Pacha occupait, avec sa suite, au Grand-Hôtel, les appartements qu'avait habités le schah de Perse.

Le général Elias, chrétien d'Orient, d'un caractère doux et serviable, avait toujours montré de bons sentiments pour la France, où ses fils avaient été élevés.

Modeste et sans initiative, le général était moins connu

que Mme Elias, une italienne remarquablement belle et intelligente. Quoiqu'originaire de Livourne, Mme Elias était Française par le cœur. Elle mettait son honneur à être belle et n'a jamais pardonné à l'avocat de M. Roustan qui, dans un procès célèbre, avait cru devoir, pour les besoins de sa cause, la représenter comme une personne flétrie par l'âge, incapable de troubler le cœur de notre Consul général.

Le Nicham-Iftikar, dont je fus gratifié, n'inspira pas à tous nos concitoyens la même indifférence qu'à notre ministre des Affaires étrangères ; et j'ai le souvenir de quelques demandes obséquieuses adressées à Mustapha par des personnalités que leur situation et leur mérite semblaient devoir rendre moins avides de ces sortes de distinctions.

Un illustre savant m'a su gré de n'avoir pas reproduit les termes dans lesquels il affirmait que le Nicham-Iftikar de seconde classe serait la plus douce récompense de ses travaux, et honorerait en sa personne une docte société.

Mustapha Pacha visita successivement les monuments les plus sévères et les lieux de plaisirs les plus folâtres ; il connut la vie parisienne sous ses aspects les plus variés et partit le 15 juillet après avoir admiré les illuminations du 14.

LES CERCLES. — LE JEU.

Le préfet de police autorise les cercles, les surveille, en ordonne la fermeture, s'il y a lieu.

Le préfet est censé n'autoriser que des associations de personnes ayant pour but de se rencontrer, de prendre leurs repas et de lire les journaux en commun, et accessoirement de se livrer, pour leur amusement, aux jeux dits de *société*.

Mais à côté de ces associations, il existe à Paris de véritables maisons de jeu, ouvertes par des spéculateurs qui déguisent mal leur entreprise sous les apparences de gens du monde ou de commerçants.

Les industriels qui veulent ouvrir une maison de jeu s'adressent à quelques complaisants derrière lesquels ils s'abritent et qui apparaissent comme les véritables fondateurs du Cercle. On expose dans la demande que le besoin d'un cercle nouveau se fait sentir ; ici ce sont les artistes, ailleurs les escrimeurs, ailleurs les originaires du Massif Central qui ont compris la nécessité de se rencontrer et d'échanger leurs vues d'avenir et de progrès. Il est bien entendu que la politique est étrangère à la nouvelle association, et que si des tables de jeu doivent être placées dans les salons, c'est parce qu'il n'est guère possible de refuser à une réunion d'homme cette simple distraction.

La préfecture de police n'est pas dupe de ces apparences ; mais elle sait qu'il faut faire la part du jeu. Elle procède à une enquête, et si les noms des membres du Comité fondateur paraissent honorables, si les personnes qui se dissimulent derrière le Comité ne sont pas déjà compromises dans des entreprises du même genre, l'autorisation peut être accordée.

C'est surtout à l'arrivée d'un nouveau préfet que l'occasion est favorable pour présenter les demandes d'autorisation et c'est alors que les demandes se multiplient.

Le nouveau préfet n'est pas en garde contre les petites habiletés destinées à surprendre son inexpérience ; il a le désir de plaire et ce n'est pas par des refus qu'il veut marquer ses débuts.

Aussi voit-il arriver les messagers les plus divers. C'est une femme aimable que son rang dans le monde défend contre la supposition injurieuse d'un mobile intéressé, et qui n'aurait point accepté d'appuyer une demande en autorisation de cercle si elle n'en avait été priée par des amis dont elle répond comme d'elle-même. C'est un conseiller municipal qui n'obéit qu'à des sentiments démocratiques ; il laisse entendre d'ailleurs qu'il sera reconnaissant

quand viendra l'heure de voter le budget. C'est un député
qui, avec d'autres représentants du peuple, a creusé l'idée
féconde de réunir en un cercle, avec les membres du parlement, les électeurs intelligents qui sauront apprécier les
avantages de certaines fréquentations, Les fonctionnaires
voudront tous être du « Cercle du Parlement » ; la partie de
billard avec des députés, en ce temps d'omnipotence parlementaire, n'est-elle pas le chemin le plus court d'une sous-
préfecture à une préfecture, d'un siège de juge à un fauteuil
de président ? Les agents de change, les coulissiers, les
spéculateurs s'empresseront de solliciter leur admission
car, dans leurs entretiens avec les membres des deux
Chambres, ils puiseront d'utiles renseignements pour leurs
opérations au Parquet ou à la coulisse.

On croirait que je m'abandonne aux caprices d'une imagination vagabonde, si je n'ajoutais que ces dernières lignes
sont extraites d'un prospectus auquel des parlementaires
avaient attaché leurs noms.

Si on leur objecte qu'ils patronnent une maison de jeu, la
jolie femme a des étonnements naïfs ; le conseiller municipal
des protestations indignées. La vérité, c'est que ces intermédiaires, qui viennent essayer sur l'esprit du préfet la
puissance de leurs séductions si diverses, ont reçu la promesse de quelques billets de mille francs et d'une part dans
les bénéfices.

Parfois aussi le solliciteur est le futur président du Cercle.
Il apporte dans l'association sa réputation d'honnête
homme, son ruban de la Légion d'honneur, le souvenir de
ses anciennes fonctions. Cet apport n'est pas toujours éva-
lué à sa juste valeur ; on a vu d'honnêtes gens, à la recherche d'une position sociale, accepter les responsabilités de
la présidence, pour une modeste rétribution mensuelle,
avec la faculté de prendre leurs repas à la table du cercle
et d'amener des invités. Les cotisations étant illusoires,

c'est la *cagnotte* qui paye les frais généraux, les repas offerts aux invités et l'indemnité de l'honorable président.

Il faut que le jeu rapporte. A cet effet, les salons sont ouverts à tout venant. J'ai ordonné la fermeture d'un cercle qui, après minuit, était communément fréquenté par les cochers, les maîtres d'hôtels et les valets de chambre du quartier. On racontait qu'un jeune député, pendant son voyage de noces, y avait perdu la dot de sa femme.

Quand le commissaire de police notifia mon arrêté, il se heurta à un repris de justice, en état de vagabondage, profondément endormi sur une banquette. Ne sachant où trouver un abri, cette victime de la justice était venue chercher dans les salons de jeu un gîte hospitalier.

Le « gérant » s'abstient d'ordinaire de participer à la partie ; la crainte de la fermeture explique sa réserve. Cependant quand la présence des « pigeons » est signalée, il arrive que le gérant ne résiste pas à avoir sa part des plumes.

Si les cercles les plus honnêtes ne réussissent pas toujours à se défendre contre les joueurs trop habiles pour qui la *portée* et les cartes biseautées n'ont pas de secret, les *cercles ouverts* sont pour les « Grecs » la véritable patrie.

Les individus qui trichent au jeu sont une légion, depuis le prestidigitateur qui fait sauter la coupe, jusqu'au petit « ponte » qui se borne à avancer sur le tapis une pièce de cent sous ou de vingt francs, suivant l'importance de la partie, dès qu'il s'aperçoit que le banquier a perdu sur son *tableau.*

On a heureusement oublié un honorable sénateur — les sénateurs et les députés sont toujours honorables — qui doublait ses vingt-cinq francs par jour en pratiquant la « poussette », au temps où les parlementaires se contentaient de cette modeste indemnité.

Ce membre de la Haute Assemblée avait sans doute,

comme tant d'autres, commencé par perdre honnêtement son argent, puis il avait appelé l'art à son secours pour combattre l'injustice du sort.

Comme les femmes galantes, les Grecs sont nés vertueux.

Qui sait à quel fardeau leur pauvre âme succombe ?

Dans leur monde, il leur est beaucoup pardonné, quand ils ont beaucoup perdu.

La Préfecture de police surveille les cercles et fait de temps en temps·quelques exemples. Une rigueur absolue n'aurait d'autres conséquences que de substituer le jeu clandestin au jeu surveillé. Le jeu, comme la débauche, a ses maisons de tolérance.

L'OPINION DE L'ÉTRANGER SUR LA PRÉFECTURE DE POLICE.

On va me reprocher de parodier le mot fameux sur « la magistrature que l'Europe nous envie ». Mais, au risque de m'exposer au ridicule de ce rapprochement, je dois dire que la Préfecture de police jouissait à l'étranger d'une considération que l'esprit frondeur des Parisiens lui refusait trop souvent.

Tandis que le Conseil municipal et la presse radicale demandaient la suppression de cette institution, je recevais au boulevard du Palais des témoignages non équivoques de l'estime en laquelle on la tenait à l'étranger.

J'eus plusieurs fois la visite de M. Vincent Howard, et le sympathique directeur du « Scotland Yard », comparant nos institutions de police à celles de l'Angleterre ne dissimulait pas la préférence qu'il accordait à celles de notre pays.

Ce que j'aurais volontiers emprunté à l'Angleterre, c'est le fameux bâton des agents anglais, devant lequel la foule, a-t-on coutume de dire, s'écarte par respect pour la loi qu'il symbolise. J'ai fait venir de Londres quelques-uns de ces porte-respect ; il suffit de le prendre en main pour reconnaître qu'ils ont une autre valeur que celle d'un symbole.

La Norvège nous envoya M. Christiensen, chef de division à la Préfecture de Christiana, qui vint étudier nos divers services.

M. Baranoff, le brillant officier russe qui fut plus tard placé à la tête de la police de son pays, vint nous visiter de la part de Loris Melikoff. Il était accompagné de M. Yvan de Romanoff. J'eus le plaisir de montrer à ces messieurs les salles réservées aux archives, et de leur montrer, extérieurement du moins, les dossiers de toutes les personnes dont ils prononçaient les noms.

M. Baranoff, qui n'était que depuis deux jours à Paris, fut très surpris de trouver déjà un dossier à son nom dans les archives de la Préfecture.

Les Japonais nous avaient envoyé une mission de quatre personnages chargés d'étudier notre Préfecture de police pour en rapporter le plan dans leur pays. Cette nation si prompte à s'assimiler les mœurs, les modes et les institutions de l'Europe avait jugé que la police française méritait d'être copiée.

Le Portugal avait fait auprès de notre Gouvernement une démarche des plus flatteuses. Par l'intermédiaire de son proche parent, M. de Faria, Consul général à Paris, le gouverneur de Lisbonne, M. Arrobus Barreiros demandait à la France qu'un fonctionnaire de notre Préfecture de police fût envoyé à Lisbonne avec la mission d'y faciliter une institution de police sur le modèle de celle de Paris.

Je désignai au ministre des Affaires étrangères le chef de mon secrétariat, M. Olivier de Taigny, qui fut plus tard le secrétaire de Casimir Périer à la présidence de la République. M. du Taigny partit pour le Portugal au printemps de l'année 1881 ; il y resta cinq mois ; il en revint après avoir rempli sa délicate mission à la satisfaction du gouvernement portugais, comme en témoignaient les hautes distinctions dont il avait été honoré.

Mais l'approbation qui me parut la plus significative fut celle qui, dans les derniers mois de mon administration, me vint de la légation des États-Unis d'Amérique.

Je reçus du général Noyes, ministre des États-Unis à Paris, la lettre suivante :

LÉGATION   Paris, le 15 avril 1881.
DES ÉTATS-UNIS.

MONSIEUR LE PRÉFET,

Au moment où je me dispose à rentrer aux États-Unis, la ville de Cincinnati sollicite mon intervention pour obtenir de votre administration des renseignements authentiques et sûrs touchant l'organisation et le fonctionnement de la police de Paris.

Je vous serais très reconnaissant, Monsieur le Préfet, si vous pouviez me mettre en mesure de répondre convenablement à cette requête.

Cincinnati est aujourd'hui une ville de 250.000 âmes, c'est ma demeure, et il me serait particulièrement agréable de contribuer à l'amélioration de la police de cette grande cité, en lui fournissant les moyens de prendre modèle sur celle de Paris, qui fait l'admiration de tous les étrangers honnêtes et paisibles.

Dans l'espoir que vous accueillerez favorablement cette demande, je vous remercie d'avance et vous prie d'agréer l'assurance de mes sentiments de haute considération.

L'envoyé extraordinaire et ministre plénipotentiaire des Etats-Unis.

Signé : EDOUARD-F. NOYES.

J'hésite à me prévaloir de l'estime de la Russie, quand j'invoque les attestations de l'étranger en faveur de nos institutions de police. Je prévois et j'admets les objections tirées du régime autocratique sous lequel vivaient les sujets du tzar.

Mais personne ne saurait récuser le témoignage du ministre des États-Unis quand il affirme que « la police de Paris fait l'admiration de tous les étrangers honnêtes et paisibles. »

VERS MA DÉMISSION.

Le comte de Kératry, flanqué d'Antonin Dubost, comme secrétaire général, avait été nommé préfet de police au lendemain du 4 septembre.

Sans doute afin de montrer que pour avoir été officier d'ordonnance de Bazaine, on n'en est pas moins un bon républicain, il avait proposé au Gouvernement de la Défense nationale de supprimer la Préfecture de police. C'était ne pas connaître Gambetta que lui proposer de se désarmer au moment où plus que jamais se faisait sentir le besoin d'une forte autorité.

Il était réservé à la Commune d'accomplir, du moins sur le papier, la grande réforme rêvée par Kératry. Ce fut l'objet d'un décret ainsi libellé :

ARTICLE PREMIER. — La Préfecture de police est et demeure supprimée.

ART. 2. — Le citoyen Raoul Rigault est nommé délégué à l'ex-préfecture de police.

Aussitôt Raoul Rigault chaussait les bottes de Piétri, et pour se montrer à la hauteur des espoirs qu'il avait fait naître, il faisait fusiller Chaudey.

La Tour pointue, comme l'appellent encore ceux qui l'ont incendiée aux derniers jours de la Commune, ou leurs successeurs, je veux dire la Préfecture de police, avait survécu au décret qui la supprimait.

Constans, ministre de l'Intérieur du Cabinet Jules Ferry, en 1881, prenait ombrage des allures indépendantes d'un préfet qui était en même temps son collègue et qui trop souvent le lui faisait sentir, ayant pris ces mauvaises habitudes sous le bon et faible Lepère.

De là un projet de loi déposé sur le bureau de la Chambre qui disloquait les attributions du préfet de police, transférant les unes à la Sûreté générale, d'autres à l'autorité judiciaire, d'autres au préfet de la Seine.

La Commission chargée d'examiner ce projet de loi voulut m'entendre. Je me rendis à son appel et je mis en pièces le projet de Constans, me réservant de le combattre à la tribune, si jamais il y venait en discussion.

En révolte contre mon ministre, je ne pouvais conserver ma fonction. Je me rendis place Beauvau dès le lendemain matin.

— Mon cher Ministre, dis-je, je vous apporte une bonne nouvelle, celle de la démission du préfet de police.

Constans ne dissimula pas son contentement.

Il me retint à déjeuner. Nous nous quittâmes les meilleurs amis du monde, du moins pour quelques jours.

Mon successeur Camescasse fut un fonctionnaire modèle, n'ayant pas d'autre volonté que celle de son ministre, ne lui créant pas d'affaires, souple avec le Conseil municipal, comme un gant ; gentil avec la presse qui ne lui en a pas toujours su gré, et avec les étudiants qui l'appelaient *Camescassetête.*

Ah ! c'est un métier difficile !...

V

APRÈS LA PRÉFECTURE DE POLICE
LE GRAND MINISTÈRE
SIX MOIS D'AMBASSADE EN ESPAGNE

Quand le Président Grévy, qui ne goûtait ni la faconde ni le débraillé de Gambetta, se décida à faire appel, après les élections de 1881, au chef incontesté de la majorité, le Parlement et le pays acclamaient d'avance le nouveau Cabinet qu'on appelait en toute confiance *le Grand ministère.*

Nul doute que l'illustre tribun, à l'apogée de sa popularité, après avoir assuré l'établissement définitif de la République, ne dût grouper autour de lui les représentants les plus autorisés du parti républicain. Les noms de Freycinet, de Léon Say, de Jules Simon, de Jules Ferry, de Brisson, semblaient indiqués pour un cabinet de concentration républicaine, dont il pouvait seul réunir et diriger les éléments.

Quelle ne fut pas la déception quand, à la lecture du *Journal Officiel,* le 14 novembre, on apprit que, sauf quelques exceptions dont la valeur n'était pas encore connue, Gambetta avait distribué les portefeuilles dans cet entourage domestiqué, impatient de recevoir le prix des services rendus non pas au pays, mais à celui que ses familiers avaient coutume d'appeler le *patron !*

A peine échappé des galeries du Palais Royal et des bancs de la police correctionnelle, après un jugement qui laissait planer sur sa culpabilité une incertitude outrageante, Rouvier prenait le portefeuille du Commerce et des Colonies.

Paul Bert ne semblait pas suffisamment désigné pour

celui des Cultes, joint à celui de l'Instruction publique, par un toast retentissant qu'il venait de porter, dans un pays de vignobles, « à l'extinction du cléricalisme, cet autre phylloxera », et que beaucoup de libres-penseurs eux-mêmes avaient trouvé d'un goût douteux.

Un ministère des coulisses, sous le nom de ministère des Arts, était créé à l'usage d'Antonin Proust.

L'innovation d'un ministère de l'Agriculture n'eût pas été vue avec défaveur, si le portefeuille n'eût été attribué à un avocat étranger aux questions agricoles, flanqué d'un sous-secrétaire d'État sans compétence et sans notoriété, dont le nom m'échappe, si même je l'ai jamais connu.

Et comme si les deux ministères nouvellement instaurés ne suffisaient pas à satisfaire l'appétit des camarades, neuf sous-secrétaires d'État s'asseyaient à la table.

Aucun des nouveaux ministres n'avait une autorité personnelle, une influence parlementaire qui le désignât pour être l'un des chefs de la majorité [1].

Quoique Rouvier, Antonin Proust, Devès, n'eussent pas encore été éclaboussés par les scandales financiers qui éclatèrent plus tard, les gens informés commençaient à tenir pour suspectes les relations de ces parlementaires avec un certain baron de Reinach, juif allemand, baron italien, récemment naturalisé français, qui venait de hisser son neveu Joseph au secrétariat de Gambetta, comme un pied à l'étrier.

Déjà le luxe affecté par le Président de la Chambre, sa baignoire d'argent [2], son cuisinier Trompette, la cour dont il s'entourait, sa recherche des amitiés aristocratiques,

---

1. Comme leur chef, pour la plupart, ils nous venaient du Midi. Par sa raideur et sa frigidité, Waldeck-Rousseau faisait contraste : « C'est un glaçon », disait Paul Bert. Robert Mitchell ajoutait : « C'est un iceberg, égaré dans la Méditerranée. »

2. Cette fameuse baignoire, injustement reprochée à Gambetta, n'était d'ailleurs que le legs du président de Morny à ses successeurs. Il était manifeste qu'elle n'avait pas été faite sur mesure pour Gambetta.

pour lesquelles le marquis du Lau lui servait de rabatteur, avaient compromis sa popularité.

Il était bruit d'un dîner offert par du Lau, où Gambetta, le gardénia à la boutonnière, s'était rencontré avec Alphonse de Rothschild, La Trémoïlle, Breteuil, Kerjégu, le général de Galliffet, qu'il prétendait rallier, sinon à la République, du moins à sa personne.

Le mécontentement s'accrut quand il déposa son projet de révision partielle dont l'objet principal était d'introduire dans la Constitution le scrutin de liste et d'enlever aux députés la possibilité de revenir par une loi à tout autre mode de scrutin.

Aussi quand les bureaux nommèrent une commission de trente-trois membres pour l'examen du projet de résolution, la presque unanimité des commissaires se montra-t-elle hostile au changement de la loi électorale.

Une réunion eut lieu chez Horace de Choiseul à laquelle j'assistais avec Jean Casimir-Perier et quelques autres membres de la gauche républicaine. C'est là que fut posée par Casimir-Perier ma candidature au rapport. Le lendemain la Commission des trente-trois me faisait l'honneur de l'adopter.

Le président du Conseil s'étant présenté devant cette Commission, ma qualité de rapporteur m'autorisait à lui adresser quelques questions.

Quelle urgence y avait-il à réformer la loi électorale alors que quatre années nous séparaient de la date normale des élections ?

Pourquoi discréditer la nouvelle législature en lui demandant de condamner le mode de scrutin dont elle était issue ?

Serait-ce que le président du Conseil se proposerait d'abréger l'existence de la Chambre en demandant au Sénat d'en autoriser la dissolution ?

La composition de la nouvelle Assemblée n'offrait-elle pas toutes garanties pour la consolidation de la République et l'avenir des institutions ?

Gambetta protesta contre la supposition qu'il pût songer à dissoudre la Chambre ; le souvenir du 16 mai était encore trop récent.

— Mais alors, le scrutin de liste aurait-il cette vertu magique de rendre la Chambre meilleure par cela seul qu'il aurait été voté et avant toute application ?

— Oui ! répondit Gambetta. La Chambre en sera plus disciplinée.

Puis je posai la question de savoir qui pourrait empêcher le Congrès de sortir des limites tracées par un accord préalable des deux Chambres et quelle autorité pourrait dénier à l'Assemblée nationale le droit souverain d'une revision intégrale.

Gambetta répondit : « Gardien de la Constitution, le président de la République avisera. »

Cette théorie du coup d'État irrita la Commission. Quand ses membres, après la séance, se répandirent dans les couloirs et répétèrent les paroles du président du Conseil, les accusations d'aspirer à la dictature, disaient les uns, au pouvoir personnel, disaient les plus modérés, ne laissaient plus de doute sur l'accueil qui attendait le projet du gouvernement.

Mon rapport avait été adopté par la Commission à l'unani-mité moins une voix. Le vote dissident était celui de Gaston Thompson qui n'avait rien à refuser à l'amitié de Gambetta.

La discussion s'engagea devant la Chambre le 29 jan-vier 1882. Avec cette voix sonore, où l'éclat des images le disputait au charme de l'harmonie, Gambetta combattit le texte de la Commission par un discours dont je ne saurais trop louer l'éloquence, ne fût-ce que pour ajouter quelque mérite au succès de ma modeste réponse.

La question de confiance était posée. Le projet du gouvernement fut repoussé par 280 voix contre 218.

Gambetta, quittant le banc des ministres, jetait un regard de mépris à ceux qu'il appelait les *sous-vétérinaires*. Ses ministres le suivaient, accompagnés de leurs neuf sous-secrétaires d'État, sans dissimuler leur dépit.

Le *Grand ministère* avait duré moins de trois mois. Par dérision, la qualification qui avait salué son berceau lui est restée après sa chute.

Les morts vont vite ! Je parcours la liste des vingt et un ministres et sous-secrétaires d'État de Gambetta ; je cherche en vain un survivant.

SIX MOIS D'AMBASSADE EN ESPAGNE.

Le « grand ministère » laissait derrière lui une traînée de déceptions et de rancunes. M. de Freycinet avait à se faire pardonner de succéder à Gambetta. Il s'y employa de son mieux. Ma nomination à l'ambassade de France en Espagne fut moins un témoignage de son amitié ou de sa confiance qu'un gage donné à ceux qui voulaient m'éloigner du Parlement. C'est ainsi que des considérations de politique intérieure décident trop souvent de la désignation de nos représentants à l'étranger.

En remplacement du vicomte de Bresson qui allait être nommé ministre plénipotentiaire à Belgrade, M. de Freycinet me pria d'accepter, comme conseiller d'ambassade, le jeune Gérard, ancien chef de cabinet de Gambetta, qui lui portait ainsi qu'à sa mère un intérêt particulier. Je devais bien cette compensation à Gérard et à son protecteur. Gérard était d'ailleurs fort intelligent et mieux élevé que n'eussent pu le faire supposer ses origines. Avant de le prendre à son cabinet au quai d'Orsay, Gambetta l'avait fait accepter comme *lecteur* par l'impératrice Augusta. Gérard avait appris à Berlin la politesse des cours. Il fut depuis ambassadeur de France au Japon. J'ai su plus tard par quel intermédiaire Gambetta avait obtenu pour son protégé la faveur de l'impératrice douairière. Par une orientation imprévue de sa politique extérieure, l'homme de la Défense nationale et de la guerre à outrance avait noué d'intimes relations avec l'agent de Bismarck, Henckel de Donnersmarck, le mari de la Païva.

Je ne me dissimulais pas les motifs du choix dont j'étais honoré ; je ne prétendais apporter à l'ambassade ni plus de prestige ni plus de diplomatie. Succédant à l'amiral Jaurès, premier du grade et du nom, oncle du futur tribun, il me paraissait que le retour à un fonctionnaire de la carrière eût été plus indiqué.

Je crus devoir néanmois accepter l'honneur que je n'avais pas sollicité, mais à titre de mission temporaire, pour un délai de six mois renouvelable. J'échappais ainsi à l'incompatibilité et je conservais mon mandat de député.

Les bonnes relations que j'avais eues à Paris avec la colonie espagnole n'étaient pas étrangères à ma détermination ; elles me permettaient de prévoir un accueil sympathique à Madrid.

A la préfecture de police, j'avais pu rendre quelques services à l'ambassadeur d'Espagne, le duc de Fernan Nuñez, et à son prédécesseur le marquis de Molins.

J'avais été reçu avec une particulière bienveillance par la reine Isabelle à l'ancien hôtel Basilewski, transformé en palais de Castille. Chez Sa Majesté, j'avais rencontré parmi ses fidèles le vieux Guell y Rente, d'origine cubaine, que j'avais connu à la salle d'armes du maître Gatechair, à Dieppe, durant une lointaine villégiature.

Sans avoir recours aux métamorphoses mythologiques, par une heureuse audace, Guell avait triomphé des obstacles opposés à son union avec l'infante doña Josepha, sœur d'Isabelle et l'avait épousée en 1848. De ce mariage qui l'avait rapproché du trône, étaient nés le marquis de Valcarlos et le capitaine Guell, attaché militaire à l'ambassade.

J'avais été présenté au roi consort François d'Assise. Séparé d'Isabelle, il vivait bourgeoisement à Épinay ; satisfait de sa part dans la liste civile, il ne demandait au ciel qu'une faveur, celle de ne rentrer dans aucun autre de ses droits.

J'avais fait la connaissance d'Emilio Castelar, chez Mme Adam. Durant toute une soirée, à peine interrompu par quelques questions discrètes, ce merveilleux orateur qui parlait le français comme sa langue maternelle et qui aimait la France comme une seconde patrie, nous avait tenus sous le charme de sa voix chantante et de son intarissable éloquence. Après quoi, pour prendre congé, il avait dit à Mme Adam : « Les Français sont charmants ; mais... ils ne savent pas écouter. »

Je connaissais aussi de Rute, qui, sous Castelar, avait été directeur général du ministère de l'Intérieur, et qui venait de reprendre ce poste important, dans le ministère Sagasta, avec le titre de sous-secrétaire d'État. Je rencontrais de Rute chez Mme de Solmes-Ratazzi-de-Rute, dont il était le troisième mari légitime. On dansait chez elle le cotillon autour d'un cénotaphe en marbre, élevé à la mémoire de Ratazzi, où elle était représentée en prière, donnant la main à la petite Roma.

Sans doute je n'avais pas à me targuer à Madrid de l'amitié de Manuel Ruiz Zorilla, exilé et réfugié à Paris depuis la restauration alphonsiste [1] ; mais je connaissais

____

1. Parmi les lettres que j'ai conservées de Ruiz Zorilla, je cueille celle-ci qui dira nos amicales relations : « Monsieur et ami très distingué, mes compatriotes m'envoient quelques fruits de mon pays, et j'aurais un grand plaisir de les partager avec vous. Je vous prie de les accepter comme un faible témoignage de mon affectueuse considération. — Manuel Ruiz Zorilla. Paris, 1er janvier. »

par lui une fraction de la colonie espagnole que je ne rencontrais pas chez la reine Isabelle. Il avait mis son secrétaire à ma disposition pour me donner des leçons d'espagnol et j'en avais profité.

J'allais trouver à Madrid une personnalité cosmopolite influente, Mme de Buschental, née Marie Peirera, chez qui j'avais été reçu à Paris, durant l'un des fréquents séjours qu'elle faisait à l'hôtel Continental.

Je n'étais donc pas tout à fait étranger à l'Espagne quand j'y arrivai dans les premiers jours d'avril 1882.

Le duc et la duchesse de Fernan-Nuñez me firent le grand honneur de quitter Paris pour me recevoir à Madrid. Ils donnèrent à cette occasion un dîner auquel ils invitèrent l'élite de la société madrilène. Ce haut parrainage me fut précieux ; car d'instinct l'ambassadeur de la République était tenu en observation à la Cour et dans les salons, comme un chien chez le vétérinaire. On comprit aussitôt que l'hydrophobie n'était pas mon cas, et les portes les plus fermées s'ouvrirent pour moi sans grincer.

Les réceptions, les visites reçues et rendues prirent une large part de mon court séjour en Espagne.

—Soyez aussi Espagnol que possible, m'avait conseillé Ruiz Zorilla.

Je m'y efforçais de mon mieux. Mais que voulait dire Zorilla ? Il y a tant de manières d'être Espagnol ! Fallait-il être Don Quichotte ou Sancho, Sainte Thérèse ou don Juan? Je compris qu'il fallait aimer tout ce qu'aiment les Espagnols ? L'héroïsme, les spectacles, les jeux, la beauté des femmes, l'éclat du ciel pur, la vie aventureuse, toutes les altitudes et tous les vertiges ?

Je ne saurais dire combien furent accueillants pour moi le président du Conseil Sagasta, le ministre de Estado (Affaires étrangères) la Vega de Armijo, et plus particulièrement le ministre de la Guerre maréchal Martinez

Campos, le restaurateur de la monarchie bourbonienne, qui gardait le prestige de ses succès sur les carlistes et sur les insurgés de Cuba.

Les Infantes Paz et Eulalie, de joyeuse humeur, aimaient le théâtre, la musique et la danse ; elles acceptaient les invitations d'une société plus hospitalière que fortunée, où l'on offrait des « chocolats dansants ». Quand l'une des infantes valsait, les autres couples devaient s'arrêter.

Leur aînée, l'infante Isabelle, veuve du comte de Girgenti, préférait ses mules qu'elle excitait par de grands cris accompagnés de coups de fouet vigoureux, pour gravir au galop les montées. Elle avait été princesse des Asturies jusqu'à la naissance d'une héritière du trône.

La reine Marie-Christine, grave et mélancolique, sortait peu du château, où d'ailleurs la retenaient les symptômes d'une grossesse. Par son très grand air et la dignité de sa vie, elle s'imposait au respect de tous ; mais restée Autrichienne, elle n'avait pas les sympathies des Espagnols.

Le maréchal Serrano, duc de la Torre, et la duchesse étaient voisins de l'ambassade ; ils restaient chez eux tous les soirs. Leur hôtel était le rendez-vous de toutes les élégances ; on jouait aux cartes ; on bavardait. Le maréchal, dont les ambitions couvaient sous la cendre, était le centre d'intrigues intéressantes à observer. La duchesse avait des restes de beauté qui n'étaient pas sans attrait. Elle pleurait depuis l'apparition d'un ignoble pamphlet qui l'accusait de tous les crimes. Quelle tristesse de voir de beaux yeux voilés par des pleurs ! mais le baccara quotidien séchait ses larmes.

La marquise de Bendaña écrivait ses mémoires et lisait à ses intimes des vers de sa composition. Elle était mieux en robe courte, sur son cheval alezan, que sur la croupe de Pégase.

Je trouvai presque une compatriote quand je me fis présenter à la blonde duchesse de Sexto, qui avait épousé en secondes noces le grand maître du palais, duc de Sexto, marquis de Alcañices. C'était la veuve du duc de Morny, née Sophie Troubetzkoï, princesse russe, mais très française de cœur.

Je revis plus tard à Paris ses deux filles, la marquise de la Corsonna, prématurément enlevée à la tendresse · de son mari, et la plus jeune, Sophie-Mathilde, charmante enfant choyée de la famille royale, devenue marquise de Belbeuf. Comment ne rien dire de sa séduisante personne puisqu'elle-même en fit beaucoup parler ? Et comment en parler sans risquer d'en dire trop ou de ne pas en dire assez ?

Une mention au comte de Puñon Rostro, grand d'Espagne, pour l'origine et l'originalité de son nom. C'était le temps où l'Espagne combattait pour affranchir son territoire de la domination des Maures ; la croix de Jésus allait remplacer le croissant de Mahomet sur les tours de l'Alhambra. Un des guerriers de l'Islam brandissait sa hache sur la tête du roi ; il allait l'abattre quand, d'un vigoureux coup de poing sur le nez, un gentilhomme espagnol fit reculer le Sarrasin. Les descendants de ce héros portent fièrement le titre et le nom qui furent sa récompense : *Puñon Rostro*, comte de *Poing sur le Nez*.

Les puissances n'étaient représentées en Espagne que par des ministres plénipotentiaires.

Pour l'Angleterre, c'était sir R. D. Morier, dont les rapports avec Sagasta se tendaient de plus en plus.

Pour l'Allemagne, Solms qui peignait avec un talent d'amateur des portraits de jolies femmes, sans jamais s'exposer au reproche de les enlaidir.

Pour l'Italie, le comte Greppi dont j'ai appris la mort, l'an dernier, à l'âge invraisemblable de cent quatre ans.

Pour la Russie, le prince Michel Gortchakoff, fils du chancelier de l'Empire.

Les Pays-Bas étaient agréablement représentés par le ménage Stuers, que j'avais connu à Paris.

La France seule avait un ambassadeur ; elle faisait cet honneur à l'Espagne, depuis l'année 1700, où, sous le nom de Philippe V, le petit-fils de Louis XIV avait pris possession du trône, appelé par le testament de Charles II, son oncle maternel ; si bien que je représentais le grand roi en même temps que la République.

En souvenir de ces origines dynastiques, le représentant de la France remettait ses lettres de créance avec un cérémonial exceptionnel.

On mobilisait, ce jour-là, pour conduire l'ambassadeur au palais du roi, les vénérables carrosses de Philippe V, chamarrés de dorures, tels que nous en voyons à notre musée de Cluny.

Escorté par un détachement de cavalerie, dans une de ces voitures de gala, déhanchée par les ans, lentement traînée par quatre chevaux, je traversai la ville par la Calle de Alcala et la Puerta del Sol, à côté de Zarco del Valle, introducteur des ambassadeurs.

Derrière nous, un carrosse tout pareil suivait.

Je demandai à mon interlocuteur à quels personnages était destinée cette seconde voiture, le personnel de l'ambassade ayant la sienne plus loin.

— A Votre Excellence, me dit-il, pour le cas où un accident l'obligerait à quitter celle que nous occupons.

— Et quel est ce haut fonctionnaire, en brillant uniforme, qui suit à pied le second carrosse, portant un portefeuille sous le bras ?

— C'est le charron de Sa Majesté. Ce que Votre Excellence prend pour un portefeuille, c'est le nécessaire où sont enfermés ses instruments de travail.

J'arrivai au palais de la place d'Orient sans avoir eu l'occasion de faire appel à l'art du maître charron.

Après avoir salué dans la cour du château le drapeau de la Garde qui s'était avancée au pas de l'oie, comme à Berlin, et qui présentait les armes, je fus conduit dans la salle du trône, où j'échangeai avec le roi les discours d'usage. Alphonse XII répondit en français à mon allocution.

Une conversation familière suivit la réception solennelle. Accompagné par le chambellan ordinaire de Sa Majesté, je descendis le grand escalier sur les marches duquel les hallebardiers formaient la haie, et je remontai dans le même carrosse, qui, par la même voie, me reconduisit, au pas, à l'hôtel de l'ambassade, Calle Serrano.

Dans la Calle de Alcala, rasant les murs, les épaules courbées sous le poids de la honte, j'avais reconnu Bazaine, évadé de l'île Sainte-Marguerite.

La France logeait alors en location son ambassadeur à Madrid et lui laissait la charge de meubler son hôtel [1]. Mon prédécesseur, l'amiral Jaurès, m'offrit gracieusement de me céder son mobilier contre de l'argent, pour m'obliger. J'acceptai naïvement le marché, sans avoir vu les meubles et sans en discuter le prix.

Dès mon installation, mon premier soin fut de correspondre avec le quai d'Orsay, sans me borner aux choses d'Espagne. J'eus souvent l'occasion d'appeler sur des questions plus générales l'attention de mon ministre, notamment sur les affaires d'Égypte et sur les intrigues de la diplomatie britannique qui causaient à Freycinet des inquiétudes trop tôt justifiées.

---

1. Ce n'est que sous mon successeur, le baron Des Michels, que la France acheta à Madrid un hôtel pour l'ambassade.

A LA GRANJA.

Le 14 juillet ! c'est notre fête nationale ! Nous allons commémorer à Madrid la prise de la Bastille et le sang de ses défenseurs.

Après une visite aux Pyrénées, je rentre dans la soirée du 13. Le lendemain, je reçois la colonie française et le personnel de l'ambassade.

Échange de compliments où il est plus question des intérêts de la colonie que de l'événement dont le souvenir nous réunit. Buffet, musique, quadrilles, valses et polkas.

Nous nous séparons après minuit. A l'aube je monte à cheval pour me rendre à la Granja, la résidence d'été, le Versailles des rois d'Espagne, au pied de la Sierra de la Guadarrama, « dont le vent, disent les Espagnols, tue un homme, mais n'éteindrait pas une chandelle. »

J'y suis convié à une réception d'Alphonse XII, qui vient de s'y installer pour un mois.

Sous un soleil d'insolation, je traverse une plaine déserte, aride, désolée. Ma voiture me suit de loin, — de plus en plus loin ; je crois l'avoir perdue. Mon cocher Barthélemy me rejoint cependant au *parador de la Trinidad*, médiocre oasis dans ce désert, où je me suis arrêté près d'une bande de bohémiens, pour me désaltérer et prendre un peu de repos sous l'ombre de mon cheval et d'un arbre isolé.

J'arrive enfin à la Granja. Le temps de revêtir mon uniforme, de boucler le ceinturon d'où pend mon épée de gala, et je suis au palais à l'heure de la réception.

Tout fier de ma chevauchée, j'en fais part au roi.

— Monsieur l'ambassadeur, me dit Sa Majesté, est-ce que vous n'avez pas ouï parler d'un gentilhomme enlevé par des brigands et dont les oreilles furent envoyées à sa famille à l'appui d'une demande de rançon ?

— Sire, ai-je répondu, j'ai constaté que les routes de Votre Majesté ne sont pas moins sûres que les rues de Paris.

Les quelques jours d'intimité que j'ai passés dans la société du roi m'ont laissé le plus aimable souvenir de ce Parisien de Madrid. Il aimait à parler de la France, du palais de Castille, près de notre Trocadéro, où il avait vécu ses années d'exil, des artistes, des hommes de lettres, des personnalités mondaines qu'il y avait connues. Il mettait quelque coquetterie à se montrer plus Parisien que l'ancien préfet de police ; j'oserai dire *plus boulevardier.*

Quittant les ombrages et les nappes d'eau de la Granja, nous allions visiter les environs de cette agréable résidence. C'est au cours d'une de ces promenades, dans une petite rivière affluent de l'Erasma, que le roi d'Espagne m'apprit à pêcher la truite. Je n'ai guère profité de ces royales leçons.

DE CADIX A TANGER ET A GIBRALTAR.

Après l'insurrection d'Arabi, la Chambre des députés ayant refusé les crédits pour l'occupation du canal de Suez, le ministère Freycinet était tombé sous les assauts simultanés de Clemenceau qui, regardant le Rhin, et dénonçant la menace du « peuple assassin », était opposé à toute intervention militaire en Égypte, et de Gambetta qui jugeait notre intervention insuffisante, et cherchait près du Nil une compensation à la revanche, à laquelle il ne croyait plus.

Le financier Duclerc, grand ami de Gambetta, succédait à Freycinet et prenait les Affaires étrangères avec la présidence du Conseil.

Ma mission temporaire touchait à son terme ; je n'en demandai pas le renouvellement, auquel d'ailleurs Duclerc, galant homme, mais fidèle dépositaire des rancunes opportunistes, ne se serait probablement pas prêté.

J'attendais le retour d'Alphonse XII à Madrid pour présenter mes lettres de rappel. Sa villégiature à la Granja se prolongeant, j'en profitai pour visiter quelques villes de l'Andalousie, Cordoue, Grenade, Séville. Arrivé à Cadix, après avoir rendu une visite obligatoire aux caves de M. Lacave, je cédai à la tentation de prendre contact avec le Maroc, dont je ne connaissais la lumière que par les toiles d'Henri Regnault et de Benjamin Constant.

J'étais attendu à Tanger par notre ministre plénipotentiaire, M. Ordega ; il me fit visiter la ville, les maisons couronnées de terrasses, le marché, la Kasbah, les fortifications et les vieilles ferrailles des canons donnés au sultan par Louis XIV. Je ne pouvais avoir un guide plus aimable, ni plus compétent. Je dus accepter son hospitalité rendue plus gracieuse par la présence de Mme Ordega. A leur table, avec le personnel de la légation, je rencontrai le chérif d'Ouezzan, ami et protégé de la France, descendant du prophète ou prétendant l'être, vénéré à l'égal du sultan.

Le lendemain nous fîmes, avec Mme Ordega, une promenade à cheval dans les environs de Tanger, accompagnés d'une escorte pour notre sécurité. ..

Mes hôtes voulaient me retenir pour une chasse aux sangliers de petite taille que les indigènes combattent à la lance ; mais j'avais hâte de regagner l'Espagne par Trafalgar où je comptais m'arrêter.

Dans la ville anglaise une rencontre imprévue changea mes projets. Je dînais à l'hôtel, à une table voisine de celle où prenait son repas un Français que j'avais connu chez le plus laid, mais le plus aimable des immortels, Camille Doucet, secrétaire perpétuel de l'Académie française.

Adelon était le frère de Mme Camille Doucet et l'oncle par alliance de Paul Deschanel.

— Comment ! me dit-il, vous avez quitté le Maroc après une seule escale à Tanger ? Ici, à Gibraltar, vous êtes près de Tétouan. Vous y verriez le véritable Maroc, dégagé de toute emprise européenne.

Adelon me persuada si bien que le lendemain, sur un bateau du port, frété à frais communs, nous partions pour Tétouan.

A TÉTOUAN. — LE PRINCE NAPOLÉON.

Arrivés à Tétouan, nous descendîmes à l'auberge tenue par le seul Européen qui résidât en cette ville. Par un cumul que les constitutions n'avaient pas prévu, cet aubergiste était en même temps agent consulaire de l'Angleterre.

Comme je débouclais ma valise dans la salle du rez-de-chaussée, j'entendis, descendant du premier étage, des pas bruyants sur un escalier de bois, des rires, de gais propos et je vis une bande joyeuse en tête de laquelle marchait pesamment le prince Napoléon ; derrière lui, l'opulente beauté de son amie, la marquise de Canisy ; le prince n'était pas de ces amoureux d'immatérialité que l'embonpoint repousse ; puis venaient Georges Lachaud et quelques autres Parisiens.

Adelon, qui les avait rejoints, s'était abstenu de me dire pour quelle rencontre il m'avait convié à ce voyage.

Le prince vint à moi, la main tendue. J'oubliai le prétendant, son manifeste, son expulsion, pour me rappeler qu'il avait été mon collègue, qu'il siégeait sur les bancs les plus élevés de l'extrême-gauche, qu'après le 16 mai nous avions ensemble sauvé la République, en notre commune qualité de 363.

Nous échangeâmes quelques souvenirs et quelques compliments, tandis que Georges Lachaud, s'emparant d'un vieux piano désaccordé, accompagnait de notes fausses une chanson égrillarde de sa composition.

Diplomate et cicerone, mon hôtelier me fit visiter la ville, avec maintes politesses. Ouvrant sa tabatière il m'offrit une prise :

— Merci, lui dis-je, je n'en use pas.

Sous le soleil ardent, les blanches habitations semblaient désertes.

De loin en loin quelques yeux de femmes voilées apparaissaient curieusement aux terrasses des maisons et s'enfuyaient dès la rencontre d'un regard.

Nous arrivions dans le quartier juif ; spectacle tout différent ; les femmes accouraient, visage découvert, souriantes et provocantes.

— Monsieur l'ambassadeur, me dit mon hôtelier, toutes ces femmes sont à vous ; sans en excepter la fille du rabbin.

— Merci, lui dis-je encore ; je n'en use pas.

Il me regarda et sourit avec incrédulité.

Rentré à l'auberge, j'appris par Adelon que le prince et sa suite désiraient partir avec nous pour Gibraltar et profiter du bateau qui nous avait amenés.

J'étais pris au piège d'un petit complot qu'Adelon m'avait caché. Je ne pouvais m'y soustraire.

Le ciel bleu, qui se reflétait dans l'azur d'une mer calme, les marsouins qui s'ébattaient dans le sillage, les poissons volants que nous ramassions sur le pont du bateau, s'ajoutaient à la gaieté, à l'esprit gaulois de mes compagnons pour le charme de cette traversée.

Déjà les premières étoiles brillaient au ciel ; nous touchions au port ; mais l'accès faillit nous en être interdit. On sait que depuis la prise de Gibraltar, en 1704, dans la crainte chimérique d'un retour offensif, les Anglais, dès la tombée de la nuit, dressent le pont-levis et interdisent

l'entrée de la ville même aux habitants attardés. Grâce
à mon passeport diplomatique, on fit en ma faveur une
exception dont profitèrent mes compagnons.

— Maintenant, monseigneur, dis-je, en prenant congé
de Son Altesse impériale, sur le sol de l'Espagne, l'ambassadeur de France ne vous connaît plus.

Une dernière poignée de main scella notre accord pour
l'oubli de notre rencontre.

A LA CORRIDA.

Huit jours s'étaient écoulés depuis mon retour à Madrid.
J'assistai à une course de taureaux, à la *contra-barrera*,
parmi les places populaires où m'avait entraîné la vicom-
tesse de Bresson, l'aimable femme du premier secrétaire
de l'ambassade, une *aficionada*, pour voir de plus près les
manifestations diverses d'enthousiasme, de mépris, de
colère, et pour mieux entendre les applaudissements ou
les huées d'une foule dont la psychologie m'intéressait
davantage que le spectacle des chevaux étripés ou des
banderilles explosives piquées dans la chair fumante du
taureau.

Lagartijo, le plus renommé des espadas, avait adroite-
ment porté son coup d'épée entre les épaules de sa victime ;
le taureau, dans un dernier beuglement, tombait foudroyé.
C'étaient des cris, des applaudissements, des gestes désor-
donnés. On jetait dans l'arène, pour la gloire du vainqueur,
des fleurs, des oranges, des cigares, des éventails, — voire
même des chapeaux, mais de préférence le chapeau du
voisin.

Peu à peu, le calme se rétablit, en attendant l'attelage
des mules caparaçonnées qui allaient enlever la bête morte.

Mais l'entr'acte fut interrompu par une autre manifestation imprévue. La foule debout regardait *un palco*,

une loge où je reconnus le prince Napoléon et Mme de Canisy, et de tous côtés partait ce même cri : *Mas ! Mas !*

Le prince Napoléon, croyant à une protestation contre sa présence à Madrid, quitta brusquement la loge, où il laissait sans défense la pauvre marquise.

Ah ! il s'agissait bien de politique, des Bonaparte ou *du dos de mayo !* ce qui excitait la *contrabarrera*, c'était le petit pied de la marquise, qui, dépassant entre deux barreaux le plancher de la loge, s'agitait dans le vide, au-dessus des spectateurs du parterre. Et les cris redoublaient : *Mas ! Mas !* c'est-à-dire : davantage ! faites-en voir davantage ! tandis que le petit pied, qui ne comprenait pas l'espagnol, s'agitait nerveusement. Quelles pourraient être les exigences de la *contrabarrera* avec les modes d'aujourd'hui ?

MES LETTRES DE RAPPEL.

J'ai remis à Sa Majesté Catholique mes lettres de rappel, avec le cérémonial et la rhétorique accoutumés. Je remerciai de l'accueil qui m'avait été fait à Madrid et j'exprimai mes regrets de quitter l'Espagne. Je dis combien j'étais reconnaissant de la bienveillance de Sa Majesté qui m'avait aplani ma tâche diplomatique, etc.

Le roi répondit par des paroles aimables pour la France et pour son ambassadeur. Puis il me fit la grâce de me conduire dans les appartements de la reine Christine, alors enceinte.

Je fus vivement touché de la cordialité avec laquelle Leurs Majestés daignèrent m'exprimer leurs sympathies.

L'entretien se prolongea sur les choses d'Espagne et sur celles de France. Après de longues années, j'en ai retenu ces mots que le roi prononça avec un pli d'ironie dans le sourire, et que la reine écouta avec une douce confiance : « Christine sait bien que je ne lui fais que deux infidélités chaque année : l'une pour aller chasser l'ours, l'autre pour me rendre à Saint-Sébastien. »

Le roi se leva et je sortis à reculons, en faisant les trois saluts protocolaires, dont j'avais appris l'usage au palais de Castille, chez la bonne reine Isabelle.

Pour me remplacer, Duclerc avait fait un heureux choix , mon successeur était le baron Des Michels, un diplomate de carrière. Mais notre politique intérieure rendait sa tâche difficile. Le roi était fort irrité que notre gouvernement « eût mis à la porte » son oncle Montpensier, le père de la petite reine Mercédès, toujours regrettée. Le jour anniversaire de sa fête, durant la réception, Alphonse XII se montra plus que froid pour l'ambassadeur de France : « C'est tout au plus, m'écrivait Des Michels, s'il ne m'a pas tourné le dos. Vous connaissez les Espagnols et vous pensez ce que doit être leur commerce en présence de ces sentiments du roi. L'influence de la reine autrichienne et la venue d'un beau-frère bavarois n'arrangent rien. Je suis obligé de déployer toutes mes ressources de flegme et de sérénité, mais si cela doit continuer, mieux vaudra rappeler l'ambassadeur et mettre un chargé d'affaires. »

LE ROI D'ESPAGNE A PARIS.

Deux ans plus tard, à Paris, je revis Alphonse XII en des circonstances profondément humiliantes non pour le roi, mais pour notre gouvernement qui n'avait su ni prévoir ni empêcher des manifestations indignes de notre traditionnelle courtoisie.

Désireux de faire agréer par les souverains de l'Europe la restauration de sa dynastie, le jeune roi avait projeté de rendre visite à l'empereur d'Allemagne. Loin de supposer que cette démarche pût être désobligeante pour la

France, il avait compris notre capitale dans son itinéraire. Son gouvernement d'ailleurs avait consulté notre ministre des Affaires étrangères pour savoir si Paris verrait un inconvénient à ce qu'il se rendît d'abord à Berlin.

Jules Ferry, avec son habituelle et présomptueuse confiance, avait répondu que Sa Majesté Catholique serait reçue avec la même sympathie respectueuse soit avant, soit après le voyage de Berlin.

Il eût été plus sage de songer aux usages des cours et de prévoir le malin plaisir du prince de Bismarck à préparer à sa manière la visite du roi d'Espagne à Paris.

Après les manœuvres de Hambourg auxquelles Alphonse XII dut prendre part, l'empereur lui donna le commandement honorifique d'un régiment prussien. Pour accentuer le sens de cette distinction, le chancelier choisit un régiment de uhlans en garnison à Strasbourg [1].

Alphonse XII n'était pas responsable de ce titre de colonel dont avaient été affublés avant lui la plupart des princes de l'Europe, sans en excepter le prince de Galles, grand ami de la France. La reine Victoria elle-même, était colonelle d'un régiment allemand, et par réciprocité l'empereur Guillaume était amiral de la flotte anglaise.

Paris néanmoins s'en émut plus que de raison. Quand le roi sortit de la gare de l'Est et prit place dans une voiture de l'Élysée à côté du colonel Lichtenstein, chef de la maison militaire, représentant le président de la République, en face de Jules Ferry, président du Conseil, ministre des Affaires étrangères, il fut salué par une bordée de sifflets et de cris injurieux. Et sur tout le parcours, jusqu'à l'ambassade d'Espagne, les vociférations outrageantes escortèrent notre royal visiteur.

Quand enfin la voiture officielle entra dans la cour de

1. Le prince Hohenlohe m'a affirmé que cette décision avait été prise contrairement à l'avis de Bismarck. Je n'en crois rien.

l'ambassade, la sentinelle effarée oublia de présenter les armes.

Le colonel Lichtenstein, sentant déborder son humeur, se dressa et apostropha violemment le factionnaire en défaut.

Sur quoi, le roi qui durant le tumulte de cette odieuse manifestation avait conservé son sang-froid se pencha vers Jules Ferry et lui dit :

— Eh quoi ? Est-ce ce pauvre garçon qui va écoper ?

N'est-ce pas plutôt notre France qui eût risqué d'*écoper*, si la guerre éclatant quelques années plus tôt, par la sottise d'un chauvinisme inconscient, nous eussions trouvé sur la frontière des Pyrénées une Espagne alliée de l'Allemagne ?

LE PRÉLAT MONDAIN.

Élégant dans sa soutane violette, sous le manteau ecclésiastique ; confiant aux multiples séductions de son caractère sacré et de sa distinction personnelle ; onctueux et velouté en son regard, en sa parole, en ses écrits, le prélat mondain, de sa main blanche, ornée de l'anneau épiscopal, répandait sur les fidèles de l'un et surtout de l'autre sexe ses bénédictions discrètes. Il prêchait le carême dans les églises à la mode ; il conseillait l'abstinence et dînait chez les douairières ; il dirigeait les consciences et recevait les aveux repentants ; au tribunal de la pénitence, il appliquait les lois d'indulgence ; il savait que la chair est faible et se rappelait la parole du Christ ; n'étant pas sûr de n'avoir jamais péché, il s'abstenait de jeter la première pierre.

Sous l'Empire, le prélat mondain s'appelait « Monseigneur Bauër ». Il était le chapelain de l'impératrice Eugénie ; il officiait à Compiègne ainsi qu'aux Tuileries.

Né d'une famille israélite, sa conversion avait édifié le

monde catholique et l'avait désigné aux préférences de la Cour. Il se fait tant de joie dans le ciel pour la conversion d'un pécheur !

Mais la dévotion du prélat ne put survivre à la chute de la dynastie. Il jeta aux orties la soutane, la croix pectorale et la barrette corniculée. Depuis lors, chaque matin, on put le rencontrer au Bois, faisant sa promenade à cheval dans l'allée des Poteaux, saluant familièrement de la main et du sourire les habitués de distinction, s'arrêtant à la *Potinière* pour y recueillir les échos des cercles et des salons.

Le soir, à l'Opéra, il ne quittait sa lorgnette et son fauteuil d'abonné que pour la concupiscence des coulisses.

Mais s'il se dépouilla du saint habit sacerdotal, il garda jalousement le titre de « Monseigneur », qui flattait sa vanité et servait à son prestige auprès des cercleux et des danseuses.

Il était si Parisien que nul ne songeait à ses origines germaniques. Seul Édouard Drumont s'avisait de mettre en suspicion ses relations d'outre-Rhin et ses liens du sang avec tous les Bauër d'Heidelberg, de Nuremberg et de Berlin.

Je ne rencontrerai plus l'ex-chapelain de l'Impératrice, traînant en laisse, sous les marronniers de l'avenue Henri-Martin, son chien basset et son scepticisme ennuyé. Mgr Bauër a rendu son âme à Dieu. Que sa dépouille repose en paix dans le limon d'où fut tiré le premier homme !

J'ai connu son frère à Madrid, où il exerçait, en bon israélite, la profession de banquier.

MA RENCONTRE AVEC CHARLES LAURENT.
LA DÉROBADE D'EMMANUEL ARÈNE.

En acceptant la responsabilité du rapport où devait choir le grand ministère, j'avais mis le pied sur une fourmilière. Je m'en aperçus quand, après ma mission en Espagne, comme je reprenais ma place au Palais Bourbon, tous les hymènoptères dont j'avais troublé le repas, grimpèrent à mes chausses.

Une sotte invention du journal *Paris*, qu'il eût été plus sage de traiter par le mépris, m'amena à envoyer mes témoins au directeur de cette feuille, Charles Laurent et à son principal collaborateur Emmanuel Arène, député de la Corse.

L'épée était l'arme choisie pour ces deux affaires. Afin d'éviter à mes témoins un double déplacement, il avait été convenu que les deux rencontres auraient lieu au bois de Boulogne, le même jour, à une heure de distance.

Les témoins de mes deux adversaires, que j'avais vus se concertant, n'en pouvaient rien ignorer.

Aussi, quelle ne fut pas notre surprise quand, au moment du départ, une lettre de Ranc, l'un des témoins du sympathique Emmanuel Arène, nous fit savoir que son client ne serait pas au rendez-vous ! « Nous venons d'apprendre, disait Ranc, que M. Andrieux a, le même jour, un premier duel. Il en résulterait pour lui un état d'infériorité que nous ne saurions accepter. »

C'était en vérité trop d'égards. J'ai eu l'ingratitude de n'en pas remercier les témoins de M. Arène.

A neuf heures du matin, au pré Catelan — Bois de Boulogne — près d'un châlet enchevêtré de lierres et de glycines qu'y possédait mon ami et témoin le docteur Krishaber, lieu propice pour y remiser le macchabée s'il en était besoin, le combat s'engagea.

Dès la première passe, Charles Laurent me parut à bout de souffle. Il rompait, rompait, rompait, tout en tendant sa lame pour me tenir à distance, et sa bouche s'ouvrait démesurément.

Était-ce que mon épée eût horreur du vide ? Toujours est-il qu'elle s'enfonça dans cette bouche béante.

Charles Laurent s'effondra ; les médecins lui prodiguèrent leurs soins et me donnèrent l'assurance que, pour être grave, la blessure n'était pas mortelle. J'en fus content pour Mme Marie Laurent, la bonne comédienne, mère du blessé.

Ainsi rassuré, je me rendis dans l'après-midi à la Chambre des députés, où je devais prendre la parole.

A peine entrais-je dans la Salle du Laocoon, que les témoins et les amis d'Emmanuel Arène, parlementaires et journalistes, m'entourèrent.

— Vous avez satisfaction, me disaient-ils. N'insistez pas pour avoir le sang d'Emmanuel Arène.

Les témoins proposèrent de soumettre à un arbitrage la question de savoir s'il y avait lieu à une seconde rencontre pour une seule offense. Quand ils eurent choisi pour arbitre notre ami commun, Anatole de Laforge, galant homme dont l'humeur conciliante n'était pas moins connue que sa bravoure, je ne pus que m'incliner. Arène n'avait plus à craindre le sort de Charles Laurent.

Après sa pacifique décision, Anatole de La Forge m'envoya un volume intitulé *Le jeu de l'épée. Leçons de Jules Jacob*, dont il avait rédigé la préface. J'ai conservé cet ouvrage ; j'y lis cette spirituelle et trop flatteuse dédicace : « A mon éloquent collègue et cher maître Andrieux, qu'il vaut mieux avoir comme ami que comme adversaire sur tous les terrains.

« Souvenir affectueux.

« ANATOLE DE LA FORGE. »

VI

APRÈS L'AMBASSADE.
L'ÉLYSÉE ET LA NUIT HISTORIQUE

Sous la signature « Étincelle », *le Figaro* venait de publier un article de mondanités dont la comtesse Henckel de Donnersmarck, plus connue sous le nom de *la Païva*, s'était alarmée, moins pour ce qu'il contenait que pour ses suites probables.

Étincelle ? C'était une femme aimable, spirituelle, parisienne jusqu'au bout des ongles, très répandue dans le monde élégant, dont le mari, M. de Peyronny, exerçait une fonction peu lucrative dans une lointaine colonie. Restée seule à Paris, avec sa fille encore enfant, elle demandait courageusement à sa plume les modestes ressources dont elles vivaient toutes deux.

La Païva ? Comment la définir et la qualifier ? Après avoir longtemps promené sur les trottoirs de Paris ses charmes défraîchis, elle avait trouvé un épouseur, un diplomate portugais, le vicomte Arunyo de Païva. Peu après ce mariage, le malheureux s'était pendu, en apprenant que sa femme était la maîtresse de Henckel et passait pour espionne.

Quelle tragique histoire ! Devenue comtesse Henckel de Donnersmarck, cette femme, d'ailleurs intelligente, avait relevé la fortune de son mari par une meilleure exploitation des mines que celui-ci possédait en Silésie.

Préfet de Metz, après l'annexion de nos provinces perdues, Henckel, par la dureté de ses procédés de germanisation, avait laissé en Alsace-Lorraine les plus mauvais souvenirs. Envoyé à Paris par Bismarck dont il restait l'agent, il avait fait construire aux Champs-Élysées, près du petit hôtel qu'avait habité Morny et que la comtesse Le Hon appelait « la Niche à Fidèle », une somptueuse demeure.

Mon voisin et ami Arsène Houssaye accompagna chez moi, avenue de Friedland, Mme Henckel de Donnersmarck. Il savait que j'avais connu Étincelle par son beau-frère, M. de Peyronny, avocat à la cour de Lyon, et que j'avais rendu quelques services à cette famille. Il m'exposa le but de la démarche qu'il appuyait auprès de moi : Mme Henckel me priait d'offrir de sa part à Mme de Peyronny cinq billets de mille francs pour qu'elle cessât ses révélations sur un passé douloureux.

L'insistance d'Arsène Houssaye fut telle que je ne pus lui refuser d'intervenir. Mme de Perrony, noblement, refusa les billets de banque, mais prit l'engagement de ne pas publier la suite de l'article redouté. Je priai aussitôt Arsène Houssaye de faire savoir à sa protégée qu'Étincelle s'était éteinte gratuitement.

Quelques jours après, je reçus de nouveau la visite de Mme Henckel. Avec ses remerciements et l'expression exubérante de sa gratitude, elle m'apportait une invitation à dîner. Mon premier mouvement fut de refuser, en alléguant un engagement antérieur. Le premier mouvement, dit-on, est toujours le meilleur ; c'est possible ; mais c'est au dernier que nous obéissons. Quand Mme Henckel m'eut assuré qu'elle aurait ce jour-là, dans l'intimité, Gambetta et Spuller, mes instincts de police, qui avaient survécu à ma démission, l'emportèrent sur ma répugnance.

C'était.donc vrai, ce que j'hésitais à croire ? A l'hôtel des Champs-Élysées, comme au château de Pontchartrain, où la Païva succédait à Mlle de Lavallière, le dictateur de la défense nationale fréquentait chez l'agent de notre pire ennemi. Tandis que pour les Alsaciens, pour Scheurer-

Kestner, pour les ligueurs de Déroulède, pour la France patriote, Gambetta restait l'homme de la Revanche, il en préparait l'abandon, et de même qu'après Sadowa l'Autriche vaincue, acceptant sa défaite, était devenue l'alliée de la Prusse, Gambetta, après Sedan, après le siège de Paris, après la capitulation, combinait une alliance franco-germanique dans ses mystérieux conciliabules avec le mari de la Païva.

J'avais accepté l'invitation pour jeter ma sonde dans le marécage d'une politique dont je m'éloignais de plus en plus. J'allais y chercher le commentaire du mot fameux : « Pensons-y toujours ; n'en parlons jamais ».

Quand j'arrivai à l'hôtel des Champs-Élysées, Gambetta, étendu sur un sofa, fumant un cigare, causait avec Henckel, tandis que Spuller, Arsène Houssaye et la Païva se tenaient discrètement à quelque distance.

Un valet annonça : « Madame est servie ! » La Païva, en grand décolleté, portant dans une châsse de bijoux les reliques de sa beauté, prit le bras de Gambetta et gravit avec lui les escaliers de porphyre et d'onyx qui conduisaient des salons du rez-de-chaussée à la salle à manger du premier étage, tandis qu'Arsène Houssaye, se penchant vers moi, me disait :

Ainsi que la vertu, le vice a ses degrés.

Pendant le repas la politique fut absente, et je crois bien que Spuller s'en félicitait. Fidèle Achate de Gambetta, il l'eût accompagné aux enfers ; mais je savais combien il était inquiet, déçu et attristé des évolutions et des nouvelles amitiés de son grand homme. Sous une enveloppe épaisse, Spuller ne manquait ni de finesse, ni de bon sens. Tandis qu'il proclamait « l'esprit nouveau », Gambetta disait de lui : « Spuller, c'est ma douche. »

Gambetta nous faisait admirer les plafonds peints par

Paul Baudry ; il les jugeait supérieurs à la décoration du nouvel Opéra par le même artiste ; il parlait d'art, comme de toutes choses, avec autorité.

— Dans le courant du siècle prochain, disait Spuller, ce palais sera un musée.

Plus modestement, ce palais est devenu un cercle.

Arsène Houssaye nous parla de la rapide transformation du quartier où il avait encore son hôtel et celui de son fils Henry. Il regrettait d'avoir trop tôt vendu les terrains où il avait, vers 1850, quand il en était l'administrateur, amené les artistes de la Comédie Française pour les vendanges de ses vignes de Beaujon. Changeant de sujet, je le félicitai du succès de ses *redoutes* et de la spirituelle formule des invitations qu'il adressait aux femmes : « La beauté sous le masque est de rigueur. »

Quand je pris congé, il n'avait été question ni de Bismarck, ni de Crispi, ni du Kulturkampf, ni de la Tunisie, encore moins des *combinazioni* de Gambetta.

Je n'ai revu ni Henckel, ni la Païva. Une carte de digestion, déposée huit jours plus tard, suffisait aux exigences du savoir-vivre. On m'excusera d'y avoir ajouté l'hommage ci-dessus.

A L'ÉLYSÉE.

Porté par l'estime de tous les partis à cette magistrature suprême dont il avait, au début de sa carrière parlementaire, demandé la suppression, Jules Grévy semblait, par une extrême réserve qui confinait à l'effacement, vouloir en démontrer l'inutilité.

S'abstenant de toute initiative, de toute manifestation d'une volonté personnelle qui eût gêné l'action et diminué les responsabilités de ses ministres, il sortait rarement de sa nouvelle demeure ; il n'acceptait aucune invitation dans les ambassades et ne s'exposait pas aux rencontres et aux arrogances dont je fus témoin sous son successeur.

Par la dignité de son attitude et de son langage, il en imposait aux princes étrangers, aux grands-ducs, venus à l'Élysée avec une arrière-pensée de moquerie pour ce bourgeois parvenu, et qui en sortaient avec un sentiment de respect.

Sa promenade matinale se bornait aux pelouses de l'Élysée, jusqu'à la mare où il se plaisait à donner la pâture à ses amis les canards.

Rentré à son cabinet de travail, il recevait en veston ses visiteurs qu'il reconduisait avec une exquise courtoisie.

Chaque dimanche, un des salons du rez-de-chaussée était transformé en salle d'armes. Son gendre, Daniel Wilson, tireur médiocre mais passionné, y réunissait quelques amis, amateurs d'escrime.

On s'y livrait de préférence au jeu de l'épée, mis en honneur depuis quelques années par Jacob dans sa salle d'armes du faubourg Montmartre ; jeu réaliste où comptent tous les coups, au bras, à la main, à la jambe, à la tête, comme sur le terrain ; on dédaignait le jeu conventionnel du fleuret, où ne comptent que les coups à la poitrine, mauvaise préparation aux duels, alors fréquents.

Après les assauts, que présidait souvent le maître Rue, le bon gaucher, quelques-uns des escrimeurs étaient retenus à déjeuner avec les amis de l'Élysée. Mme Grévy et Mme Wilson en faisaient les honneurs avec une aimable simplicité.

Après le déjeuner, s'engageait, dans la fumée des cigares, une *poule* au billard entre joueurs en nombre indéterminé.

La légende a fait de Grévy un des maîtres du billard. Je n'ai jamais vu le président s'exercer aux effets rétrogrades et aux carambolages. Sa distraction préférée était le jeu des échecs. Sa haute magistrature ne l'obligeait-elle pas à faire échec au roi ? En face de lui, Freycinet, dont les facultés encyclopédiques se plaisaient à ce noble jeu, prenait place à l'échiquier.

— Monsieur le Président, dis-je un jour de printemps, en m'asseyant à sa table, j'ai vu ce matin un oiseau peu banal, un merle blanc qui, d'un marronnier des Champs-Élysées, amoureusement poursuivi par un merle nègre, a pris son vol vers votre jardin. Jusqu'ici j'avais cru que le *merle blanc* n'était qu'une figure de langage, le pendant du *loup blanc*, et qu'il fallait par ces mots entendre une chose qu'on n'a jamais vue. Or j'ai vu, de mes yeux vu, un merle blanc.

— Je le connais votre albinos, dit le Président ; j'ai souvent sa visite ; c'est un de mes familiers.

D'autres oiseaux que Grévy n'aimait pas, parce que leurs coacs l'importunaient et qu'ils salissaient ses gazons, c'étaient les corbeaux qui nichaient dans les branches de ses grands arbres.

Pour se débarrasser de ces voisins sinistres et malpropres, il fit abattre leurs nids.

— Quand cette exécution fut terminée, me raconta le Président, la bande des corbeaux, après avoir tournoyé sur l'Élysée, s'éloigna en poussant des cris de malédiction !

Six mois plus tard éclatait l'affaire des décorations. Je ne pus m'empêcher de songer à la malédiction des corbeaux.

UNE LÉGISLATURE DE SCANDALES.

La IVe législature s'était ouverte sous de fâcheux auspices, dans le scandale du trafic des décorations, pour s'achever dans les scandales du Panama, en passant par plusieurs autres de moindre envergure, parmi lesquels les chemins de fer du Sud ne doivent pas être oubliés.

Quand les Chambres reprirent leurs séances, le 25 octobre 1885, il n'était bruit que d'un général, chef d'état-major, qui avait tenu boutique de la Légion d'honneur au ministère de la Guerre ; d'une instruction au cours de laquelle une perquisition, chez une dame Limouzin, avait fait découvrir deux lettres compromettantes de Daniel Wilson ; de décorations accordées contre des subventions au journal de ce député, à qui l'on reprochait aussi de s'être servi du timbre de l'Élysée pour envoyer en franchise ses correspondances, alors que les représentants du peuple ne s'étaient pas encore octroyé la franchise postale.

« Si votre main vous est une cause de scandale, coupez-la », a dit saint Marc en son Évangile. Bon père de famille, très attaché à son gendre, à sa fille, à ses petits-enfants, Grévy ne voulait rien couper.

Par une imprudente intervention, il s'efforce de sauver Daniel Wilson ; il se fait communiquer le dossier de l'instruction. Quand il le rend au Parquet par l'intermédiaire du préfet de police, les lettres compromettantes ont été remplacées par d'autres, après correction ; mais le filigrane du papier dévoile la supercherie.

Rouvier, président du Conseil des ministres, essaye d'étouffer l'affaire ; son garde des Sceaux Thévenet est passé maître en ces matières. Saisie par le procureur général d'une demande en autorisation de poursuites contre Wilson, la Chambre lève l'immunité parlementaire.

Clemenceau interpelle. Rouvier, mis en minorité, porte sa démission et celle de ses collègues au président de la République. Les camelots s'écrient : « Ah ! quel malheur d'avoir un gendre ! » Ce cri est répété par le public gouailleur.

LA NUIT HISTORIQUE.

Atteint lui-même par le vote qui venait de renverser ses ministres, mais abrité sous l'irresponsabilité présidentielle, Grévy résistait à la pression des deux Chambres qui voulaient sa démission.

Aucun procédé constitutionnel ne pouvant le contraindre à se retirer cinq ans avant l'expiration de son second septennat, les parlementaires, résolus à briser sa résistance, imaginèrent contre lui ce que fit récemment contre M. Millerand la majorité du Cartel, cette chose invraisemblable, une grève de ministres.

Grévy avait appelé successivement des radicaux et des modérés. Tous avaient refusé de lui prêter leur contre-seing.

Déjà se posaient les candidatures à la présidence de la République. Jules Ferry, qui avait pour lui la moitié de la Chambre et les deux tiers du Sénat, paraissait certain d'obtenir la majorité.

Mais accablé d'injures par la presse radicale, l'impopularité du « Tonkinois » était telle que son élection risquait de provoquer un mouvement insurrectionnel, si du moins on en jugeait par les dispositions du Conseil municipal, dont le bureau s'était concerté avec les députés de Paris « sur les mesures de résistance à prendre au cas où Ferry serait élu. »

Cet état des esprits était pour Grévy une dernière chance ; il parut vouloir en profiter et accueillit favorablement une délégation de parlementaires et de journalistes qui lui offraient leur concours et le soutien de la presse radicale pour un cabinet de sauvetage.

Deux réunions eurent pour objet la recherche de cette combinaison ; elles eurent lieu sans succès les 28 et 29 novembre ; on les a appelées, avec un peu d'emphase, *les nuits historiques.*

J'étais resté étranger à ces intrigues, lorsque, le 29 novembre, vers minuit, on me réveilla à mon domicile d'alors, avenue de Friedland, pour me dire qu'un envoyé de Clemenceau insistait pour me faire une communication urgente.

Je le reçus en robe de chambre. Il me dit être M. Malaspina, chargé de me conduire à une importante conférence qui délibérait pour la formation d'un cabinet, d'accord avec le président Grévy. Une voiture nous attendait à ma porte.

M. Malaspina a été depuis député de la Corse ; mais alors il m'était inconnu, même de nom ; aucune signature n'accompagnait son invitation verbale ; je pouvais lui supposer des intentions moins amicales que celles dont il me faisait part ; je mis mon revolver dans la poche de mon veston et je pris place dans un fiacre à côté de mon nocturne visiteur.

La voiture s'arrêta rue Saint-Honoré, en face de l'église Saint-Roch. Je montai au quatrième étage et j'entrai pour la première fois chez mon collègue Georges Laguerre, l'orateur du boulangisme.

Avec lui, dans son salon, ou plutôt dans le salon de Mme Marguerite Durand, devenue Mme Laguerre, étaient réunis des hommes qui, la veille, les uns pour les autres, étaient des adversaires, mais que la crainte de Jules Ferry, comme un commencement de sagesse, avait rapprochés dans un but commun, le maintien de Grévy à la présidence de la République. C'étaient des radicaux, Clemenceau, Lockroy, Camille Dreyfus, Le Senne ; des boulangistes, Déroulède, Henri Rochefort, Laisant, Mayer de la *Lanterne*, Alfred Naquet, Susini, tous d'ailleurs républicains, et Boulanger lui-même, venu de Clermont-Ferrand, sans autorisation du ministre de la Guerre, pour être prêt à toutes les éventualités que prévoyaient ses amis. Laguerre prit la parole et me fit connaître les motifs pour lesquels on m'avait arraché au sommeil.

Freycinet, Goblet, Clemenceau et d'autres ayant refusé de former un ministère, le président de la République, fort irrité, était résolu à accepter toute combinaison qui lui permettrait de déjouer le complot de ses adversaires et de leur imposer le respect de la Constitution. Il en avait donné l'assurance à Laguerre lui-même et aux députés qui s'étaient joints à lui dans sa visite de la veille.

La réunion avait pensé qu'à raison de mes bonnes relations avec l'Élysée j'étais mieux qu'un autre désigné pour l'initiative qu'on attendait de moi.

Toutefois une condition m'était imposée par les amis de Boulanger, dont l'adhésion était nécessaire. Ils demandaient pour le général le portefeuille de la Guerre.

— Messieurs, répondis-je, mes vieilles relations avec M. Grévy, l'amitié qu'il m'a souvent témoignée me font vivement désirer le succès de votre entreprise ; mais je tiens pour certain qu'elle aboutirait à un échec, si j'acceptais la condition de donner un portefeuille au général Boulanger : « Votre combinaison n'est pas viable, ne manquerait pas de me dire M. Grévy. Vous savez bien qu'un cabinet dont ferait partie Boulanger serait immédiatement renversé. »

— Nous compterions alors sur votre énergie, dit Naquet, pour prendre les mesures nécessaires.

— Et l'armée resterait dans ses casernes, interrompit Boulanger, jusque-là taciturne.

— J'entends bien. Vous me demandez de constituer un cabinet de coup d'État.

— C'est ce que nous voulons ! s'écria Henri Rochefort.

— Et c'est ce que je ne veux pas, répondit Clemenceau.

Je répétai après Clemenceau :

— C'est ce que nous ne voulons pas. Mais croyez-vous que pour décider le président Grévy il serait fort habile de lui expliquer que nous voulons faire un coup d'État ? Votre condition, messieurs, est inacceptable pour moi, comme elle le serait pour le président de la République.

Boulanger écoutait. Ses amis me prièrent de ne pas m'en tenir à un refus définitif avant de m'en être entretenu le lendemain avec Grévy.

Dès le matin j'étais reçu à l'Élysée, et je rendais compte au président des incidents de la nuit.

Grévy m'approuva sans réserve. Tout en exprimant sa volonté de résister à une pression qu'il jugeait inconstitutionnelle et de ne pas créer un précédent dangereux pour l'avenir des institutions, il s'indigna qu'on eût pu le croire capable de se prêter à un coup de force contre les élus de la nation.

Il ne se résignait pas encore à quitter l'Élysée. C'est avec émotion qu'il me manifesta sa confiance et m'engagea à aller causer avec René Goblet avant de répondre aux amis de Boulanger. Je jugeai cet entretien inutile.

Le 2 décembre 1887, le président Grévy envoyait aux Chambres son message de démission : « La sagesse et le patriotisme, disait-il, me commandent de céder. Je laisse à ceux qui l'assument la responsabilité d'un tel précédent et des événements qui pourront le suivre.

« Je descends donc sans regret, mais non sans tristesse, du pouvoir où j'ai été élevé deux fois sans le demander, et où j'ai la conscience d'avoir fait mon devoir. »

Jules Grévy alla finir ses jours attristés dans sa retraite de Mont-sous-Vaudrey. Il y est décédé le 9 septembre 1891 entouré des siens et « muni des sacrements de l'Église. [1] »

1. Le 9 septembre, je recevais à Paris le télégramme suivant : « J'ai la douleur de vous faire part de la mort de M. Jules Grévy, décédé ce matin à Mont-sous-Vaudrey.
« WILSON. »

J'étais un des rares amis de l'Élysée qui assistaient à ses obsèques.

Tempora si fuerint nubila...

LA BOULANGE. — LE DUEL HENRY MARET.

Il semble bien que mon refus de former, avec la présidence du Conseil, un cabinet où le général Boulanger aurait eu le portefeuille de la Guerre, devait me défendre contre toute imputation de boulangisme.

Les sollicitations ne m'avaient pas été épargnées de faire partie du comité des députés boulangistes que présidait Naquet à côté de Laguerre, et où figuraient des parlementaires auxquels la majorité républicaine n'a pas gardé rancune, tels que Clovis Hugues, Chevillon, Le Hérissé et consorts.

Si mon nom ne s'est pas rencontré parmi ceux de ces honorables collègues, on ne peut l'expliquer que par la répugnance que m'inspirait leur parti et leur chef.

Mais j'avais pris position pour la révision de la Constitution ; j'avais défendu à la tribune du Congrès comme à celle de la Chambre la thèse de la révision intégrale, à laquelle j'avais consacré un volume publié à la *Librairie de la Nouvelle Revue.*

C'était assez pour provoquer contre moi une campagne à laquelle je voulus mettre fin en envoyant mes témoins, Symian et Jules Proal, députés, à Henry Maret, qui m'avait décoché dans *le Radical* l'épithète de « boulangiste. »

Mes témoins avaient mission de déclarer que cette qualification était injurieuse pour un député républicain et qu'elle justifiait ma demande de réparation par les armes.

Le faible bras du valétudinaire Henry Maret n'ayant jamais tenu une épée, je laissai à l'adversaire le choix des armes et la rencontre eut lieu au pistolet, instrument de combat acceptable à tout âge et pour toute santé.

Nous étions placés à vingt-cinq pas l'un de l'autre, l'extrémité de la crosse du pistolet touchant la cuisse.

Derrière moi une vache lentement paissait ; je craignais pour elle une balle égarée.

Au commandement, Maret tira sur moi, tandis que j'envoyais ma balle dans le sein du Très-Haut, n'ayant contre le rédacteur du *Radical* aucune intention meurtrière, et jugeant qu'à défaut du journaliste mon but était atteint.

Ni Maret, ni moi, ni la vache n'étions touchés... les témoins non plus !

C'était par une belle matinée de printemps ; la prairie était verte, le ciel était bleu ; les bourgeons s'entr'ouvraient ; les oiseaux chantaient leurs amours dans les arbres en fleurs ; toute la nature en éveil entonnait un hymne de vie et de paix.

Avant que nous eussions rendu les pistolets à nos témoins, Henry Maret vint à moi et me dit en me tendant la main :

— Andrieux, n'eût-il pas été malheureux qu'une aussi belle matinée fût attristée par le meurtre de l'un de nous ?

— Oui, mon cher collègue, tout s'est bien passé, puisque nos témoins pourront ajouter à leur procès-verbal les initiales en usage chez nos professeurs de mathématiques : C. Q. F. D. J'espère bien que ma preuve est faite, et que vous ne me confondrez plus avec les gens de la boulange.

DANS L'EMBRASURE D'UNE FENÊTRE.

Au long du couloir qui va de la salle des Quatre Colonnes à celle de la Bibliothèque, dans l'embrasure d'une fenêtre, je causais avec le bon socialiste Jobert, député de l'Yonne, franc et jovial, comme le vin de son pays.

Jobert ! Quel beau nom ! Il n'en est pas de plus noble origine : *Jovis barba*, barbe de Jupiter !

Je le tutoyais, à cause de son âge et du mien. J'aurais pu être son grand-père... si sa grand'mère avait voulu. Il ne me rendait pas mon tutoiement, car il est bien appris.

Nous bavardions quand vint à passer Marc Stagnant, député de Saint-Aristide, tout bouffi de son importance. N'était-il pas fondateur et par conséquent le président du *Groupe pour la Défense des Boissons apéritives* ? Mais au Palais-Bourbon, qui n'est pas le président de quelque chose ?

Je ne résistai pas au méchant plaisir de raconter à l'ami Jobert comment le collègue Marc Stagnant, en revenant de son arrondissement, fut dégonflé par un coup d'épingle.

C'était, si j'ai bonne mémoire, entre Dijon et Tonnerre. Le député de Saint-Aristide, dans le compartiment capitonné d'un wagon de première classe, les yeux mi-clos, savourait le parfum d'un cigare exquis.

La porte s'ouvrit sous la main du contrôleur, qui, avec la politesse dont il est coutumier, lui demanda son billet.

— Député ! répond Marc Stagnant.

— Veuillez, monsieur, me montrer votre billet, insiste l'employé du contrôle.

Sur quoi, offensé sans doute de n'être pas connu, autant que d'être dérangé dans son extase de fumeur, où il se contemple lui-même, Marc Stagnant sort de la poche de son veston, sous son mouchoir élégamment plié en cocotte, le carton qui permet à nos représentants, moyennant une faible retenue, de voyager toute l'année sur tous les réseaux. Il le tend brusquement au contrôleur en répétant, d'un ton bourru : « Député ! »

Le contrôleur salue ; puis il adresse la même demande à un voyageur voisin qui, ayant payé son billet au plein tarif, s'empresse de le montrer et dit modestement : « Électeur ! »

— N'importe ! me dit Jobert. Stagnant est sûr de sa réélection. Un de ses électeurs me tenait hier ce propos : « Nous avons un bon député ; il a le bras long ! Croiriez-vous qu'il a fait nommer sous-préfet un homme qui avait trois condamnations ? Ah ! monsieur, nous avons un bon député.

— Tu as mis le doigt sur la plaie, mon cher Jobert. Le mal, c'est la confusion des pouvoirs, dans notre démocratie parlementaire. Nous ne nous bornons pas à bâcler des lois ; nous mettons la main partout ; nous gouvernons ; nous administrons pêle-mêle par l'intermédiaire d'un cabinet révocable *ad nutum* ; quand le nombre des fonctions ne suffit plus à caser nos protégés, nous en créons de nouvelles, avec des inspecteurs pour le contrôle ; la justice inamovible elle-même n'échappe pas à notre mainmise, puisque, par nos incessantes interventions, nous disposons de l'avancement et des décorations. Les ministres sont hypnotisés par leurs portefeuilles et n'ont rien à nous refuser ; les députés par leur mandat rétribué et n'ont rien à refuser à ceux de qui dépend la réélection ; partout l'intérêt de l'État s'efface devant l'intérêt particulier. Du bas en haut de l'échelle, du casseur de cailloux sur la route au casseur de jugements à la cour suprême, au gré de nos intérêts électoraux, de nos amitiés ou de nos rancunes, nous nommons, nous décorons, nous déplaçons, nous révoquons, nous faisons pirouetter les fonctionnaires.

— Oui, dit Jobert ; mais aux prochaines élections, ce sont les fonctionnaires syndiqués qui feront valser les députés.

— Alors, Jobert, on pourra définir notre parlementa-

risme : la dictature des députés tempérée par le despotisme
des fonctionnaires ; les uns et les autres s'accorderont pour
semer le désordre dans les services de l'État et la ruine dans
les poches des contribuables. Je commence à croire que le
système de la responsabilité ministérielle devant les
Chambres, le constitutionalisme doctrinaire n'est pas
compatible avec le suffrage universel. Malgré ses défauts,
la Constitution des États-Unis a du bon, puisque la séparation des pouvoirs n'y est pas une fiction. Allons à Versailles, mon cher Jobert, et tâchons d'y rencontrer Washington !

SON ALTESSE M. COURJON, MAHARAJAH DE CHANDERNAGOR.

Félix Faure n'était encore que sous-secrétaire d'État à la
Marine dans un Cabinet Jules Ferry, quand je déposai une
demande d'interpellation le concernant, qui n'eut pas les
honneurs de la discussion, la chute du Cabinet l'ayant
écrasée sous ses débris avec plusieurs autres.

Ce que je voulais faire connaître à la Chambre, c'est
comment et pourquoi M. Courjon était devenu maharaja.

Lorsqu'après les traités de 1814 et de 1815, les Anglais
nous restituèrent nos établissements de l'Inde, réduits
toutefois aux limites restreintes que leur avait assignées la
paix de 1783, quelques territoires connus sous le nom de
loges, et dont le plus important n'excédait guère la surface de la place de la Concorde, restèrent en litige aux mains
des Anglais.

Jules Ferry dont la politique extérieure consista principalement à susciter des difficultés entre la France et l'Angleterre, avait pensé que le moment était heureusement
choisi pour soulever la question des loges, et il avait envoyé
dans l'Inde française un fonctionnaire, M. Has, avec la
mission d'en préparer la solution.

M. Has avait connu à Chandernagor un Français nommé Courjon, et avait reçu l'hospitalité dans le palais de celui-ci, «splendide épave d'une fortune naufragée. »

M. Has et M. Courjon étaient de retour à Paris. M. Courjon habitait un modeste appartement rue de Chateaubriand. Il promenait aux Champs-Élysées, dans une redingote et sous un chapeau qui n'avait rien d'oriental, sa personne plébéienne et son nom roturier, lorsque fut conçu, au ministère de la Marine, le projet de lui donner, avec le titre de maharajah, la ferme générale des loges.

On commença par le titre ; car le projet d'affermage des loges exigeait l'approbation du ministre des Affaires étrangères. La décision nommant M. Courjon maharajah de Chandernagor fut soumise à l'honorable amiral Peyron, qui, un peu surpris, en donnant sa signature au décret préparé par le sous-secrétaire d'État, se borna à cette réflexion : « Tiens ! Je fais des maharajahs maintenant ! »

Qu'est-ce donc qu'un maharajah ? Il est fort possible que l'honorable sous-secrétaire d'État ne s'en soit pas rendu un compte exact ; il aura cru qu'il s'agissait d'une décoration et que le titulaire était une sorte d'officier d'académie.

Or le titre de maharajah, *magnus rex*, est le titre le plus élevé que connaisse la loi de Manou. J'emprunte au livre VII de cette loi quelques-uns des versets qui ont trait aux devoirs des rajahs :

1. — Je vais déclarer quels sont les devoirs des rajahs, la conduite qu'ils doivent tenir, quelle est leur origine et comment ils peuvent obtenir la récompense suprême.

3. — Ce monde, privé de rajahs, étant de tous côtés bouleversé par la crainte, pour la conservation de tous les êtres, le Seigneur créa un rajah.

Je lis encore au livre IX de la loi de Manou :

5. — Et c'est parce qu'un rajah a été formé de particules tirées

de l'essence des principaux dieux, qu'il surpasse en éclat tous les mortels.

6. — De même que le soleil, il brûle les yeux et les cœurs et personne sur la terre ne peut le regarder en face.

7. — Il est le feu, le vent, le soleil, le génie qui préside à la lune, le roi de la justice, le dieu des eaux et le souverain du firmament par sa puissance.

20. — Si le rajah ne châtiait pas ceux qui méritent d'être châtiés, les plus forts rôtiraient les plus faibles, comme des poissons sur une broche.

21. — La corneille viendrait becqueter l'offrande de riz ; le chien lécherait le beurre clarifié ; il n'existerait plus de droit de propriété ; l'homme du rang le plus bas prendrait la place de la classe la plus élevée.

106. — Comme le héron, qu'il réfléchisse sur les avantages qu'il peut obtenir ; comme le lion, qu'il déploie sa valeur ; comme le loup qu'il attaque à l'improviste ; comme le lièvre, qu'il opère sa retraite avec prudence.

128. — Après mûr examen, le rajah doit lever des impôts dans ses états...

129. — De même que la sangsue, le jeune veau et l'abeille ne prennent que petit à petit leur nourriture, de même ce n'est que par petites portions que le rajah doit prélever le tribu annuel.

158. — Le rajah doit considérer comme ennemi tout prince qui est son voisin immédiat, ainsi que l'allié de ce prince ; comme ami, le voisin de son ennemi.

231. — Le rajah doit confisquer tous les biens des ministres qui, enflammés de l'orgueil de leurs richesses, ruinent ceux qui soumettent leurs affaires à ses décisions.

232. — Que le rajah mette à mort ceux qui font de faux édits, ceux qui causent des différents parmi les ministres.

275. — Que le rajah fasse périr les gens qui dérobent son trésor, ainsi que ceux qui encouragent les ennemis.

Ces citations un peu longues étaient nécessaires pour apprécier ce qu'a fait « le Seigneur », autrement dit le sous-secrétaire d'État, quand il a « extrait de l'essence des principaux dieux les particules » nécessaires au maharajah Courjon pour qu'il put « surpasser en éclat tous les mortels ».

Lorsque la décision du ministre eut été notifiée à M. Courjon, il quitta sa redingote et revêtit une sorte de stambouli soutachée de soie noire ; il remit dans un carton son chapeau à haute forme ; il entoura sa tête d'un turban jaune et brun, retenu par des épingles d'or.

On le rencontra aux Champs-Élysées, portant une ombrelle blanche. On le vit plus souvent au ministère de la Marine, où les huissiers annonçaient « Son Altesse le prince Courjon ! »

Indépendamment des droits ci-dessus, le prince avait celui de conférer par *manschûr*, ou lettres patentes, le titre de *nizam*, celui de *soubadar*, celui de *nabab*, qui permettent de faire porter devant soi un étendard, ou tout autre insigne tel que trois queues de cheval, ou un poisson au bout d'une pique.

Si j'eusse pu interpeller l'honorable sous-secrétaire d'État il se fût sans doute défendu d'avoir voulu donner à M. Courjon le droit de conférer des titres de noblesse, de lever des impôts, de mettre à mort les rebelles et surtout de confisquer les biens des ministres.

Mais la dialectique du regretté Félix Faure n'eût pas échappé à mon dilemme : « Ou vous avez fait un maharajah, et tous les droits prévus par la loi de Manou lui appartiennent ; où vous n'avez pas donné à M. Courjon les droits précédemment énumérés et vous n'avez point fait un maharajah, et malgré votre décret, M. Courjon reste Courjon comme devant. »

Ce n'était pas sans doute à l'usage des salons et des boudoirs parisiens que M. Courjon était fait maharajah de Chandernagor.

Or, dans l'Inde française, l'immense majorité des habitants est soumise aux lois de Manou, et elle ne comprend pas un maharajah honoraire. Dans l'Inde entière, il n'a jamais existé de maharajah européen, et lorsqu'en Malaisie un Européen s'est affublé de ce titre, comme Brooke, qui s'était proclamé *rajah de Sarawak*, le gouvernement anglais a protesté et traduit l'usurpateur devant le *Banc de la Reine.*

Le vice-roi est appelé par les indigènes lord-sahib (Monsieur le lord) et jamais aucun indigène n'a profané le titre de maharajah en l'appliquant au « pariah » qui règne à Calcutta au nom de l'Angleterre.

Dupleix, le grand Dupleix, n'a jamais été maharajah, et sa femme, l'illustre Johanna Begum, n'a jamais été que « Madame Jeanne ».

Ce n'était pas la peine assurément de supprimer les titres de noblesse sous la première et sous la seconde République, pour les rétablir sous la troisième... *au titre indien.*

... SEPTEMBRE. — LES CHASSES PRÉSIDENTIELLES.

> Allons, chasseur, vite en campagne !
> Du cor n'entends-tu pas le son ?

Nos présidents de la République jouissent de quelques agréments en plus de leur liste civile. Des chasses royales leur sont réservées dans les tirés de Rambouillet et dans ceux de Marly, où les gens du pays sont embauchés pour rabattre aux invités de la présidence, chevreuils, lièvres, lapins, faisans et perdreaux.

S'étant exercé sur les lapins du Jura, le Président Grévy était un bon fusil. Il laissait à un vieil ami, M. Mesquitte, grand veneur de la République, le soin d'organiser ses chasses.

Souvent le Président invitait un autre ami, M. Auguste Dreyfus, dit Dreyfus du Guano, sorte de titre nobiliaire qui rappelait les origines de sa fortune.

Auguste Dreyfus était plus redouté des chasseurs que du gibier depuis le jour où Mesquitte avait reçu en pleine figure le plomb destiné à quelque faisan. J'en tiens le récit du garde de Mesquitte : « Ah ! me dit ce dévoué serviteur, quand j'ai vu que M. Dreyfus visait dans notre direction, je me suis dit : mon pauvre maître, il est foutu ! Je me suis vite caché derrière lui. »

Laborieux, modeste, timide, Sadi Carnot n'avait jamais chassé ; mais il était l'homme du devoir, et considérait que la chasse est une charge de la couronne. C'est pourquoi, à peine installé à l'Élysée, il acheta son premier fusil.

— Lapin à gauche ! cria le garde qui l'assistait dans la forêt de Rambouillet.

Carnot se tourna tout d'une pièce ; — on sait qu'il était en bois et qu'il devait à Vaucanson la faculté de se mouvoir, — le coup partit ; les plombs allèrent se loger, — si par respect non du lecteur, mais de la vérité, j'ose ainsi m'exprimer — dans les fesses du général Brugère, qui commandait alors la maison militaire de la présidence. Peut-être cette noble blessure ne fût-elle pas sans quelque relation de cause à effet avec les destinées de notre futur généralissime.

Après cet exploit cynégétique, on ne vit plus Carnot avec une autre arme qu'une canne, promener sa rêverie dans les tirés présidentiels.

Loubet chassa bourgeoisement, comme il présidait. Dans sa retraite, il continua à braconner quelques cailles et quelques perdreaux autour de Marsanne et à, défaut de perdreaux, comme le roi Dagobert

> Il faisait la chasse aux piverts,

jusqu'à l'âge avancé où la maudite cataracte vint poser sur ses yeux un épais bandeau.

Élégant cavalier, membre du Cercle « l'Épatant », — épatant lui-même, — Félix Faure cultivait tous les sports ; il en est mort.

De même que leur prédécesseur le roi Louis-Philippe,

nos derniers Présidents n'ont pas eu le goût de la chasse. Paul Deschanel, Raymond Poincaré, Alexandre Millerand, n'ont jamais fêté le grand saint Hubert, ni même le bon saint Éloi.

Gaston Doumergue n'interrompt pas la prescription ; d'autres lapins occupent ses loisirs ; mais il se rend à Rambouillet pour recevoir ses invités.

Durant le septennat du président Grévy, j'avais l'honneur de l'accompagner dans la plupart de ses chasses.

En décembre 1923, sur l'invitation de Millerand qui, à raison de ma qualité de doyen, voulait bien me considérer comme faisant partie du bureau de la Chambre, j'ai chassé pour la dernière fois dans la forêt de Rambouillet. Son ministre de la Guerre présidait la chasse et le déjeuner.

Maginot avait sur nous, pour le coup du roi, un incontestable avantage ; la supériorité de sa taille l'avoisinant avec le ciel, les faisans passaient plus près de son fusil.

Si d'aventure le lecteur prend ces dernières lignes pour une *galéjade* — les hommes du Nord disent une *hyperbole,* — il voudra bien se souvenir que la Provence m'a adopté.

> *A sa manière chacun chasse*
> *Et le jeune homme et le barbon.*
> *Tonton !*

VII

1885-1914. COMMENT JE DEVINS BAS-ALPIN

En 1885, Charles Floquet était élu Président de la Chambre des députés.

Nos suffrages l'avaient transformé. Ce n'était plus le Floquet emphatique, affecté, ampoulé, enflé, boursouflé, prétentieux, pompeux, pyrénéen que Saint-Jean-Pied-de-Port avait enfanté.

Il était devenu spirituel, élégant, simple et sobre, en son langage comme en ses manières, en un mot, Parisien.

Mais il traînait, attachée à ses basques, une bruyante et fâcheuse casserole, au moment où le Quai d'Orsay, en méfiance de Guillaume II, se tournait vers la Russie et préparait un rapprochement.

L'ambassadeur, le baron de Mohreneim, qui venait de succéder au prince Orloff, ne dissimulait pas qu'il ne pouvait avoir aucune relation avec le personnage qui en 1867 avait jeté à la face de l'empereur Alexandre II, lors de sa visite au Palais de Justice, ce cri d'injure et de défi : « Vive la Pologne, Monsieur ! » — et que les Russes considéraient comme moralement complice du coup de pistolet tiré par Berezowski.

Un diplomate russe avec qui j'avais quelques rapports, M. Taticheff, m'en ayant entretenu :

— Mais, lui dis-je, Floquet affirme qu'on lui impute à tort une manifestation offensante pour l'empereur de Russie. Ce ne serait pas lui, ce serait Gambetta qui aurait crié : « Vive la Pologne, Monsieur ! » Quant à lui, Floquet, rangé avec d'autres avocats sur les marches du grand escalier que descendait l'empereur, il aurait soulevé respectueusement sa toque, et dit : « Vive la Pologne », sans ajouter ce mot de « Monsieur », et ce ton de violence qu'on lui prête injustement.

— Ce récit est très intéressant, me dit Taticheff. Je voudrais bien l'entendre de la bouche même de M. Floquet pour en porter le témoignage à l'ambassadeur.

Je fis part à Floquet de cet entretien. Le Président me pria de lui amener Taticheff à déjeuner le mercredi suivant. L'invitation fut transmise et acceptée avec empressement.

Durant le repas, auquel assistait gracieusement Mme Floquet, le Président parla avec une égale sympathie de la Russie et de la Pologne. Il confirma son récit que je venais de reproduire dans *la Petite République française*, et rejeta sur Gambetta les responsabilités.

Les morts ont bon dos ; mais si Gambetta n'était plus là pour protester, Joseph Reinach, l'évangéliste de son parti, intervint et nous apporta la bonne parole dont je ne reproduis que le sens, son texte n'étant pas sous mes yeux.

« En vérité, je vous le dis, ni Gambetta, ni Floquet n'ont prononcé les propos offensants qui doivent rejoindre dans l'Histoire rectifiée tant d'autres mots historiques.

« Le lendemain de la visite au Palais de Justice, les jeunes confrères, groupés autour de Floquet dans la salle des Pas Perdus, le félicitaient d'avoir dit son fait à l'Empereur de toutes les Russies. Floquet se pavanait, faisait la roue, sans confirmer, ni protester. Gambetta s'approcha et pour le plaisir de voir un paon monter à l'échelle, il lui dit : « C'est bien ! c'est bien, mon vieux ! Mais j'ai fait plus fort que toi. Au moment où le tzar remontait en voiture, je lui ai crié sous le nez : *Vive la Pologne, Monsieur !* »

» Floquet a pris au sérieux cette plaisanterie, et c'est de bonne foi qu'un peu naïvement il attribue à Gambetta ce que la légende persiste à lui prêter à lui-même. »

L'ambassadeur se tint pour satisfait ; il rendit visite au Président de la Chambre et Floquet travailla de son mieux au rapprochement des deux nations « amies et alliées ».

DE LA BUVETTE DU PALAIS-BOURBON A CELLE DE CON-
TREXÉVILLE. — L'UNE MÈNE A L'AUTRE. — « LES DIEUX
ONT SOIF ».

Tapissée de femmes nues, — en porcelaine de Sèvres — qui jettent sur les députés des regards indifférents, la buvette adoucit les mœurs.

Un vieux franc-maçon, le Dr Vernhes, député de l'Hérault, et Mgr Freppel, évêque d'Angers, député de Brest, en échangeant de gais propos, s'y étaient liés d'amitié.

Vernhes ne voulait pas appeler l'évêque Monseigneur ; ses principes et ses électeurs s'y opposaient ; mais il se fût reproché de manquer de politesse envers un collègue non moins éminent par sa haute culture que par son titre épiscopal.

Vernhes avait trouvé une heureuse transaction entre ses principes et la courtoisie. Appuyant sur sa canne ses rhumatismes, il allait à l'évêque, cahin-caha, et, lui prenant le bras, il lui disait : « *Mon vieux Seigneur*, si nous allions prendre un verre ? »

Pour y avoir trop souvent serré la main et choqué le verre de ces bons collègues, comme eux, j'avais connu la goutte, dont la vieillesse m'a depuis longtemps délivré, peut-être avec l'aide de Contrexéville.

J'étais allé dans les Vosges demander un soulagement à leurs eaux miraculeuses ; j'y ai trouvé Thomson, alors ministre de la Marine, toujours réélu dans son fidèle département de Constantine. Nous fîmes comme si nous eussions oublié qu'en un méchant discours j'avais autrefois demandé à la Chambre d'invalider son élection. Qu'est-ce que je lui reprocháis ? Je ne le sais plus bien ; sans doute l'ingérence cléricale ; je veux dire celle du rabbin.

J'avais été documenté par Morinaud, son concurrent radical et malheureux, qui est devenu son meilleur ami, tandis que moi je devenais son partenaire au bridge chaque jour, à l'heure du thé, à Contrexéville. Olanesco, l'aimable président de la Chambre roumaine, à son tour *faisait le mort*.

A la buvette du Pavillon, je rencontrais aussi Jean Jaurès.

— Où êtes-vous descendu, mon cher collègue, lui demandai-je ?

— A l'hôtel de la Providence.

— Ah ! je comprends que vous ayez cédé à l'attrait de cette enseigne.

— Oui, j'ai hésité entre l'hôtel de la *Providence* et l'hôtel des *Douze Apôtres*.

— Vous avez craint d'être le treizième ?

Puis nous nous promenions pour digérer et restituer notre eau alcaline, sulfatée et bicarbonatée.

J'ai eu l'indiscrétion de demander à mon éminent collègue comment il se faisait que je l'eusse connu sur les bancs du Centre gauche, après sa première élection.

— J'étais candide, me répondit-il. Je croyais que tous les républicains étaient socialistes.

Ses conversations auxquelles je me plaisais chaque matin se répandaient en improvisations séduisantes, quoique souvent nébuleuses ; il n'aimait pas à être poussé trop avant dans sa conception de la Cité future, dont le plan sans doute n'était pas arrêté. Son internationalisme avait des reflets de patrie ; il ne m'a pas paru tout à fait libéré des préjugés de sa classe, ni de « la vieille chanson » qui avait bercé ses jeunes années à la pension de l'abbé Rémy.

Sans la balle criminelle qui mit à ses évolutions une fin prématurée, j'ose croire que nous aurions connu pendant la

grande guerre un Jaurès ardemment patriote, dressé contre
le défaitisme, appelant de toute son éloquence et de tout
son cœur son parti à la défense nationale. Son socialisme
ne se fût pas effondré dans la Communisme de Moscou ;
mais peut-être ses cendres n'eussent-elles jamais eu les
honneurs du Panthéon ?

POURQUOI CLEMENCEAU NE FUT PAS PRÉSIDENT DE LA CHAMBRE.

C'est encore la buvette qui en a la responsabilité. Je veux
dire pourquoi Méline, mon regretté copain du Quartier
Latin, le père du Mérite Agricole, le Méline des paysans,
fut élu président de la Chambre.

Nous avions un nouveau collègue, le Dr Michou... toujours des médecins !... quand ce ne sont pas des avocats !

Michou, un original, nous était venu de l'Aube, à bicy-
clette. Il avait laissé chez le concierge du Palais-Bourbon
cet instrument de travail et ses jambières en fer-blanc ; il
siégeait avec conviction sur les bancs de la gauche radicale.

C'était en 1888 ; Clemenceau était le candidat des radicaux pour la présidence ; Méline était celui des modérés.

. Entre deux tours de scrutin, Michou entrait à la buvette
et jetait son dévolu sur une assiette chargée de sandw chs.
Après s'être assuré qu'aucun œil indiscret ne l'épiait, vêtu
d'un de ces vestons à poches communicantes où le chasseur
prévoyant peut enfouir un lièvre de grosseur raisonnable,
Michou emplissait ses poches de petits pains au jambon.

Toujours espiègle et gamin de Paris, Clemenceau s'approche à pas de loup et soutire par la poche gauche chacun
des sandwichs qu'introduisait Michou par la droite ; et,
quand l'assiette fut vidée, Clemenceau par une pirouette
se plaça en face de Michou et lui dit :

— Michou, offrez-moi un petit pain au jambon !

— Petit pain au jambon ! Petit pain au jambon ! Qu'est-ce que vous voulez dire ?

Clemenceau riant lui montre sur sa main les sandwichs extraits de la profonde.

Mais le Dr Michou ne riait pas. Tournant le dos à Clemenceau, il alla voter pour Méline.

Après le dépouillement du scrutin, il se trouva que Méline et Clemenceau ayant le même nombre de suffrages, Méline était élu au bénéfice de l'âge.

J'allais oublier de dire qu'au premier tour de scrutin, j'étais moi-même candidat. J'avais obtenu des voix plus respectables par leur nombre que par leur qualité ; les boulangistes avaient voté pour moi, sans que j'eusse sollicité leurs suffrages.

CORNÉLIUS HERZ ET LE GÉNÉRAL BOULANGER.

Dans le courant de mars 1884, M. de Freycinet étant président du Conseil, et le général Boulanger, ministre de la Guerre, qui venait de mettre en non activité par retrait d'emploi les ducs d'Aumale, de Chartres et d'Alençon, n'étant pas encore boulangiste, je reçus la visite d'un personnage, Cornélius Herz, dont le nom ne m'était pas inconnu, mais dont l'inquiétante personnalité n'avait pas encore retenu mon attention.

— Monsieur le député, me dit ce visiteur, sur la boutonnière duquel s'épanouissait une large rosette de la Légion d'honneur, je n'ai rien à vous demander ; ma visite n'est pas celle d'un solliciteur ; je désire seulement faire votre connaissance. J'ai de nombreux amis à la Chambre et au Sénat ; il me serait agréable de vous compter parmi eux.

Il me parla de son influence auprès des pouvoirs publics en France et à l'étranger ; de ses découvertes scientifiques, d'une publication, *La Lumière électrique*, dont il était le fondateur. Il était l'ami des ministres qui n'avaient rien à lui refuser ; il mettait sous mes yeux des lettres qui semblaient justifier cette assertion.

Il avait comme employés dans ses bureaux le fils du général Ménabréa, ambassadeur d'Italie, et le fils de M. Marinowitch, ministre plénipotentiaire de Serbie. Il était grand officier de la Légion d'honneur, grand croix des saints Maurice et Lazare, et titulaire des distinctions les plus élevées dans les ordres étrangers.

Il s'employait à désagréger la triplice, en ramenant à des sentiments favorables à la France son ami Crispi premier ministre d'Italie. J'oublie certainement une partie des titres dont il se parait.

Je le félicitai, en m'excusant d'avoir ignoré jusqu'à ce jour l'importance de sa personnalité.

— Monsieur Andrieux, me dit-il, l'attitude d'opposition que vous avez prise doit vous rendre souvent difficiles les services que vos électeurs attendent de vous. Je me féliciterais, le cas échéant, de pouvoir assurer, par mon concours, le succès des démarches que vous auriez à faire dans l'intérêt de votre département. Voyons !... Voulez-vous dès aujourd'hui en faire l'expérience ? Vos amis n'ont-ils rien à demander au Gouvernement ?

— Oh ! lui dis-je, si vous êtes à même de faire obtenir à la ville de Digne une garnison plus nombreuse, les commerçants dignois vous en seront reconnaissants.

— C'est à vous, Monsieur le Député, qu'ira leur gratitude. Veuillez me dicter la lettre que le Ministre de la Guerre devra vous écrire et les promesses qu'il devra vous faire.

Et comme Cornélius Herz s'était assis à mon bureau, et qu'il trempait ma plume dans mon encrier, j'eus la curiosité de mettre à l'épreuve l'influence dont il se targuait. Je dictai :

— Monsieur le Député...

— Ah ! non, dit Cornélius ; il vaut mieux, pour vos électeurs, que le ministre de la Guerre vous appelle « Mon cher
ami ! »

— Mais je ne connais pas le général Boulanger ; je ne lui
ai jamais parlé.

— Qu'importe ? « Mon cher ami », ça sera mieux.

— Va pour « mon cher ami » !

Je continuais à dicter, et Cornélius à écrire.

— Faut-il mettre un *l* ou deux *l*, me dit-il au moment
d'écrire le mot renouveler ?

— Un seul *l* suffit.

Alors élevant la voix avec un ton de commandement et
de menace :

— Si j'en avais mis deux, il en aurait mis deux !

Trois jours après, j'étais édifié sur l'importance de mon
interlocuteur et sur la docilité du Ministre de la Guerre.

Je recevais du général Boulanger la lettre que j'avais
dictée à Cornélius Herz. Le ministre l'avait signée, après
l'avoir recopiée, sans y changer un iota, je veux dire sans y
ajouter un *l*.

J'étais alors président du Conseil général des Basses-
Alpes. En ouvrant la session de cette assemblée, je crus
devoir faire connaître à mes collègues la promesse ministérielle. Je déposai sur le bureau le curieux autographe qu'on
pourra certainement retrouver dans les archives de la préfecture.

Mais bientôt le ministère fut renversé, entraînant dans
sa chute les espoirs des commerçants dignois et mes meilleurs titres à leur gratitude.

Quant à Cornélius Herz, nous le retrouverons plus tard,
dans son obscure collaboration avec le baron de Reinach,
si mes ans me laissent le temps d'écrire la tragique histoire
du Panama et de soulever le masque des 104.

AU LYCÉE DE DIGNE.

Grâce à l'initiative de l'honorable M. Soustre, maire et député de Digne, et aux larges subventions qu'il obtint de l'État, le chef-lieu du département des Basses-Alpes a transformé en lycée le vieux collège ou Gassendi enseigna la rhétorique.

Le 6 octobre 1887, j'assistais à l'inauguration du Lycée Gassendi. Eugène Spuler, alors ministre de l'Instruction publique, était venu de Paris tout exprès pour ajouter à l'éclat de cette cérémonie le décor de son prestige.

Je dois une amende très honorable à cet homme d'État pour réparer l'injustice d'un propos qu'on répète encore à Digne. Toute la garnison, musique en tête, étant sous les armes pour recevoir le Grand Maître de l'Université, j'avais dit : « Pourquoi ce déploiement des forces militaires ? Deux gendarmes auraient suffi. »

C'est que nous pataugions dans la boue du Panama qui éclaboussait la coterie à laquelle appartenait Eugène Spuler; mais je me plais à reconnaître qu'aucun soupçon d'indélicatesse ne devait atteindre, même par ricochet, l'honorable ministre de l'Instruction publique.

Ce que j'ai peine à lui pardonner, après avoir relu son discours inaugural, c'est la lourdeur de son langage, qu'égalait celle de sa personne, comme s'il se fût proposé de démontrer aux jeunes élèves qu'en vérité « le style c'est l'homme même ».

LA NOEL.

Laissant les députés, dans leurs séances de nuit, voter des douzièmes et des confiances provisoires, j'étais allé passer les fêtes de la Noël dans le département de l'Ain, près des tombes qui me sont chères.

Noël ! Le mil neuf cent vingt-cinquième anniversaire de la nuit où le Verbe s'est fait chair, d'une vierge mère, dans une étable !

Pour les boulevardiers de Paris, la Noël, c'est surtout le réveillon, le *gloria in excelsis* des music-halls, la nuit la plus joyeuse et la plus féconde pour les couples de bonne volonté.

J'avais fui le Palais-Bourbon, où trente députés, dans une salle vide, déposaient dans les urnes, au scrutin public, cinq cents bulletins de vote. J'étais dans ma maison du Casset sur le penchant de la colline qui descend du plateau des Dombes à la vallée du Rhône ; une vue dont je ne puis me lasser : en face, les montagnes neigeuses de l'Isère, dont la chaîne se continue à l'est par celles de la Savoie, jusqu'au géant des Alpes, le Mont Blanc ; à ma droite, la ville de Lyon, avec ses deux collines, Notre-Dame-de-Four-vières qui, dans son large manteau, fait vis-à-vis au Guignol de la Croix-Rousse. Au-delà, à l'ouest, le département de la Loire et le Mont Pilat.

Du côté de la Savoie, j'ai de merveilleux levers de soleil. Semblables à des laves de métaux en fusion, de rouges nuages se répandent dans le ciel.

Du Casset, à Pérouges, près de Meximieux, c'est une promenade ; j'ai voulu revoir les ruines moyenageuses de ce village. J'ai pris mon bâton de pèlerin, et j'ai relu à l'entrée cette inscription en latin de cuisine qui rappelle les griefs de nos anciens contre nos voisins de l'Isère.

Perogia Perogiarum,

Urbs imprenabilis !

Coquinati Delphinati voluerunt prehendere illam, ast non potuerunt.

Emportaverunt portas cum gondis,

Et degringolaverunt,

Cum illis.

Diabolus eos emportet ! Que le diable les emporte.

Il y a longtemps que nous ne vouons plus au diable nos voisins de l'autre rive du Rhône. Si parfois nous disons encore : « Ces coquins de Dauphinois », c'est avec un accent de tendresse, comme on dit « petit coquin » à l'enfant qu'on embrasse.

COMMENT J'ÉTAIS DEVENU BAS-ALPIN.

C'était en 1885. Les Chambres avaient voté le scrutin de liste par département, contre mon gré, car j'étais déjà « un arrondissementier impénitent ».

Je représentais la 4e circonscription du Rhône, c'est-à-dire une circonscription rurale. Du nom de mon principal chef-lieu de canton, on m'appelait « le député de l'Arbresle ».

Pour leur assurer le profit qu'ils sont en droit d'attendre de leur travail, j'étais protectionniste, comme mes électeurs paysans ; comme eux je voulais dans la République le maintien de l'ordre et le respect des lois.

La grande ville, la ville de la soie, était libre-échangiste et socialiste. Du poids de ses suffrages, elle allait écraser les ruraux. Le Parlement semblait se fermer pour moi ; je me résignais à reprendre, avec ma robe d'avocat, mes occupations professionnelles, quand un jeune et distingué confrère du barreau de Dijon, M. Jules Proal, vint me proposer de faire une liste avec lui pour les élections prochaines dans le département des Basses-Alpes, son pays d'origine.

— Vous n'y pensez-pas, lui dis-je ! sauf vous, je ne connais personne dans les Basses-Alpes ; je n'y ai jamais mis les pieds, je n'y ai aucun intérêt et nous sommes à trois mois de l'élection.

— Oh ! me dit Proal, vous avez été Préfet de police ; vous

avez été ambassadeur ; cela fera bien dans les Basses-Alpes. Venez chez nous et vous verrez !

Je vins, et sous le beau soleil de la Provence, dans la jolie ville de Riez, berceau de Jules Proal et d'Alphonse Rabbe, je fis ma première réunion publique. Je suis encore reconnaissant aux électeurs Riézois de l'accueil qu'ils firent à l'ancien Préfet de Police, et particulièrement aux membres du Cercle Rabbe qui m'offrirent un « vin d'honneur » et que je remerciai en leur citant d'assez mauvais vers de Victor Hugo *(Chants du Crépuscule)* :

> Hélas ! que fais-tu donc, ô Rabbe, ô mon ami,
> Sévère historien dans la tombe endormi ?
> Je l'ai pensé souvent dans mes heures funèbres,
> Seul près de mon flambeau qui rayait les ténèbres,
> O noble ami, pareil aux hommes d'autrefois !
> Il manque parmi nous ta voix, ta forte voix...

Encouragé, je parcourus tout le département, depuis la chaude et lumineuse vallée de la Durance jusqu'à la frontière italienne, à travers le pays des avalanches et des chamois.

La tâche était rude, car nous ne connaissions pas encore les chars rapides qui marchent sans chevaux, et les routes n'étaient pas ce que les ont faites nos ingénieurs et nos cantonniers. J'avais loué à Digne, boulevard Gassendi, une voiture confortable, un landau qui servait à l'évêque pour ses tournées diocésaines. Quand j'arrivais dans les paroisses de la montagne, à l'heure où la cloche de l'église répand sa plainte dans les airs, les dévotes, reconnaissant le véhicule épiscopal, se précipitaient pour recevoir les bénédictions dont sa Grandeur était prodigue. Or, c'était moi qui sortais de la double capote, comme le diable d'un bénitier. Je me plaisais à constater que ces dames ne manifestaient pas trop de déception.

Trois mois après, j'étais élu en tête de ma liste : Andrieux,

Proal et Suquet. Les Basses-Alpes ayant droit à trois députés, il avait fallu trouver un troisième partenaire. Nous avions fait ce qu'on a plus récemment appelé un cartel, c'est-à-dire une association d'opinions divergeantes en vue d'un succès électoral, une sorte de mariage de raison entre époux désassortis.

Jules Proal et moi, nous risquions alors d'effaroucher la moyenne des électeurs dans ce département qui maintenant élit des S. F. I. O. mâtinés de S. F. I. C. s'il m'est permis d'emprunter ces abréviations au style d'une génération qui écrase la langue et veut faire en parlant du 100 kilomètres à l'heure. Nous étions à la recherche d'un co-listier dont la nuance eût l'heureux effet d'atténuer notre couleur trop vive en se fondant avec elle.

Nous nous étions d'abord adressés à Camille Arnaud, banquier à Forcalquier. Tandis qu'il donnait ses soins à sa barbe, avant de recevoir notre visite matinale, j'admirais des portraits d'ancêtres aux murs de son salon ; plusieurs soutanes retenaient mon attention :

— Ah ! ah ! dis-je à Proal, voilà bien ce qu'il nous faut.

Mais Camille Arnaud, qui ne croyait pas au succès de notre combinaison, déclina l'honneur que nous voulions lui faire.

Nous remontâmes la Durance jusqu'à son confluent avec le Buech, où notre liste eut la bonne fortune de confluer avec Hippolyte Suquet, avocat-avoué à Sisteron.

— Il a un frère chanoine à Notre-Dame de Paris, me dit Jules Proal.

— Ah ! ah ! dis-je encore, voilà notre affaire. Le Palais-Bourbon vaut bien une messe !

Et de fait Hippolyte Suquet nous apporta un contingent fort appréciable de voix très modérées ; ce qui ne l'empêcha pas de s'inscrire avec nous au groupe de la gauche radicale, en querelle avec l'Église.

Pour n'être plus un étranger dans les Alpes, je m'empressais d'acheter un domaine baigné par la Durance, près d'Oraison, sur le territoire de Valensole.

Oraison ! Valensole ! Beaux noms qui évoquent la prière et le soleil, et semblent appeler sur cette terre heureuse les bénédictions du Ciel !

Je ne suis pas né dans les Basses-Alpes. Hélas ! on n'est pas parfait ! Mais par la grâce du Suffrage, je suis devenu le compatriote de Gassendi, le bon prêtre de Digne... et de Jules Proal.

Quand s'ouvrit le scrutin du 11 mai 1924, mes électeurs ont pensé, avec raison sans doute, que j'avais besoin de repos dans ma quatre-vingt-cinquième année ; ils ont été plus sages que leur vieux député ; je ne puis que les remercier, et je leur reste fidèle.

TABLE DES MATIÈRES

PAYOT, 106, boulevard Saint-Germain, PARIS

JOURNAL INTIME DE NICOLAS II

Traduction de A. PIERRE, agrégé de l'Université

Un volume in-8 de la *Collection de Mémoires, Études et Documents
pour servir à l'Histoire de la Guerre mondiale.. .. .. **15 fr.***

LETTRES DE L'IMPÉRATRICE
ALEXANDRA FEODOROVNA A L'EMPEREUR NICOLAS II

(28 Avril 1914 - 4 Mars 1917)

Un volume in-8 de la *Collection de Mémoires, Études et Documents
pour servir à l'histoire de la Guerre mondiale .. .. .. **20 fr.***

WINSTON S. CHURCHILL
Chancelier de l'Echiquier

LA CRISE MONDIALE
(1911-1915)

Traduit de l'anglais par EDMOND DELAGE
Chef du service de documentation étrangère à la section historique
de l'Etat-Major Général de la Marine
Chargé de cours à l'Ecole de Guerre Navale

Un volume in-8 de la *Collection de Mémoires, Études et Documents
pour servir à l'histoire de la Guerre mondiale .. .. .. **15 fr.***

PAYOT, 106, boulevard Saint-Germain, PARIS

JAMES BRYCE
Ancien Ministre, ancien Ambassadeur d'Angleterre
à Washington, Professeur à l'Université d'Oxford,
Ancien Président de l'Académie Britannique
Membre Correspondant de l'Institut

LES
DÉMOCRATIES MODERNES

Préface de M. JOSEPH-BARTHÉLEMY
Professeur agrégé à la Faculté de Droit de Paris

Deux volumes in-8 de la *Bibliothèque politique et économique,*
ensemble .. .. **80 fr.**

LÉON BOURGEOIS
Délégué permanent de la France à la S. D. N.

L'ŒUVRE
DE LA
SOCIÉTÉ DES NATIONS
(1920-1923)

Un volume in-8 de la *Bibliothèque politique et économique.* **25 fr.**

F. CARLI
Chargé de cours à l'Université de Padoue

L'ÉQUILIBRE DES NATIONS
D'APRÈS LA DÉMOGRAPHIE APPLIQUÉE

Édition française par M. MAURICE MILLIOUD
Professeur de Sociologie à l'Université de Lausanne

Un volume in-8 de la *Bibliothèque politique et économique.* **18 fr.**

PAYOT, 106, Boulevard Saint-Germain, PARIS

COLLECTION PROSE ET VERS

RONSARD
POÉSIES CHOISIES
Publiées par **ROGER SORG** et **BERTRAND GUÉGAN**

Un volume in-16, de 320 pages, sur papier vergé d'alfa, illustré de
46 gravures sur bois. En appendice six mélodies du xvie siècle
transcrites par ANDRÉ SCHAEFFNER, pour piano et chant. **12 fr.**
Exemplaire sur pur fil Lafuma .. .. **30 fr.**
Exemplaire sur Hollande Van Gelder.. .. .. **75 fr.**

MOLIÈRE
ŒUVRES COMPLÈTES

Illustrées de gravures anciennes et publiées d'après les textes
originaux, avec des notes par BERTRAND GUÉGAN

TOME Ier

**Vie de Molière. — La Jalousie du barbouillé. — Le
Médecin volant. - L'Etourdi. — Dépit amoureux**

Un volume in-16, de 320 pages, sur papier vergé d'alfa, contenant
25 hors texte et 60 bandeaux et culs-de-lampe .. .. .. **12 fr.**
Exemplaire sur vélin de Rives .. .. **30 fr.**
Exemplaire sur Hollande Van Gelder.. . .. . **75 fr.**
(L'ouvrage sera complet en huit volumes)

LAMARTINE
MÉDITATIONS POÉTIQUES

publiées d'après l'édition originale et suivies des plus beaux vers du poète
Un volume in-16 de 320 pages sur papier vergé d'alfa, décoré de
gravures romantiques.. .. .. **12 fr.**
Exemplaire sur vélin de Rives . .. . **30 fr.**
Exemplaire sur Hollande Van Gelder .. .. **75 fr.**

DIDEROT
LE NEVEU DE RAMEAU

suivi d'autres œuvres du même auteur. Préface d'ANDRÉ BILLY
Un volume in-16 de 320 pages sur papier vergé d'alfa, décoré de
gravures romantiques du xviiie siècle .. .. **12 fr.**
Exemplaire sur vélin de Rives . .. . **30 fr.**
Exemplaire sur Hollande Van Gelder.. .. .. **75 fr.**

PAYOT, 106, boulevard Saint-Germain, **PARIS**

VILFREDO PARETO

TRAITÉ
DE
SOCIOLOGIE GÉNÉRALE

Deux volumes grand in-8, ensemble .. .. **60 fr.**

PIERRE KOHLER

MADAME DE STAËL
ET
LA SUISSE

Un volume grand in-8 .. .. **20 fr.**

DANIEL BERTHELOT
Membre de l'Académie des Sciences

LA SCIENCE
ET
LA VIE MODERNE

Un volume in-8 de la *Bibliothèque scientifique* .. .. .. **12 fr.**

PAYOT, 106, Boulevard Saint-Germain, PARIS

L'ARCHITECTURE AUX ÉTATS-UNIS

Par JACQUES GRÉBER, Architecte S. A. D. G.

Préface de VICTOR CAMBON
Ingénieur E. C. P.

Ouvrage en 2 magnifiques volumes, grand in-4, comprenant 479 illustrations, dont 140 hors texte, 22 en héliogravure, 4 en couleurs et plus de 100 plans cotés.

Prix .. . . **150 fr.**

J.-G. PROD'HOMME

LA JEUNESSE DE BEETHOVEN

(1770-1800)

Un volume in-4 sur papier pur fil Lafuma, avec 3 planches en héliogravure .. .. **100 fr.**

H. G. WELLS

ESQUISSE

DE

L'HISTOIRE UNIVERSELLE

TRADUCTION FRANÇAISE DE **M. EDOUARD GUYOT**
MAITRE DE CONFÉRENCES A LA SORBONNE

Un vol. in-4, avec 112 cartes et gravures, broché . .. .. **50 fr.**
— — — relié. .. .. .. **60 fr.**

PAYOT, 106, Boulevard Saint-Germain, PARIS

HENRI-ROBERT
DE L'ACADÉMIE FRANÇAISE

LES
GRANDS PROCÈS
DE L'HISTOIRE
QUATRE SÉRIES

Chaque volume in-16 jésus orné de nombreuses illustrations. **12 fr.**

ÉDOUARD HERRIOT

MADAME RÉCAMIER
ET SES AMIS

Un volume in-16 de la *Collection écu* .. .. **12 fr.**

GIOVANNI PAPINI

HISTOIRE DU CHRIST

Un volume in-16 de la *Collection écu* .. .. **12 fr.**

LYTTON STRACHEY

LA REINE VICTORIA
Traduit de l'anglais par F. ROGER-CORNAZ

Un volume in-16 de la *Collection écu*, avec 4 portraits hors texte. **12 fr.**

PAYOT, 106, Boulevard Saint-Germain, PARIS

HENRI CLOUZOT

CONSERVATEUR DU MUSÉE GALLIERA

DES TUILERIES A SAINT-CLOUD

L'ART DÉCORATIF

DU SECOND EMPIRE

Un volume petit in-4 de la *Collection l'Art et le Goût*, avec 3 plans et
34 illustrations hors-texte.. .. .. **25 fr.**
Exemplaire sur pur fil Lafuma .. .. **50 fr.**

LE GRANT KALENDRIER
ET COMPOST DES BERGIERS

Un beau volume in-4 sur papier de luxe et à tirage restreint,
réimprimé d'après l'édition troyenne du xve siècle et orné de
73 gravures sur bois.. .. .. **30 fr.**
Exemplaire sur vélin de Rives .. .. **50 fr.**
Exemplaire sur Hollande Van Gelder. .. .. **100 fr.**

MAURICE DES OMBIAUX

LE GOTHA DES VINS DE FRANCE

Un volume in-4 de la *Collection l'Art et le Goût*, avec 28 illustrations
et 12 héliogravures hors-texte .. .. **30 fr.**

www.ingramcontent.com/pod-product-compliance
Lightning Source LLC
LaVergne TN
LVHW020953050726
842519LV00001B/236